최종 마무리 문제집

한 방에 합격하기
최종 마무리 문제집

대표저자 / **유정애**
공동저자 / **김태욱, 박채희, 손 환, 윤석민, 이현석, 임비오, 전선혜, 차은주, 한시완** (가나다 순)

초판 1쇄 발행 / 2018년 1월 20일

발행인 / 이광호
발행처 / 도서출판 대한미디어
등록번호 / 제2-4035호
전화 / (02)2267-9731 팩스 / (02)2271-1469
홈페이지 / www.daehanmedia.com
디자인 / 오창현, 강희진

ISBN 978-89-5654-484-7 13690
정가 18,000원

※ 이 책은 저작권법에 의하여 보호받는 저작물이므로 무단으로 전재하거나 복제할 수 없습니다.
※ 잘못 만들어진 책은 구입처 및 대한미디어 본사에서 교환해 드립니다.

최종 마무리
문제집

스포츠지도사 한 방에 합격하기!
마무리 전략

실전에서 문제를 다 풀고도 10분을 남기는
고득점용 실전 문제 트레이닝!
이 책은 스포츠지도사가 되기 위한
마지막 과정의 모든 것이 담겨 있습니다.

이 문제집은 체육지도자 2급 스포츠지도사(2급 전문스포츠지도사, 2급 생활스포츠지도사, 2급 장애인스포츠지도사) 및 유소년스포츠지도사와 노인스포츠지도사의 자격 검정을 대비하기 위해 기획 및 제작된 최종 마무리 문제집입니다. 총 10과목(스포츠심리학, 운동생리학, 스포츠사회학, 운동역학, 스포츠교육학, 스포츠윤리, 한국체육사, 특수체육론, 유아체육론, 노인체육론)에 해당하는 2017년 기출문제 분석뿐만 아니라 수험생의 시험 준비 마지막 단계에서 학습 내용을 최종적으로 점검할 수 있는 2018년 시험대비 예상문제를 상세한 해설과 함께 수록하였습니다.

✓ 2017년 기출문제 분석
시험을 준비하시는 수험생 여러분들은 제일 먼저 과거의 출제영역을 확인하는 것을 권장해 드립니다. 이는 기출문제 출제영역과 난이도를 파악함으로써 2018년 출제 경향을 예상할 수 있기 때문입니다. 이 책에는 수험생들이 출제 경향을 파악할 수 있도록 2017년 기출문제의 문항별 출제 영역과 난이도를 표시하고, 상세한 내용분석 및 정답 해설을 담았습니다.

최종 마무리 문제집
스포츠지도사 자격검정대비

✓ **2018년 시험대비 출제예상문제**

영역별 다양한 문항 형식(그림, 도표, 사진, 글, 기사 등)을 도입하여 수험생들이 시험에 유연하게 대처할 수 있도록 하였습니다. 출제예상문제의 정답과 해설은 문항의 출제 의도와 출제 내용을 다시 정리할 수 있도록 핵심적인 사항을 중심으로 기술하였으므로 각각의 문제를 반드시 이해하고 넘어가야 합니다. 정답 해설을 재확인하는 것은 수험생이 내용을 알고 정답을 선택한 것인지 아닌지를 확인하기 위해서도 매우 중요합니다. 틀린 문항에 대해서는 왜 틀렸는지 원인을 진단하고, 정확히 이해할 때까지 문항을 분석하고 정답을 이해하여 예상문제를 완전히 정복하시기 바랍니다.

2018년 1월
저자 일동

기출문제 분석 ▶ 현수준 파악 ▶ 출제예상문제 확인 ▶ 정답·해설 숙지

차 례

선택 과목

스포츠심리학
2017 기출문제 분석   10
출제예상문제 50   21
정답 및 해설   37

운동생리학
2017 기출문제 분석   44
출제예상문제 50   55
정답 및 해설   70

스포츠사회학
2017 기출문제 분석   76
출제예상문제 50   87
정답 및 해설   100

운동역학
2017 기출문제 분석   108
출제예상문제 50   117
정답 및 해설   134

스포츠교육학
2017 기출문제 분석   140
출제예상문제 50   151
정답 및 해설   165

스포츠윤리
2017 기출문제 분석   172
출제예상문제 50   183
정답 및 해설   197

한국체육사
2017 기출문제 분석   202
출제예상문제 50   211
정답 및 해설   221

최종 마무리 문제집
스포츠지도사 자격검정대비

필 수 과 목

특수체육론
2017 기출문제 분석　　226
출제예상문제 50　　　235
정답 및 해설　　　　249

유아체육론
2017 기출문제 분석　　254
출제예상문제 50　　　263
정답 및 해설　　　　276

노인체육론
2017 기출문제 분석　　282
출제예상문제 50　　　291
정답 및 해설　　　　303

- 저자소개

스포츠심리학

스포츠심리학 — 2017년 기출문제 분석

출제기준

주요 항목	세부 항목
1. 스포츠심리학의 개관	1. 스포츠심리학의 정의 및 의미
	2. 스포츠심리학의 역사
	3. 스포츠심리학의 영역과 역할
2. 인간운동행동의 이해	1. 운동제어
	2. 운동학습
	3. 운동발달
3. 스포츠수행의 심리적 요인	1. 성격
	2. 정서와 시합불안
	3. 동기
	4. 목표설정
	5. 자신감
	6. 심상
	7. 주의집중
	8. 루틴
4. 스포츠수행의 사회 심리적 요인	1. 집단응집력
	2. 리더십
	3. 사회적 촉진
	4. 사회성 발달
5. 운동심리학	1. 운동의 심리적 효과
	2. 운동심리 이론
	3. 운동실천 중재전략
6. 스포츠심리상담	1. 스포츠심리상담의 개념
	2. 스포츠심리상담의 적용

[2급 생활스포츠지도사]

1. 〈보기〉에 해당하는 스포츠심리학의 하위 영역은?

   〈보기〉

   인간의 움직임 생성과 조절에 대한 신경심리적 과정과 생물학적 기전을 밝히는 학문영역

① 운동학습　　　　　　　　　② 운동제어
③ 운동발달　　　　　　　　　④ 운동심리

정답	②	난이도	쉬움
출제영역	1. 스포츠심리학의 개관(1. 스포츠심리학 정의 및 의미)		
해설	운동학습은 운동기술을 효율적으로 습득하는데 필요한 원리를 발견하는 것, 운동발달은 성장이 운동수행에 미치는 영향을 알아보는 것, 운동심리는 신체활동에 영향을 주는 사회인지적 요인을 찾아내는 것 혹은 운동에 따른 심리적 혜택을 분석하는 것이다.		

2. 심리요인이 스포츠 수행에 미치는 영향과 관련된 연구문제로 적당하지 **않은** 것은?

① 불안이 축구 페널티킥 성공률에 어떠한 영향을 미치는가?
② 자신감의 수준이 아동의 수영학습에 어떠한 영향을 미치는가?
③ 성공/실패의 경험은 골프퍼팅 학습에 어떠한 영향을 미치는가?
④ 태권도 수련 참가는 아동의 성격발달에 어떠한 영향을 미치는가?

정답	④	난이도	보통
출제영역	1. 스포츠심리학의 개관(3. 스포츠심리학의 영역과 역할)		
해설	스포츠심리학은 두 가지 목적을 가진다. 첫 번째 목적은 심리가 독립변인, 스포츠수행이 종속변인이 되는 상황을 분석하는 것이다. 즉, 심리적 요소가 스포츠수행에 어떤 영향을 주는가를 알아보는 것이다. 두 번째 목적은 스포츠수행 또는 참가가 독립변인, 심리적변화가 종속변인이 되는 관계를 이해하는 것이다. 스포츠참가가 심리에 어떤 영향을 주는가를 이해하는 것이다. ①②③은 첫 번째 목적에 ④는 두 번째 목적에 해당된다.		

3. 〈보기〉의 괄호 안에 들어갈 용어가 바르게 연결된 것은?

〈보기〉

(㉠)은 숙련된 운동수행을 위한 개인능력의 (㉡) 변화를 유도하는 일련의 (㉢)과정으로 직접적으로 관찰할 수 없으며 연습과 경험에 의해 나타난다.

① 운동학습　영구적　내적　　　　② 운동학습　일시적　외적
③ 운동발달　영구적　내적　　　　④ 운동발달　일시적　외적

정답	①	난이도	보통
출제영역	2. 인간운동행동의 이해(2. 운동학습)		
해설	운동학습은 다양한 이론적 관점과 함께 공통적으로 적용되는 3가지 특성을 가지고 있다. 첫째, 운동학습은 숙련된 운동수행을 위해 개인의 능력을 영구적으로 변화시켜가는 내적 과정이다. 둘째, 운동학습은 과정을 직접적으로 관찰할 수는 없다. 셋째, 운동학습은 연습과 경험에 의해 나타나는 현상을 말하며, 성숙과 동기 및 훈련등에 의해 일시적으로 변화하는 수행을 포함하지 않는다.		

4. 〈보기〉의 운동수행에 관한 예시를 가장 잘 설명하고 있는 이론은?

〈보기〉

테니스 서비스는 공을 서비스 코트에 떨어뜨려야 한다. 퍼스트 서비스가 너무 길어 폴트가 된 것을 본 후, 손목조절을 위해 시각 및 운동감각적 피드백을 이용하여 세컨드 서비스에서 공이 서비스 코트를 이탈하지 않도록 한다.

① 폐쇄회로 이론(closed loop theory)
② 개방회로 이론(epen loop theory)
③ 다이내믹 시스템 이론(dynamic systems theory)
④ 생태학적 이론(ecological theory)

정답	①	난이도	어려움
출제영역	2. 인간운동행동의 이해(1. 운동제어)		
해설	폐쇄회로이론은 기억체계에 저장되어 있는 동작에 대한 참조 준거와 실제 동작간의 오류에 대한 피드백 정보를 활용하여 운동행동이 조절된다는 것이다. 개방회로이론은 상위의 대뇌 겉질에 저장되어 있는 동작에 대한 프로그램에 의해서 인간의 모든 운동행동이 생성된다는 것이다. 다이내믹시스템 이론은 유기체 환경 과제의 상호작용 속에서 자기조직의 원리와 비선형성의 원리에 의해서 인간의 운동이 생성되고 변화한다는 것이다. 생태학적 이론은 환경정보에 대한 지각과 운동동작의 관계를 강조한 것으로 환경정보는 그 자체의 의미가 있기 때문에 어떠한 인지적 과정을 거치지 않고도 동작을 일으킬 수 있는 것이다. 결과에 대한 시각 및 운동감각 피드백 정보를 활용하여 손목 각도를 조절하는 것이므로 보기의 설명은 폐쇄회로 이론에 해당된다.		

5. 운동기술 연습에서 발생하는 맥락간섭효과에 대한 설명으로 옳은 것은?

① 집중연습과 분산연습에 의해 맥락간섭효과의 크기는 달라진다.
② 높은 맥락간섭은 연습수행에서 효과가 높다.
③ 낮은 맥락간섭은 파지에 효과가 높다.
④ 무선연습은 분단연습에 비해 파지 및 전이에 효과가 높다.

정답	④	난이도	어려움
출제영역	2. 인간운동행동의 이해(2. 운동학습)		
해설	맥락간섭이란 학습자가 학습 시간와 자료 가운데 어떠한 사건이나 경험 사이에 발생하는 갈등으로 인해 학습과 기억에 방해받는 것을 의미한다. 맥락간섭의 효과는 크기에 따라 구획연습과 무선연습으로 나눌 수 있다. 구획연습은 맥락간섭의 효과가 낮아 연습수행에 효과가 크고, 무선연습은 맥락간섭의 효과가 높아 파지와 전이에 효과적이다.		

6. 운동발달의 기본 가정으로 틀린 것은?

① 전 생애에 걸쳐 진행되는 불연속적인 과정이다.
② 개인차가 존재한다.
③ 민감기 또는 결정적 시기가 존재한다.
④ 환경적 맥락의 영향을 받는다.

정답	①	난이도	보통
출제영역	2. 인간운동행동의 이해(3. 운동발달)		
해설	운동발달은 연속적이고 점진적인 과정을 보이며, 개인차가 존재한다. 영양, 운동, 학습기회 등의 환경적 조건에 의해 영향을 받는다.		

7. 아젠과 피시바인의 합리적 행동이론의 주요변인이 아닌 것은?

① 행동에 대한 태도
② 주관적 규범
③ 행동통제 인식
④ 의도

정답	③	난이도	쉬움
출제영역	5. 운동심리학(2. 운동심리이론)		
해설	합리적 행동이론은 행동에 대한 태도, 주관적 규범에 의해 의도가 형성된다고 설명한다. 계획행동이론은 합리적 행동이론에 행동통제 인식이라는 개념을 추가한 것이다.		

8. 운동실천을 위한 중재전략 중 내적동기 전략에 해당하는 것은?

① 매월 운동참여율이 70% 이상인 회원에게 경품을 제공한다.
② 헬스클럽에서 출석상황과 운동수행 정도를 그래프로 게시한다.
③ 에스컬레이터 대신 계단이용을 권장하는 포스터를 부착한다.
④ 운동 목표를 재미에 두어 즐거움과 몰입을 체험하게 한다.

정답 및 해설		
정답	④	난이도 보통
출제영역	5. 운동심리학(3. 운동실천중재전략)	
해설	내적동기 전략을 위해서는 운동을 할 때 개인에게 운동 체험과 과정을 중시하고, 의미와 목적이 있는 운동이 되도록 회원의 요구와 흥미를 반영하는 것이 적절하다. ①②③은 외적 동기에 해당된다.	

9. 매슬로(A. Maslow)가 제안한 욕구위계이론에서 다른 욕구가 충족되었을 때 마지막에 나타나는 최상위 욕구는?

① 안전 욕구
② 생리적 욕구
③ 자아실현 욕구
④ 소속 욕구

정답 및 해설		
정답	③	난이도 쉬움
출제영역	3. 스포츠수행의 심리적 요인(1. 성격)	
해설	매슬로는 인간은 기본적으로 무엇인가를 원하는 욕구적인 존재이며, 인간의 욕구는 그 강도와 중요성에 따라 일련의 위계적인 단계로 배열되어 있다고 주장했다. 계층의 제일 하단에 있는 것은 생리적인 욕구이고, 그 위로 안전욕구, 소속과 사랑의 욕구, 존중 욕구, 심미적 및 인지적 욕구가 차례로 위치한다. 제일 상위에 위치한 것은 자아실현욕구이다.	

10. 〈보기〉에서 괄호 안을 설명하는 용어는?

〈보기〉

(㉠)은 운동수행에 관한 부정적 생각, 걱정 등의 의식적 지각이다.
(㉡)은/는 과도한 신체·심리에너지 사용으로 인한 심리생리적 피로의 결과이다.
(㉢)은 환경의 위협 정도와 무관하게 불안을 지각하는 잠재적 성향이다.
(㉣)에 따르면 각성수준과 운동수행 수준은 비례한다.

	㉠	㉡	㉢	㉣
①	신체불안	스트레스	상태불안	역U이론
②	신체불안	탈진	특성불안	추동이론
③	인지불안	탈진	특성불안	역U이론
④	인지불안	스트레스	상태불안	역U이론

정답	③	난이도	보통
출제영역	3. 스포츠수행의 심리적 요인(2. 정서와 시합불안)		
해설	불안은 높은 각성을 동반한 부정적인 정서로 특성불안과 상태불안으로 구분된다. 특성불안은 객관적으로 위험이 없는 상황을 위험한 것으로 받아들이는 잠재적인 성향이다. 상태불안은 각성과 관련하여 주관적으로 느끼는 긴장감이다. 최근, 상태불안은 인지불안과 신체불안으로 구분된다. 인지불안은 경기력에 대한 부정적인 생각에서 오는 불안의 정신적 요소이며, 신체불안은 자율신경계의 자극에 대한 각성수준의 변화로 발생하는 반응이다. 탈진은 부정적 스트레스의 일부분으로 과도한 신체에너지 사용으로 인한 생리적 피로의 결과이다. 추동이론은 각성수준과 운동수행은 비례하여 각성수준이 강할수록 운동수행이 향상된다고 설명한다.		

11. 와이너(B. Weiner)의 귀인이론에서 4가지 귀인요소를 원인소재(locus of control)와 안정성(stability)에 따라 분류할 때 〈보기〉의 괄호 안에 적절한 것은?

〈보기〉

(㉠)은/는 불안정한 외적요소이고, (㉡)은/는 안정된 내적요소이고, (㉢)은/는 불안정한 내적요소이며, (㉣)은/는 안정된 외적요소이다.

	㉠	㉡	㉢	㉣
①	능력	노력	과제난이도	운
②	노력	과제난이도	운	능력
③	과제난이도	운	능력	노력
④	운	능력	노력	과제난이도

정답	④	난이도	보통
출제영역	3. 스포츠수행의 심리적 요인(3. 동기)		
해설	와이너는 귀인의 중요한 4가지 소재인 능력, 노력, 운, 과제의 난이도를 바탕으로 원인의 소재(내적/외적)와 안정성(안정적/불안정적)을 적용하여 구분하였다. 운은 불안정한 외적요소이고, 능력은 안정된 내적요소이고, 노력은 불안정한 내적요소이며, 과제난이도는 안정된 외적요소이다.		

12. 〈보기〉에서 심상의 활용으로 적절한 것은?

> 〈보기〉
> ㉠ 각성 수준을 높인 상태에서 진행한다.
> ㉡ 시각만을 활용해 진행한다.
> ㉢ 성공하는 장면을 선명하게 그린다.
> ㉣ 운동의 동작을 구체적으로 포함한다.

① ㉠, ㉡
② ㉠, ㉣
③ ㉡, ㉢
④ ㉢, ㉣

정답 및 해설		
정답	④	난이도 쉬움
출제영역	3. 스포츠수행의 심리적 요인(6. 심상)	
해설	심상이란, 모든 감각을 활용하여 마음속으로 어떠한 경험을 재현하거나 창조하는 것을 의미한다. 심상은 차분하고 이완된 상태에서 진행하고, 과거에 최고로 잘했던 최상수행 장면을 회상하여 진행한다.	

13. 〈보기〉에서 괄호가 설명하는 것은?

> 〈보기〉
> ( )은/는 관심을 기울일 대상의 선정이다.
> ( )유형은 폭과 방향으로 구성된다.
> 니데퍼(R. Nideffer)는 ( )의 유형을 넓은-내적, 좁은-외적, 넓은-외적, 좁은-외적의 4가지로 구분해 설명한다.

① 주의(attention)
② 관심(interest)
③ 집중(concentration)
④ 몰입(flow)

정답 및 해설		
정답	①	난이도 쉬움
출제영역	3. 스포츠수행의 심리적 요인(7. 주의집중)	
해설	주의는 개인이 관심을 기울일 대상을 선정하는 능력으로 자신이 처한 상황에서 지속적으로 정보를 수용하고 인지하는 것을 의미한다. 주의유형은 폭(좁은/넓은)과 방향(내적/외적)으로 구성된다. 니데퍼는 주의의 유형을 넓은-내적, 좁은-내적, 넓은-외적, 좁은-외적의 4가지로 구분하여 설명하며 각 유형의 장점과 단점을 제안한다.	

14. 〈보기〉가 설명하고 있는 것은?

> 〈보기〉
> 메시(Messi)는 페널티킥을 할 때 항상 같은 동작으로 준비를 한다. 우선 공을 양손으로 들고, 페널티마크에 공을 위치시키면서, 자기가 찰 곳을 보고, 골키퍼 위치를 보고, 다시 공을 본 후에, 뒤로 네 걸음 걷고 나서, 심호흡을 한다.

① 심상(imagery) ② 루틴(routine)
③ 이완(relaxation) ④ 주의(attention)

정답	②	난이도	보통
출제영역	3. 스포츠수행의 심리적 요인(8. 루틴)		
해설	루틴이란, 선수들이 최상의 운동수행을 발휘하는데 필요한 이상적인 상태를 갖추기 위한 자신만의 고유한 동작이나 절차를 말한다.		

15. 집단의 과제 수행에서 발생하는 개인의 동기적 손실 원인이 <u>아닌</u> 것은?

① 할당전략 ② 무임승차전략
③ 반무임승차전략 ④ 최대화전략

정답	④	난이도	보통
출제영역	4. 스포츠수행의 사회심리적 요인(8. 루틴)		
해설	동기손실은 팀 구성원이 자신의 최대노력을 기울이지 않을 때 생기는 손실을 의미한다. 할당전략은 사람들은 혼자일 때 최대의 노력을 발휘하기 위해 집단 속에서는 에너지를 절약한다는 것이다. 최소화 전략은 사람으로 가능한 최소의 노력을 들여 일을 성취하려는 동기가 있다는 것이다. 무임승차 전략은 집단 상황에서 개인은 남들의 노력에 편승해서 그 혜택을 받기 위해 자신의 노력을 줄인다는 것이다. 반무임승차는 열심히 노력을 하지 않은 사람들이 무임승차를 하는 것을 원하지 않기 때문에 자신도 노력을 하지 않는다는 것이다.		

16. ⟨보기⟩의 팀 구축 프로그램을 위한 개념 모형에서 괄호 안에 적절한 변인은?

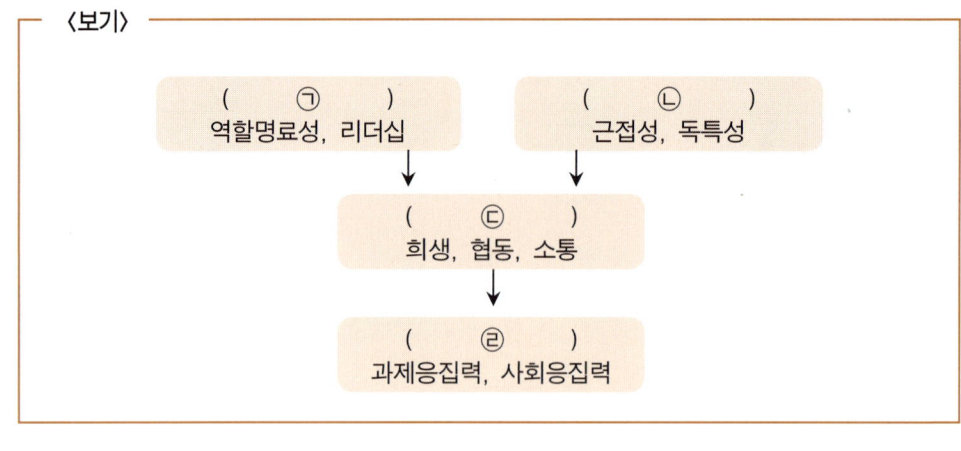

	㉠	㉡	㉢	㉣
①	집단구조	집단환경	집단응집력	집단과정
②	집단구조	집단환경	집단과정	집단응집력
③	집단환경	집단구조	집단응집력	집단과정
④	집단환경	집단구조	집단과정	집단응집력

정답 및 해설	정답	②	난이도	보통
	출제영역	4. 스포츠수행의 사회심리적 요인(8. 루틴)		
	해설	팀 구축과 관련해서 가장 주목받고 있는 모델은 팀 구축 개입의 적용을 위한 모형이다. 이 모형은 선행변인, 과정변인, 결과변인으로 구성되어 있다. 선행변인으로는 집단구조(역할명료성, 리더십), 팀의 환경(근접성, 독특성)이 해당된다. 과정변인은 집단과정(희생, 협동, 소통), 결과변인은 집단응집력(과제응집력, 사회응집력)이다.		

17. 운동지도에 활용할 수 있는 강화(reinforcement) 전략으로 적절한 것은?

① 운동이 모두 끝나고 정리운동 후에 강화한다.
② 바람직한 행동을 찾아 강화한다.
③ 초보자에게 가끔, 숙련자에게 자주 강화한다.
④ 노력보다는 성취결과를 중심으로 강화한다.

정답	②	난이도	보통
출제영역	4. 스포츠수행의 사회심리적 요인(2. 리더십)		
해설	강화는 즉각적인 반응을 보이도록 유도하며, 반응의 빈도를 증가시키는 어떤 자극이나 사건 또는 상황을 말한다. 효과적인 강화을 위해서는 즉각적으로 강화한다. 올바른 행동이 일어날 때마다 매번 강화한다. 노력에 행동에 대해 강화한다. 학습초기에는 빈번하게, 기술을 제대로 익힌 다음에는 간간히 강화한다.		

18. 〈보기〉에서 괄호가 설명하는 것은?

> 〈보기〉
> ( )은 피해나 부상을 피하려고 하는 사람에게 피해나 상해를 입히기 위한 목적으로 가해지는 행동으로, 목표와 분노가 있었는지에 따라 적대적 ( )과 수단적 ( )으로 분류된다.

① 호전성　　　　　　　　　② 가학성
③ 공격성　　　　　　　　　④ 위해성

정답	③	난이도	쉬움
출제영역	4. 스포츠수행의 사회심리적 요인(4. 사회성 발달)		
해설	공격성이란 피해나 부상을 피하려는 사람에게 피해나 부상을 입히기 위한 목적으로 가해지는 모든 행동으로 정의된다. 공격행위의 종류에는 공격성에 대한 목표와 분노가 있었는가에 따라 적대적 혹은 수단적으로 구분될 수 있다.		

19. 스포츠심리상담과 관련한 설명으로 옳지 않은 것은?

① 상담은 상담자와 내담자의 상호 협력 관계에 기초한다.
② 스포츠심리상담은 인간적 성장과 경기력 향상을 목표로 한다.
③ 상담자는 상담 시작 전에 상담의 전 과정을 내담자에게 안내한다.
④ 심리기술(psychological skill)에는 루틴, 자화, 심상 등이 있다.

정답	④	난이도	보통
출제영역	6. 스포츠심리상담(1. 스포츠심리상담의 개념)		
해설	심리기술 영역에는 자신감, 집중력, 의지력, 동기, 불안/각성이 있으며, 심리기법 영역에는 혼잣말, 목표설정, 심상, 루틴, 이완행동(호흡), 사고조절이 있다.		

20. 스포츠심리상담의 적용과 관련된 설명으로 적절하지 <u>않은</u> 것은?

① 라포는 내담자와 상담자 사이의 공감적 관계이다.
② 신뢰형성 기술에는 내담자 향해 앉기, 개방적 자세취하기, 적절한 시선 맞추기 등이 있다.
③ 경청은 상담자가 내담자의 언어적 메시지는 물론 비언어적 메시지를 듣는 과정이다.
④ 공감적 이해의 증진을 위해 생각할 시간을 갖고, 반응시간을 짧게 하고, 내담자에 맞게 반응해야 한다.

정답 및 해설	정답	②	난이도	보통
	출제영역	6. 스포츠심리상담(2. 스포츠심리상담의 적용)		
	해설	스포츠심리상담에서 활용되는 기법은 신뢰형성, 관심집중, 경청, 공감적 이해 등이 있다. 신뢰형성을 위해서는 첫 상담시 내담자가 원하는 것이 무엇인지 정확하게 파악을 해야 하고, 상담의 효과에 대해 긍정적인 기대를 갖도록 해야 한다. 무엇보다도 상담자가 전문성을 가져야 한다. 관심집중을 위해 내담자를 향해 앉기, 개방적인 자세 취하기, 적절한 시선 맞추기 등이 있다.		

스포츠심리학 출제예상문제

1. 스포츠심리학을 보는 광의의 관점에 포함되는 것으로 올바른 것은?

   <보기>
   ㉠ 운동제어   ㉡ 운동학습   ㉢ 운동발달

   ① ㉠ + ㉡ + ㉢   ② ㉠ + ㉡
   ③ ㉠   ④ ㉡

2. 우리나라 스포츠심리학이 체육학의 범위 내에서 발전하는데 크게 영향을 미쳤던 것은?
   ① 관련과목의 개설   ② 연구보다는 교육중심
   ③ 유학파의 등장   ④ 관련학과 개설

3. 다음은 스포츠심리학 영역에 관한 내용이다. 빈칸에 적합한 용어로 연결된 것은?

스포츠심리학(광의)					
구분	스포츠심리	㉡	운동학습	운동발달	운동심리학
관심	㉠	움직임 생성 및 조절	운동기술 습득원리	㉢	운동과 심리적 효과
주제	성격, 정서, 동기 등	협응구조, 자유도 등	연습법, 피드백 등	협응 변화, 인지적 변화 등	불안, 우울, 기분 등

	㉠	㉡	㉢
①	심리적요인과 스포츠수행	운동제어	생애에 걸친 운동발달
②	심리적요인과 스포츠수행	운동심리학	움직임 생성 및 조절
③	운동기술 습득원리	운동제어	생애에 걸친 운동발달
④	운동기술 습득원리	운동심리학	움직임 생성 및 조절

4. 운동행동학의 특징으로 가장 거리가 먼 것은?

① 제2차 세계대전은 운동행동학 연구가 급격하게 늘어난 계기
② 초창기 연구는 운동기술 그 자체를 연구하는 것이 목적
③ 운동발달 연구는 운동학습과 운동제어 연구에서 발달적으로 접근
④ 연구자들이 체육학 속에서 연구를 시작하면서 체육학의 하위분야로 정착

5. 움직임에 영향을 미치는 요인으로 올바른 것은?

① 과제: 이동성, 조종성, 안정성, 용이성
② 개인: 지각, 인지, 조절, 동작
③ 환경: 직접조절, 간접조절
④ 개인: 지각, 인지, 동작

6. 운동능력을 예측하는 상황에서의 공통점으로만 묶인 것은?

〈보기〉
㉠ 신체조건과 운동능력을 종합적으로 고려
㉡ 운동능력 검사 점수와 실제 운동기술 수행점수
㉢ 운동능력을 검사하는 항목 자체가 타당성, 신뢰성 확보
㉣ 비교운동기술에 필요한 운동능력 정의하고 운동능력 측정

① ㉠
② ㉠ + ㉡
③ ㉠ + ㉡ + ㉣
④ ㉠ + ㉡ + ㉢ + ㉣

7. 정보처리관점에서 인간의 인지적인 처리과정을 중심으로 인지, 연합, 자동화 단계로 구분한 것은?

① 피츠와 포스너의 단계
② 젠타일의 단계
③ 번스타인의 단계
④ 뉴웰의 단계

8. 피드백에 관한 내용이 <u>아닌</u> 것은?

① 학습자의 외부로부터 제공되는 정보는 보강피드백
② 감각 피드백 정보에 보충적으로 사용되는 것은 보강피드백
③ 학습자 내부의 감각시스템으로부터 제공되는 것은 감각피드백
④ 과거의 수행이 새로운 운동기술의 수행에 영향을 미치는 것

9. 운동발달의 원리가 <u>아닌</u> 것은?

① 방향성
② 일정한 순서
③ 연속적이고 점진적인 과정
④ 시기에 따라 발달의 속도 유사

10. 결과지향 평가도구의 내용이 <u>아닌</u> 것은?

① 과거에는 아동발달 영역에 대한 양적 평가도구에 집중
② 최근에는 질적인 특성에 중점을 둔 과정지향 평가도구 개발
③ 과정지향 평가도구는 정확한 운동발달 과정을 측정하기 위한 양적평가도구
④ 결과지향 평가도구는 운동발달 시기별로 나타나는 변인들을 양적으로 분석

11. 성격의 구조에 해당되는 모든 것은?

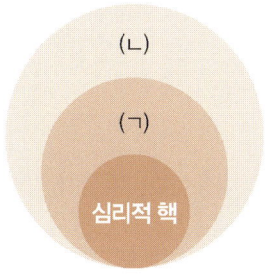

① ㉠ 전형적 반응 ㉡ 경향성
② ㉠ 역할행동 ㉡ 전형적 반응
③ ㉠ 전형적 반응 ㉡ 역할행동
④ ㉠ 경향성 ㉡ 전향적 반응

12. 다음의 그림과 관계가 가장 먼 것은?

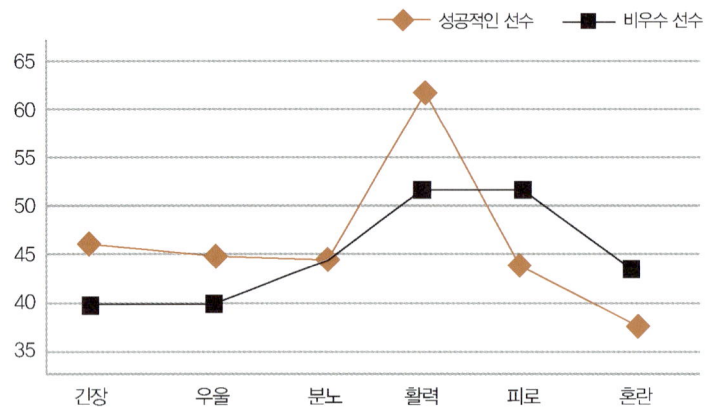

① 긍정적인 요인인 활력의 점수가 높음
② 성격특성이 스포츠 수행을 정확하게 예측함
③ 우수선수들의 기분상태 윤곽은 빙산형 모형을 하고 있음
④ 부정적인 요인인 긴장, 우울, 분노, 피로, 혼란의 점수가 모두 평균보다 낮음

13. 다음은 무엇을 설명한 것인가?

〈보기〉
㉠ 과제가 즐거움　　　㉡ 유능감과 관련
㉢ 스트레스로부터 회복　㉣ 과제가 흥미로움
㉤ 대표적인 이론은 인지평가이론　㉥ 긴장으로부터 회복

① 재미　　　② 불안
③ 각성　　　④ 탈진

14. 〈보기A〉와 〈보기B〉는 친구들의 대화내용이다. 이들이 각각 설명하는 개념으로 바르게 묶인 것은?

〈보기〉
〈A〉 지미: 축하해
　　 성희: 고마워, 나도 득점을 하니까 정말 기쁘다.
〈B〉 혜미: 이유도 없이 그냥 우울하네...
　　 은혜: 너 이런 상태인지 좀 됐어.

① ㉠ 정서　㉡ 기분
② ㉠ 느낌　㉡ 정서
③ ㉠ 기분　㉡ 느낌
④ ㉠ 감정　㉡ 느낌

15. 다음에서 설명한 것은?

    〈보기〉
    ㉠ 부적합한 느낌　　　㉡ 통제력의 상실
    ㉢ 실패에 대한 공포　　㉣ 불만족스런 신체적인 증상

    ① 특성불안
    ② 상태불안
    ③ 인지적 상태불안
    ④ 경쟁 상태불안

16. 다음에서 (ㄱ)에 해당하는 것으로 올바른 것은?

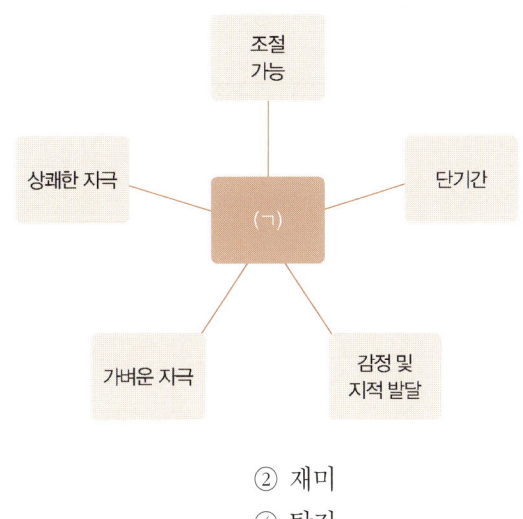

    ① 유쾌스트레스
    ② 재미
    ③ 불쾌스트레스
    ④ 탈진

17. 탈진과 관련된 내용이 <u>아닌</u> 것은?

    ① 탈진은 선수 연구부터 시작
    ② 탈진에 대한 결정적인 원인은 다양한 심리적 문제
    ③ 탈진은 과도한 신체에너지 사용으로 인한 생리적 피로의 결과
    ④ 선수들의 탈진은 정서고갈, 비인격화 및 타인과의 괴리감, 성취감 저하

18. 역U 가설의 설명으로만 묶인 것은?

> 〈보기〉
> ㉠ 적정 수준의 각성이 최고의 수행을 가져옴
> ㉡ 적정수준이론이라고도 함
> ㉢ 각성수준이 점차적으로 상승함에 따라 수행도 점차적으로 상승되다가, 각성이 적정 수준을 넘어서면 수행은 다시 점차적으로 하강할 것이라고 가정

① ㉠
② ㉠ + ㉡
③ ㉠ + ㉢
④ ㉠ + ㉡ + ㉢

19. 다차원적 불안이론의 설명과 거리가 먼 것은?

① 인지적 불안은 수행과 비례관계
② 신체적 불안은 수행과 역U관계
③ 불안은 다차원적인 개념
④ 두 차원을 일으키는 요인은 서로 다름

20. 다음에 해당하는 것은?

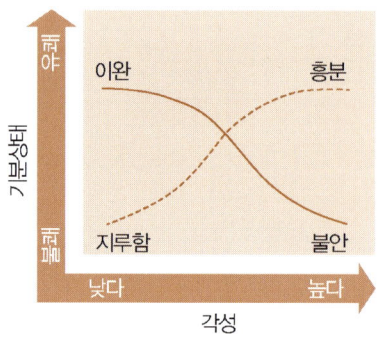

① 추동이론
② 최적수행지역
③ 격변이론
④ 반전이론

21. 다음 그림의 빈칸(㉠~㉢)에 해당하는 내용이 <u>아닌</u> 것은?

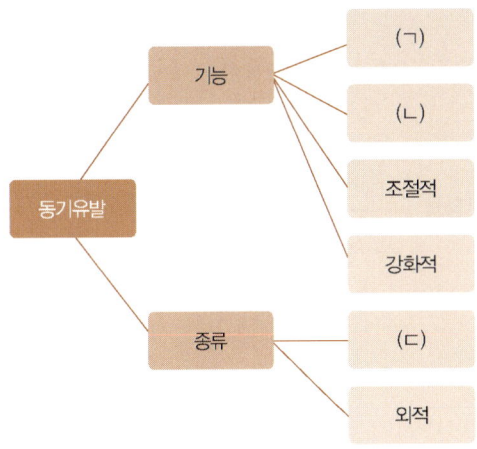

① 활성적 ② 충동적
③ 지향적 ④ 내적

22. 다음은 동기의 대표적인 이론들이다. (ㄱ)에 들어갈 용어는?

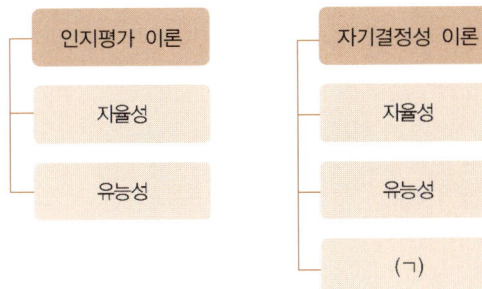

① 관계성 ② 융통성
③ 책임감 ④ 자제력

23. 귀인모형에서 다음(ㄱ)에 해당되는 것은?

① 목표
② 동기
③ 불안
④ 노력

24. 목표설정을 위한 접근에서 (ㄱ), (ㄴ)에 해당되는 것은?

① ㄱ 단기목표   ㄴ 장기목표
② ㄱ 단기목표   ㄴ 긍정적인 목표
③ ㄱ 구체적인 목표   ㄴ 장기목표
④ ㄱ 구체적인 목표   ㄴ 긍정적인 목표

25. 다음 표에 제시된 목표의 유형이 바르게 묶인 것은?

목표	구분
1. 랭킹 5위 안에 들자.	결과목표
2. 백스윙을 천천히 하자.	(ㄱ)
3. 자유투의 70%를 성공시키자.	수행목표
4. 이번 경기에서 메달을 획득하자.	(ㄴ)

① ㄱ 결과목표   ㄴ 합리적인 목표
② ㄱ 수행목표   ㄴ 결과목표
③ ㄱ 긍정적인 목표   ㄴ 수행목표
④ ㄱ 결과목표   ㄴ 긍정적인 목표

26. 목표가 중요한 이유에 해당하는 사항이 <u>아닌</u> 것은?

① 부정적인 감정을 조절해 줌
② 경기상황에서 과거에 집중하게 함
③ 부정적인 생각을 긍정적으로 바꾸게 함
④ 목표가 있으면 어려움이 있어도 노력을 지속하게 함

27. 자신감에 대한 설명과 가장 거리가 <u>먼</u> 것은?

① 성공은 항상 자신감을 향상시킴
② 자신감은 후천적으로 발전할 수 있음
③ 부정적인 피드백을 재해석하여 활용하면 자신감이 향상됨
④ 실수를 대처하는 방법을 미리 알고, 연습하면 자신감이 향상됨

28. 다음의 (ㄱ)에 해당하는 것은?

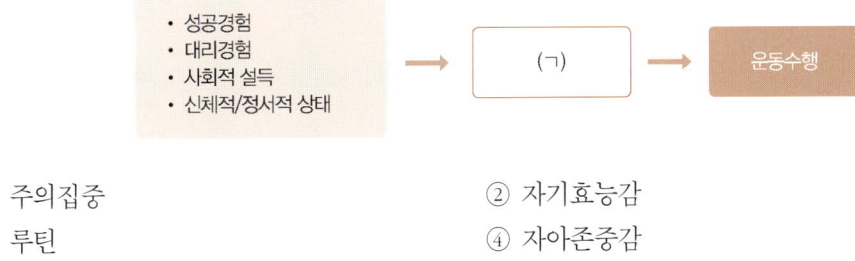

① 주의집중 ② 자기효능감
③ 루틴   ④ 자아존중감

29. 모든 감각을 활용하여 마음속으로 어떠한 경험을 재현하거나 창조하는 것은?

① 주의집중 ② 혼잣말
③ 심상   ④ 루틴

30. 생체정보이론의 설명으로만 묶인 것은?

〈보기〉

㉠ 심상은 자극전제와 반응전제를 활성화시킴
㉡ 반응전제를 일으켜서 이를 수정 및 강화하는 것이 효과적
㉢ 동작을 상징적인 요인으로 기호화하여 기술을 자동적으로 수행하게 함

① ㉠　　　　　　　　　　　　　② ㉠ + ㉡
③ ㉠ + ㉢　　　　　　　　　　④ ㉠ + ㉡ + ㉢

31. 다음은 각성에 따른 주의의 폭을 그림으로 나타낸 것이다. (ㄷ)에 해당되는 것은?

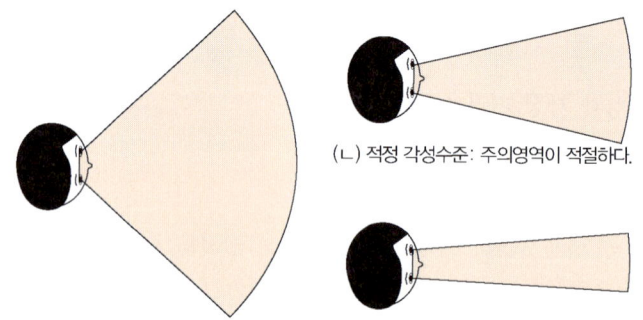

① 평소 잘 하던 선수가 긴장을 해서 경기에서 실수를 함
② 약간의 긴장으로 집중이 잘되어 선수가 동작을 성공함
③ 너무 여유있게 동작을 하다가 선수가 실수를 함
④ 연습 때도 잘 하던 선수가 실제 경기에서도 잘 함

32. 주의유형으로만 묶인 것은?

① ㉠　　　　　　　　　　　　　② ㉠ + ㉡
③ ㉠ + ㉢　　　　　　　　　　④ ㉠ + ㉡ + ㉢

33. 다음은 루틴개발 과정이다. 이와 같은 과정을 거쳐 개발하는 루틴은?

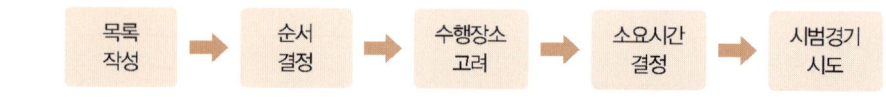

① 수행 간 루틴　　　　　　　② 경기 후 루틴
③ 경기 전 루틴　　　　　　　④ 미니루틴

34. 루틴이 주는 효과로 거리가 먼 것은?

① 상황변화에 긍정적으로 반응하게 함
② 경기 중 역경요인에 적절히 대처하게 함
③ 조절할 수 없는 요인에 주의와 노력을 기울이게 함
④ 루틴이 주는 편안함으로 모든 측면에서 충분한 준비를 하게 함

35. 다음과 같이 집단의 크기가 커질수록 개인수행의 평균은 감소하는 현상을 설명한 것은?

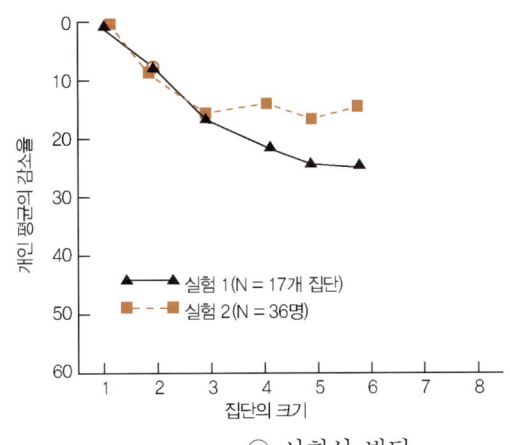

① 링겔만 효과
② 사회성 발달
③ 사회적 지지
④ 사회적 일탈

36. 사회적 태만을 방지하는 방법이 아닌 것은?

① 누가 얼마나 노력했는지 확인하기
② 개인의 책임감 높이기
③ 포지션 유지하기
④ 팀 목표와 개인목표를 모두 설정하기

37. 다차원적 리더십 모형이다. 다음의 (㉠)과 (㉡)에 해당하는 것은?

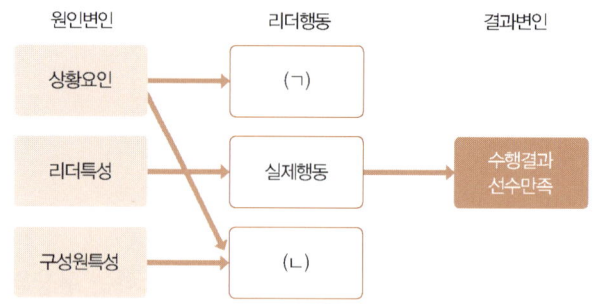

① ㉠ 규정된 행동 ㉡ 요구된 행동
② ㉠ 규정된 행동 ㉡ 선호된 행동
③ ㉠ 요구된 행동 ㉡ 선호된 행동
④ ㉠ 선호된 행동 ㉡ 규정된 행동

38. 다음 강화의 종류에서 ㉠과 ㉡에 들어갈 명칭은?

강화의 종류	내용 또는 특성
(㉠)	■ 사회적인 보상으로 강화(말, 몸짓)
정적강화	■ 유쾌자극을 제시해서 바람직한 행동을 유도
(㉡)	■ 불쾌한 자극을 제거시킴으로써 바람직한 행동을 유도

① ㉠ 2차적 강화 ㉡ 부적강화
② ㉠ 부적강화 ㉡ 1차적 강화
③ ㉠ 연속강화 ㉡ 2차적 강화
④ ㉠ 연속강화 ㉡ 1차적 강화

39. 사회적 촉진에 대한 설명으로 올바른 것은?
① 타인의 존재가 수행에 미치는 영향
② 단순존재 가설은 타인의 존재로 자의식이 증진된다는 것
③ 자아이론은 단순한 타인의 존재는 각성을 일으키지 못한다는 것
④ 평가우려가설은 단순한 타인이 존재할 때 각성수준이 상승된다는 것

40. 다음은 모델링 과정이다. 순서대로 올바르게 제시한 것은?

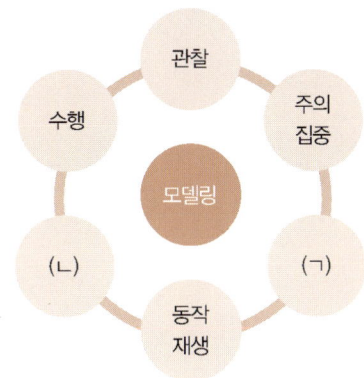

① ㉠ 파지 ㉡ 전이
② ㉠ 전이 ㉡ 파지
③ ㉠ 파지 ㉡ 동기
④ ㉠ 동기 ㉡ 파지

41. 다음 중 공격성의 특징과 가장 거리가 먼 것은?

① 경기 초반에 더 많이 일어남
② 원정경기일 때는 더 많이 일어남
③ 스코어 차이가 많이 날 때 더 많이 일어남
④ 신체적 접촉이 많은 종목에서 더 많이 일어남

42. 다음 보기에 제시되어 있는 심리적 효과는?

〈보기〉
㉠ 운동은 아동의 이것을 향상시키는 효과가 상당히 높음
㉡ 이것의 개선이 목적이라면 운동기간을 길게 잡는 것이 중요함

① ㉠ 자아존중감 ㉡ 우울증
② ㉠ 불안 ㉡ 우울증
③ ㉠ 우울증 ㉡ 자아존중감
④ ㉠ 동기 ㉡ 불안

43. 다음의 심리적 효과를 설명하는 가설은?

[운동으로 체온상승 → 뇌가 근육으로 이완명령 → 근육 이완됨 → 편안한 느낌]

① 열 발생 가설 ② 모노아민 가설
③ 생리적 강인함 가설 ④ 사회 심리적 가설

44. 다음의 계획행동이론에 해당하는 것으로 올바르게 묶인 것은?

― 운동참여자 ―

〈A〉 ㉠저는 아침 운동이 중요하다고 생각합니다. 저희 아버지도 매일 아침 운동을 나가시죠. ㉡주말에 늦잠이라도 자려면 눈치가 보입니다. 이젠 운동이 삶의 일부가 되어버렸어요. ㉢친구들이랑 약속을 정해도 그 시간만큼은 피하고 있죠.

〈B〉 얼마 전에 어머니가 암수술을 하셨어요. ㉣정말 많이 놀랐죠. ㉤'나도 그런 암이 발생할 수 있겠구나'라고 생각하게 됐어요. 그래서 ㉥헬스장에 등록하고 아무리 바빠도 규칙적으로 운동을 하고 있어요.

① ㉠
② ㉤ + ㉥
③ ㉠ + ㉣
④ ㉠ + ㉡ + ㉢

45. 변화단계 5단계 모형에서 2단계와 4단계에 해당하는 것은?

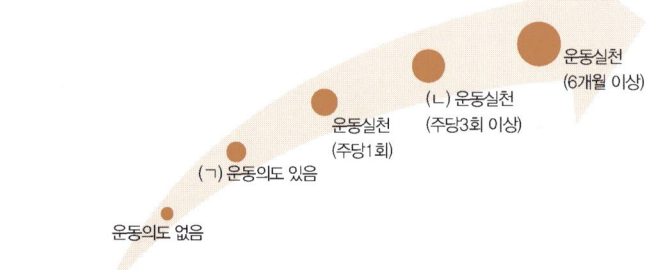

① ㉠ 무관심 ㉡ 관심 ② ㉠ 관심 ㉡ 준비
③ ㉠ 관심 ㉡ 실천 ④ ㉠ 실천 ㉡ 유지

46. 다음 운동실천에 반영되어 있는 사회적 지지의 명칭은?

> 〈보기〉
> ㉠ 노력에 대한 칭찬과 격려
> ㉡ 운동방법에 대한 안내와 조언
> ㉢ 웨이트 트레이닝을 할 때 보조역할

① ㉠ 도구적 지지 ㉡ 정서적 지지
② ㉠ 도구적 지지 ㉡ 정보적 지지
③ ㉠ 정서적 지지 ㉡ 정보적 지지
④ ㉠ 정서적 지지 ㉡ 비교확인 지지

47. 다음은 인지재구성모형이다. ㉠과 ㉡에 들어갈 요인은?

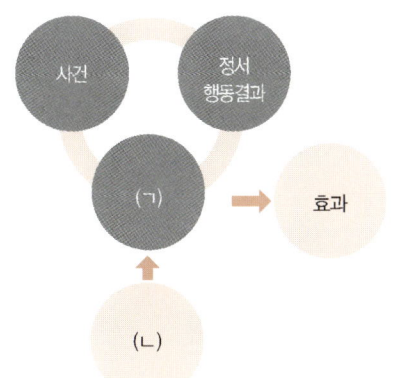

① ㉠ 신념 ㉡ 의지
② ㉠ 의지 ㉡ 신념
③ ㉠ 신념 ㉡ 논박
④ ㉠ 논박 ㉡ 신념

48. 다음의 상담지에 반영되어 있는 스포츠심리상담의 절차는?

스포츠심리상담 개인 선수 상담지							
상담 시간	10:00-11:50	장소	축구연습장	내담자	홍길동

- 10:00 ㉠현장동행
- 10:10 ㉡훈련장에서의 심리상태 파악
- 10:30 선배가 지나가면서 하는 말을 지나치게 의식한다는 문제점 파악
  (중략)
- 11:10 경청한 후 인지재구성이 필요하다고 결정
- 11:40 ㉢상담의 기법 활용 및 심리기술 훈련을 적용
  (중략)

① 상담 전 단계
② 상담시작 단계
③ 상담진행 단계
④ 상담종결 단계

49. 상담의 기법에 해당하는 것으로만 묶인 것은?

〈보기〉
㉠ 신뢰형성   ㉡ 관심집중   ㉢ 경청   ㉣ 공감적 이해

① ㉠ + ㉡
② ㉡ + ㉢
③ ㉡ + ㉢ + ㉣
④ ㉠ + ㉡ + ㉢ + ㉣

50. 다음은 상담사가 내담자의 무엇에 주목하고 있는 것은?

〈보기〉
㉠ 미간을 찌푸림
㉡ 눈에 힘이 들어감
㉢ 목소리 톤이 종종 높아지면서 떨림

① 긴장
② 비언어적 메시지
③ 매력
④ 언어적 메시지

스포츠심리학 — 출제예상문제 정답 및 해설

문항	정답	해설
1	①	스포츠심리학은 광의의 관점에서 운동제어, 운동학습, 운동발달을 포함한다. 즉, 광의의 관점의 스포츠심리학이란 자연과학적 특성이 강한 운동행동학(운동제어, 운동학습, 운동발달)의 범위까지 포함하는 넓은 의미이다.
2	③	우리나라는 초창기때부터 체육학의 범주에서 스포츠심리학이 발전했다. 이것은 외국에서 발전되고 있는 지식을 받아들이는 입장이었기 때문이었다. 유학파의 등장은 새로운 성장의 동력으로 자리를 잡기 시작했다.
3	①	스포츠 심리는 심리적 요인과 스포츠수행에 관심을 가지고 성격, 정서, 동기 등을 주로 다루는 영역이다. 운동제어는 움직임 생성 및 조절에 관심을 가지고 협응구조, 자유도 등을 그리고 운동학습은 운동기술 습득원리에 관심을 가지고 연습과 피드백 등을 주로 다루는 영역이다. 운동발달은 생애에 걸친 운동발달에 관심을 가지고 협응의 변화, 인지적 과정의 변화 등을 주로 다루는 영역이다. 마지막으로 운동심리학은 운동과 심리적 효과에 관심을 두고 불안, 우울, 기분 등을 주로 다루는 영역이다.
4	②	운동행동학 초창기 연구는 운동기술 그 자체를 연구하는 것이 목적이 아니라 다른 연구목적을 위해 운동기술을 수단으로 사용했다.
5	④	움직임에 영향을 미치는 요인은 개인, 과제, 환경이 있다. 이 요인들의 상호작용에 의한 결과로 움직임이 이루어진다. 움직임에 영향을 미치는 요인은 개인, 과제, 환경이 있다. 개인요인에는 지각, 인지, 동작으로, 과제요인은 요구되는 이동성, 조종성, 안정성으로, 환경은 조절환경, 비조절환경으로 나누어진다.
6	④	운동능력 예측 상황에서는 다음의 공통점이 있다. 신체조건과 운동능력을 종합적으로 고려한다. 운동기술에 필요한 운동능력을 정의하고 운동능력을 측정한다. 운동능력 검사 점수와 실제 운동기술 수행점수를 비교한다. 운동능력을 검사하는 항목 자체가 타당성, 신뢰성을 확보해야 한다.
7	①	피츠와 포스너의 단계는 지금까지도 운동기술 학습에 가장 많이 적용되고 있는 학습단계이다. 정보처리관점에서 인간의 인지적인 처리과정을 중심으로 인지, 연합, 자동화 단계로 구분하였다.
8	④	과거의 수행 또는 학습경험이 새로운 운동기술의 수행과 학습에 영향을 미치는 것은 전이이다.
9	④	운동발달은 시기에 따라 발달의 속도에 다양한 차이가 존재한다.
10	③	과정지향평가도구는 정확한 운동발달 과정을 측정하기 위한 질적평가도구이다.

문항	정답	해설
11	③	성격의 구조는 크게 심리적 핵, 전형적 반응, 역할행동 순으로 구분된다. 첫번째, 심리적 핵은 가장 기초단계이며 깊숙이 내재되어 있다. 두번째, 역할행동은 주변상황 및 환경의 자극에 의해 상호작용 결과가 나타나는 행동이며, 전형적 반응의 결과로 심리적 핵을 예측한다. 세번째, 역할행동은 성격의 가장 바깥단계로 환경을 어떻게 인식하느냐에 따라 행동이 달라지기 때문에 주어진 환경에 가장 민감한 성격의 속성이다.
12	②	성격특성으로 스포츠 수행을 정확하게 예측할 수 있는 것은 아니다. 어떤 개인이 운동 수행을 예측하기 위해서는 생리적인 요인, 환경요인을 다각적으로 고려해야 한다.
13	①	재미는 어떤 과제가 즐겁고 흥미롭다고 주관적으로 느끼는 긍정적인 심리상태이다. 재미경험의 조건을 설명하는 대표적 이론은 인지평가이론이다. 재미의 체험은 유능감과 관련이 된다. 재미의 체험을 통해 우리의 몸과 마음은 스트레스와 긴장으로부터 회복된다.
14	①	정서는 사람의 마음에 일어나는 여러 가지 감정이다. 정서와 달리 기분은 뚜렷한 선행사건을 지각하지 못하는 경우가 많으며, 비교적 오래 지속된다.
15	④	경쟁상태불안은 경쟁상황에서 수행자가 느끼는 상황에 대한 반응이다. 스포츠 상황에서 발생하는 경쟁상태 불안의 원인은 부적합한 느낌, 통제력의 상실, 실패에 대한 공포, 불만족스런 신체적인 증상, 죄의식이다.
16	①	보기에서 (㉠)은 유쾌스트레스이다. 유쾌스트레스는 가볍고 조절이 가능한 스트레스이다. 오히려 상쾌한 자극이 되어서 우리의 감정과 지적 발달에 긍정적으로 작용한다. 불쾌스트레스는 스트레스가 심하고 장기적이며 조정이 불가능한 것이다. 면역체계를 약화시켜 질병으로 발전한다.
17	①	탈진은 과도한 신체에너지 사용으로 인한 생리적 피로의 결과이다. 최근의 연구에서는 탈진에 대한 결정적인 원인으로 다양한 심리적 문제에 초점을 맞추고 있다. 탈진은 1980년대 지도자에게 부정적인 영향을 미친다는 인식이 확산되면서 코치 탈진 연구를 통해서 시작되었다. 1990년대 중반 운동선수로 연구대상이 확대되었다. 선수들의 탈진은 정서고갈, 비인격화 및 타인과의 괴리감, 성취감 저하로 요약된다.
18	④	역U 가설은 각성수준이 점차적으로 상승함에 따라 수행도 점차적으로 상승되다가, 각성이 적정 수준을 넘어서면 수행은 다시 점차적으로 하강할 것이라는 가정이다. 이 이론은 적정 수준의 각성이 최고의 수행을 가져온다고 하여 적정수준이론이라고도 한다.
19	①	다차원적 불안이론에 의하면 신체적 불안은 수행과 역U관계에 있다. 그러나 인지적 불안은 주위를 분산시키고 부적절한 단서에 주의를 기울이게 하는 특성이 있기 때문에 수행에 부정적인 영향을 준다.
20	④	반전이론은 각성과 정서의 관계는 각성을 인지적으로 어떻게 해석하느냐에 달려있다는 것이다. 따라서 높은 각성은 어떻게 해석하느냐에 따라 흥분(유쾌감)이나 불안(불쾌감)으로 느껴질 수 있고 낮은 각성은 지루함이나 편안함으로 느껴질 수 있다는 것이다.

문항	정답	해설
21	②	동기유발의 기능은 행동을 최초로 유발하는 활성적 기능, 방향성을 결정하는 지향적 기능, 선택적인 행동을 유발하는 조절적 기능, 정적, 부적강화를 제공하는 강화적 기능이 있다. 동기유발의 종류에는 내적 보상에 의한 내적동기유발, 외적보상에 의한 외적 동기유발이 있다.
22	①	인지평가이론은 인간에게 기본 심리적 욕구(자율성, 유능성)가 있어 내재적으로 동기화된 행동에 외적보상이 주어지면 오히려 동기가 감소된다는 설명이다. 외적보상이 타인에 의해 통제된다는 느낌을 발생시키기 때문이다. 여기에 자기결정성이론은 관계성을 추가한다.
23	④	귀인은 어떤 일이나 결과를 나타낸 원인에 대해서 설명이나 추론하는 것이다. 귀인의 중요한 4가지 소재를 능력, 노력, 과제의 난이도, 운이라고 설명한다. 귀인이 중요한 이유는 시합결과에 대해 어떻게 귀인 하느냐에 따라, 이후 시합을 어떻게 준비할 것인가가 결정되기 때문이다. 귀인훈련은 성공의 원인을 자신의 능력에서 찾고, 실패의 원인은 노력의 부족이라고 믿도록 귀인을 바꾸는 것을 말한다.
24	①	장기목표를 세운 후 단기목표를 세운다. 장기목표는 계단의 맨 꼭대기이고, 단기목표는 장기목표에 이르기 위한 한 계단 한 계단이다.
25	②	보기에서 (㉠)은 수행목표이며, (㉡)은 결과목표에 해당한다. 수행목표는 심호흡과 같이 자기가 조절할 수 있는 것이고, 결과목표는 우승, 메달획득과 같이 조절할 수 없는 것이다.
26	②	목표가 중요한 이유는 경기나 훈련에서 현재에 집중하게 하고, 긍정적인 생각을 가지게 하며, 감정조절을 가능하게 해주기 때문이다.
27	①	성공이 항상 자신감을 향상시키는 것은 아니다. 메달 획득 후 다음경기에서 우승해야 한다는 부담감, 중압감에 시달려 자신감이 감소되는 경우도 있다.
28	②	자기효능감 이론은 자기효능감이 성공경험, 대리경험, 사회적 설득, 신체적 정서적 상태의 4가지 정보원으로부터 영향을 받아 향상된다고 설명한다.
29	③	심상의 개념은 모든 감각을 활용하여 마음속으로 어떠한 경험을 재현하거나 창조하는 것이다.
30	②	상징학습 이론은 심상이 동작을 상징적인 요인으로 기호화하여, 기술을 더욱 자동적으로 수행하게 한다는 것이다. 생체정보이론은 심상을 하게 되면 자극전제와 반응전제가 활성화된다는 것이다. 심상이 도움이 되기 위해서는 반응전제를 일으켜서 이를 수정 및 강화시키는 것이 중요하다.
31	①	주의는 정서상태(각성)에 따라 주의의 폭이 달라진다. 각성수준이 너무 낮으면 주의가 넓어져서 많은 단서를 받아들이고, 높으면 필요한 단서들을 놓칠 가능성이 높아진다.
32	②	주의유형은 폭과 방향의 두 차원으로 구성된다.
33	③	경기 전 루틴을 개발하려면 목록을 만들고, 순서를 결정하고, 각 단계를 수행할 수 있는 장소를 생각하고, 루틴소요시간을 정하고, 시범경기에서 시도해본다.

문항	정답	해설
34	③	루틴이 주는 효과는 다음과 같다. 루틴이 주는 편안함으로 신체적, 심리적, 기술적 측면에서 충분한 준비를 하게 한다. 조절할 수 없는 요인을 지각한 후, 조절할 수 있는 요인을 파악하고 이에 주의와 노력을 기울이게 한다. 자기자각을 가능하게 하여 경기 중 역경요인에 적절히 대처하게 한다.
35	①	링겔만 효과는 집단의 크기가 커질수록 개인수행의 평균은 감소하는 현상을 의미한다. 밧줄을 당기는 실험을 진행하여 증명하였다.
36	③	사회적 태만을 감소시키려면 포지션을 바꾸어 연습시켜 태만이 팀 전체에 미치는 영향을 깨닫게 한다.
37	②	다차원적 리더십 모형은 효율적인 리더십은 상황적 요인과 리더(규정된 행동, 실제행동, 선호된 행동)와 구성원의 특성에 의해 결정된다고 주장한다.
38	①	정적 강화는 유쾌자극을 제시해서 바람직한 행동을 유도하는 것이고, 부적강화는 불쾌한 자극을 제거시킴으로써 바람직한 행동을 유도하는 것이다. 1차적 강화는 대상자에게 가치 있는 물질로 강화하는 것이고, 2차적 강화는 사회적인 보상으로 강화를 하는 것이다. 연속강화는 행동이 있을 때마다 강화를 주는 것이고, 부분강화는 강화를 줄 때도 있고 안줄 때도 있는 것이다.
39	①	단순존재 가설은 단순한 타인이 존재할 때 각성수준이 상승된다는 것이다. 평가우려가설은 단순한 타인의 존재는 각성을 일으키지 못한다는 것이다. 자아이론은 타인의 존재로 자의식이 증진되면 수행자는 원하는 수행 수준과 실제수행 수준 일치로 만족을 경험하고, 불일치로 갈등을 경험한다는 것이다.
40	③	그림에서 (㉠)은 파지이며, (㉡)은 동기에 해당한다. 모델링의 과정은 관찰, 주의집중, 파지, 동작재생, 동기, 수행이다.
41	①	공격행동은 경기가 진행됨에 따라 더 많이 일어난다.
42	①	우울증 개선이 목적이라면 운동기간을 길게 잡는 것이 중요하다. 운동은 아동의 자아존중감을 향상시키는 효과가 상당히 높다.
43	①	열발생 가설은 운동으로 체온이 상승하면 뇌는 근육으로 이완명령을 내리고, 이로 인해 근육이 이완되어 이완감을 느낀다는 것이다.
44	④	합리행동 이론은 행동에 대한 태도와 주관적 규범이 운동실천에 영향을 미친다는 설명이다. 즉, 운동을 실천하는 것이 중요하다고 생각하고, 운동을 해야한다는 주변 사람들의 기대와 압력을 받는 것에 의해 운동의 의도가 형성된다. 계획행동 이론은 합리행동이론에 행동통제인식이라는 새로운 개념을 추가한다. 이것은 방해요인을 통제할 수 있다는 자신감을 의미한다. 건강신념 모형은 질병 발생의 가능성, 질병의 심각성이 질병의 위험성에 영향을 미친다. 그리고 운동을 실천으로 옮기는 것은 이에 따른 손실과 혜택을 비교해서 결정한다.

문항	정답	해설
45	③	무관심 단계는 가장 낮은 단계이다. 운동을 시작할 의도가 없는 단계이다. 관심 단계는 현재 운동을 하고 있지는 않다. 그러나 운동을 시작할 의도는 있는 상태이다. 준비단계는 운동을 하고 있지만, 가이드라인 채우지 못하는 수준이다(주당 3회 이상, 1회 20분 이상). 실천단계는 가이드라인을 충족하며 운동을 하고 있다. 하지만 아직 6개월 미만이다. 가장 불안정한 단계로 하위 단계로 내려갈 위험성이 가장 높다. 유지단계는 가장 높은 단계이다. 가이드라인을 충족하는 수준의 운동을 6개월 이상 하고 있는 상태이다.
46	③	도구적 지지는 실질적 지지이다. 정서적 지지는 다른 사람을 격려하는 과정에서 생기는 지지이다. 정보적 지지는 운동방법에 대한 안내와 조언, 진행상황에 대한 피드백을 제시하는 것이다. 동반적 지지는 운동을 할 때 동반자 역할을 하는 사람이 있는가의 여부를 말한다. 비교확인 지지는 다른 사람과의 비교를 통해 자신의 생각, 감정, 체험 등이 정상적이라는 확인을 하는 것이다.
47	③	인지재구성 모형에서는 사건이 결과를 직접적으로 일으킬 수 없고, 그 사람의 신념이 정서행동결과의 원인이 된다. 특히, 그 사람이 갖고 있는 신념은 논박을 통하여 합리적이 신념으로 바꿀 수 있다. 이에 대한 효과로 적절한 정서적 행동적 반응을 하게 된다.
48	③	상담진행 단계는 본격적으로 상담이 진행되는 시기이다. 상담의 기법이 활용하고, 심리기술훈련도 함께 적용되는 시기이다. 상담실에서의 상담뿐만 아니라 현장(훈련장, 경기장)에서의 상담도 함께 적용된다. 즉, 현장에서의 심리상태를 파악할 수 있으며 심리기술 훈련을 적용할 수 있다.
49	④	스포츠심리상담의 기법으로 가장 많이 활용되는 기법은 신뢰형성, 관심집중, 경청, 공감적 이해이다.
50	②	비언어적 메시지는 다음과 같다. 눈(시선), 몸의 자세, 손발의 제스처, 얼굴표정, 그리고 목소리 등이다.

운동생리학

운동생리학 — 2017년 기출문제 분석

출제기준

주요 항목	세부 항목
1. 운동생리학의 개관	1. 주요 용어
	2. 운동생리학의 개념
2. 에너지 대사와 운동	1. 에너지의 개념과 대사작용
	2. 인체의 에너지 대사
	3. 트레이닝에 의한 대사적 적응
3. 신경조절과 운동	1. 신경계의 구조와 기능, 특성
	2. 신경계의 특성
	3. 신경계의 운동기능 조절
4. 골격근과 운동	1. 골격근의 구조와 기능
	2. 골격근과 운동
5. 내분비계와 운동	1. 내분비계
	2. 운동과 호르몬 조절
6. 호흡·순환계와 운동	1. 호흡계의 구조와 기능
	2. 운동에 대한 호흡계의 반응과 적응
	3. 순환계의 구조와 기능
	4. 운동에 대한 순환계의 반응과 적응
7. 환경과 운동	1. 체온 조절과 운동
	2. 인체 운동에 대한 환경 영향

[2급 생활스포츠지도사]

1. 운동생리학 관련 연구에 대한 설명 중 옳지 않은 것은?

① 운동 시 신체의 기능이 어떻게 변화하는지를 연구한다.
② 운동능력을 향상시키기 위한 훈련 과정에 적용하는 학문이다.
③ 장기간 운동에 대한 신체적 효과 및 적응에 대해 연구한다.
④ 운동손상에 대한 수술방법을 연구하는 학문이다.

정답 및 해설	정답	④	난이도	쉬움
	출제영역	1. 운동생리학의 개관(1. 주요 용어)		
	해설	수술에 관련된 연구는 의학의 외과 분야다.		

2. 해당과정(glycolysis)에 관한 내용으로 옳은 것은?

① 전자전달계(electron transport chain)에서 ATP 생성
② H⁺이 피르브산(pyruvate)과 결합하여 젖산 형성
③ 미토콘드리아에서 에너지를 생성하여 근육으로 전달
④ 단백질 합성을 통한 에너지 생성

정답 및 해설	정답	②	난이도	보통
	출제영역	2. 에너지 대사와 운동(2. 인체의 에너지 대사)		
	해설	해당과정은 무산소성에너지 시스템이며, 한 개의 포도당 분자가 분해되는 과정에서 2ATP를 생산하고, 피르브산이 젖산으로 전환된다. ①, ③은 유산소시스템에 관련된 내용이다. 단백질이 분해되면 아미노산이 되며, 일부 아미노산은 피르브산으로 전환되기도 하고, 베타산화를 통해 미토콘드리아로 직접 진입하여 ATP를 생산하기도 한다. ② 피르브산($C_3H_4O_3$)이 H⁺과 결합하면 젖산($C_3H_6O_3$)이 된다.		

3. 운동 중 호흡순환 조절에 대한 설명으로 옳은 것은?

① 고온 환경에서 장시간의 최대하 운동은 서늘한 환경에서보다 1회 박출량을 감소시킨다.
② 우심실로부터 나온 혈액의 산소분압은 폐포의 산소분압보다 높기 때문에 폐포에서 혈관으로 산소가 유입된다.
③ 환기량은 운동 강도가 증가함에 따라 직선적으로 증가한다.
④ 고강도 운동은 저강도 운동에 비하여 혈액의 pH 농도와 산소분압을 증가시킨다.

정답 및 해설	정답	①		난이도	어려움
	출제영역	6. 호흡·순환계와 운동(2. 운동에 대한 호흡계의 반응과 적응)			
	해설	고온 환경에서 장시간 운동을 지속할 경우 발한량이 증가하여 혈장량이 감소한다. 결과적으로 정맥환류가 감소하여 1회 박출량은 감소한다. 이를 보상하기 위한 기전으로 심박수가 증가한다. ② 체순환을 거친 혈액은 산소분압(PO_2)은 낮고, 이산화탄소 분압(PCO_2)은 높다. 체순환을 거친 혈액은 우심방 → 우심실 → 폐동맥 → 폐모세혈관을 지나는 폐순환을 시작한다. 이때 폐포와 가스교환이 발생한다. PO_2이 높은 폐포에서 낮은 폐모세혈관으로 산소가 유입되어 PO_2이 높아진 혈액은 좌심방 → 좌심실 → 동맥 → 전신으로 다시 체순환을 반복한다. ③ 환기량은 저-중강도 운동에서는 초기단계에 직선적으로 증가를 보이다가 이내 항정상태가 나타난다. 고강도 운동에서도 초기단계 직선적 증가가 관찰되지만, 저-중강도 운동과는 다르게 점차적인 증가가 나타난다. ④ 고강도 운동을 하는 동안 크랩스 사이클을 통한 산소이용은 충분하게 가동되지 않는다. 이때는 해당 작용에 대한 의존성이 증가하기 때문이다. 결과적으로 젖산 축적이 증가하여 초기에는 동맥의 이산화탄소분압($PaCO_2$)이 증가한다. 그러므로 pH는 증가한다. 또한 과환기로 인해 PO_2는 약간 상승하는 결과가 나타난다.			

4. 심박출량(cardiac output)에 대한 설명 중 옳지 않은 것은?

① 1회 박출량과 심박수의 곱으로 산출한다.
② 심박출량은 운동 강도의 증가에 따라 직선적으로 계속 증가한다.
③ 1분당 심장에서 박출되는 총 혈액량이다.
④ 정맥회귀(venous return)량은 심박출량에 영향을 준다.

정답 및 해설	정답	②		난이도	보통
	출제영역	6. 호흡·순환계와 운동(3. 순환계의 구조와 기능)			
	해설	심박출량은 신체의 크기와 운동 강도에 따라 다르다. 심박출량이 증가하는 이유는 필요할 때 근육에 더욱 많은 산소를 공급하기 위해서다. 심박수와 1회 박출량의 증가가 심박출량에 영향을 미친다. 따라서 고강도 운동 중 심박수, 1회 박출량이 더 이상 증가할 수 없는 지점에 도달하면, 심박출량도 증가할 수 없다.			

5. 생체 에너지 공급 시스템에 관한 설명으로 옳은 것은?

① 중성지방은 리파아제(lipase)에 의해 글리세롤과 유리지방산으로 분해된다.
② ATP-PCr 시스템은 고강도 운동에 ATP를 공급하기 위해 젖산 탈수소효소(lactate dehydrogenase)가 활성화되어야 한다.

③ 3분 이상의 고강도 운동에는 지방에 저장되어있는 글리코겐이 주요 기질로 사용된다.
④ 무산소성 대사에서 피루브산(pyruvate)이 젖산으로 전환되는 과정을 베타산화라 한다.

정답 및 해설	정답	①	난이도	쉬움
	출제영역	2. 에너지 대사와 운동(2. 인체의 에너지 대사)		
	해설	리파아제는 지방을 분해하는 효소다. 중성지방은 글리세롤(1분자)과 유리지방산(3분자)로 분해된다. ② ATP-PCr 시스템에서 ATP를 공급하기 위해 활성화되는 효소는 크레아틴키나아제이다. ③ 고강도 운동에서는 간과 근육에 저장되어 있는 글리코겐이 주요 기질로 사용된다. ④ 유리지방산과 일부아미노산이 해당작용을 거치지 않고, 미토콘드리아 내부로 직접 진입하는 것을 베타산화라고 한다.		

6. 운동 종목에 따른 근섬유 유형 및 에너지 대사에 관한 설명으로 옳은 것은?

① 장대높이뛰기 선수는 경기 시 ATP-PCr 시스템을 주로 사용한다.
② 100m 달리기 선수는 VO_2max의 약 50% 수준으로 훈련해야 한다.
③ 마라톤 선수는 Type IIx의 근섬유를 많이 가지고 있다.
④ 10,000m 달리기 선수는 크레아틴 키나아제(creatine kinase)의 활성도가 높다.

정답 및 해설	정답	①	난이도	쉬움
	출제영역	4. 골격근과 운동(1. 골격근의 구조와 기능) 2. 에너지 대사와 운동(2. 인체의 에너지 대사)		
	해설	단시간 고강도 운동에서 가장 먼저 가동되는 에너지 시스템은 ATP-PCr 시스템이다. ② 100m 달리기 선수는 무산소성 훈련을 실시한다. VO_2max의 약 50% 수준은 저강도의 유산소성 운동에 속한다. ③ 손기정 선수(마라톤 선수)는 지근(Type Ⅰ, 적근)이 발달한 선수다. ④ 크레아틴 키나아제는 ATP-PCr 시스템을 가동시키는 효소이며, 서말구 선수(단거리 달리기 선수)가 활성도가 높다.		

7. 호흡 교환율(Respiratory Exchange Ratio:RER)에 대한 설명으로 옳지 <u>않은</u> 것은?

① 지방산인 팔미틱산(palmitic acid)을 100% 사용할 때 RER은 0.7 정도이다.
② 운동의 강도가 올라가면 RER은 증가한다.

③ 탄수화물 산화가 지방 산화보다 많은 산소를 필요로 한다.
④ RER은 호흡중 이산화탄소 생성량과 산소소비량의 비율에 의해 결정된다.

정답	③	난이도	보통
출제영역	2. 에너지 대사와 운동(2. 인체의 에너지 대사)		
해설	팔미틱산은 육류, 치즈, 버터 등 포화지방에 함유되어 있는 성분이다. 지방을 100% 사용할 때 RER은 0.7, 탄수화물을 100% 사용할 때 RER은 1.0 수준으로 나타난다. 그러므로 운동 강도가 증가하면 RER이 증가하는 것이다. 포도당 1분자가 산화되기 위해서는, $6O_2 + C_6H_{12}O_6 \rightarrow 6CO_2 + 6H_2O + 38ATP$, 그러므로 $RER = VCO_2/VO_2 = 6CO_2/6O_2 = 1.0$ 이 성립된다. 지방 1분자가 산화되기 위해서는, $23O_2 + C_{16}H_{32}O_2 => 16CO_2 + 16H_2O + 129ATP$, 그러므로 $RER = VCO_2/VO_2 = 16CO_2/23O_2 = 0.7$ 이 성립한다.		

8. 〈보기〉의 심장 자극 전도체계 순서를 바르게 나열한 것은?

〈보기〉
㉠ 방실다발(AV bundle)   ㉡ 동방결절(SA node)
㉢ 퍼킨제섬유(Purkinje fibers)   ㉣ 방실결절(AV node)

① ㉡ - ㉠ - ㉣ - ㉢   ② ㉡ - ㉣ - ㉠ - ㉢
③ ㉣ - ㉡ - ㉢ - ㉠   ④ ㉣ - ㉠ - ㉡ - ㉢

정답	②	난이도	보통
출제영역	6. 호흡·순환계와 운동(3. 순환계의 구조와 기능)		
해설	우심방 동방결절(sinus node)에서 생성된 전기적 자극은 → 방실결절(atrioventricular node, AV node) → 히스 속(bundle of his) → 좌우 가지(bundle branch) → 퍼킨제 섬유(Purkinje fibers) 순으로 전도된다.		

9. 자율신경계의 기능에 대한 설명으로 옳은 것은?
① 교감신경계 활성은 심박수를 안정시킨다.
② 수의적인 신경조절로 운동수행력을 향상시킨다.

③ 심장근, 내분비선, 평활근을 자극한다.
④ 부교감신경의 말단에서 에피네프린(epinephrine)을 분비한다.

정답 및 해설		
정답	③	난이도 쉬움
출제영역	3. 신경조절과 운동(3. 신경계의 운동기능 조절)	
해설	① 교감신경은 심박수를 증가시킨다. ② 불수의적인 신경조절을 담당한다. ③ 심방근, 내분비선(호르몬 분비), 평활근(혈관, 내장)은 의식적으로 통제되는 것이 아닌 자율신경에 의해 통제된다. ④ 부교감신경 말단에서는 아세틸콜린이 분비된다. 에피네프린은 교감신경 말단에서 신경전달물질인 노르에피네프린의 자극에 의해 부신수질에서 분비되는 호르몬이다.	

10. 신경자극에 대한 설명으로 옳지 않은 것은?

① 탈분극은 Na^+이 세포 밖에서 안으로 유입되면서 양전하가 세포내에 증가하는 현상이다.
② 과분극은 K^+ 통로의 열린 상태가 유지되어 추가적으로 K^+이 세포 밖으로 나가는 현상이다.
③ 세포막의 자극이 역치를 넘어서지 않으면 활동전위(action potential)가 생성되지 않는다.
④ 안정막전위는 세포 밖은 K^+, 세포 안은 Na^+이 많은 상태로 분리되어 있다.

정답 및 해설		
정답	④	난이도 어려움
출제영역	3. 신경조절과 운동(1. 신경계의 구조와 기능, 특성)	
해설	안정막전위는 세포 밖은 Na^+, 세포 안은 K^+이 많은 상태로 분리되어 있다. 이를 분극이라고 한다. 탈분극은 Na^+이 세포 밖에서 안으로 유입되면서 양전하가 세포내에 증가하는 현상이며, 세포막의 자극이 역치를 넘어서지 않으면 활동전위(action potential)가 생성되지 않는다. 과분극은 재분극이 일어나는 과정에서 K^+ 통로의 열린 상태가 유지되어 추가적으로 K^+이 세포 밖으로 나가는 현상이며, 이때 세포 안쪽 전위는 안정시보다 더 감소하게 된다. 그러므로 과분극이라고 한다. 이후 $Na^+ - K^+$ 펌프의 가동으로 인해 안정막 전위로 되돌아온다.	

11. 〈보기〉의 내용을 특징으로 하는 말초신경계 고유감각수용기는?

〈보기〉

• 수용기가 활성되면 주동근의 수축을 억제함
• 근육 수축을 통해 발생되는 장력 변화 감지함
• 장력을 억제하여 잠재적 위험성을 감소시키는 보호 및 안전장치 역할을 함
• 저항성 운동에 중요한 역할을 함

① 운동단위(motor unit) ② 골지건기관(Golgi tendon organ)
③ 화학수용기(chemoreceptor) ④ 온도수용기(thermoreceptor)

	정답	②	난이도	어려움
정답 및 해설	출제영역	3. 신경조절과 운동(3. 신경계의 운동기능 조절)		
	해설	참고로 주동근의 이완을 억제하여 잠재적 위험성을 감소시키는 보호 및 안정장치는 근방추다. ① 운동단위는 하나의 신경이 지배하는 근섬유 그룹을 의미한다. ③ 화학수용기는 예를 들면, 맛을 느끼는 것, 냄새를 맡는 것, 체내 이산화탄소, 수소 등의 농도를 감지하여 환기를 증가시키는 것 등의 화학적인 물질을 감지하는 역할을 담당한다. ④ 온도수용기는 냉각, 온각 등을 감지하는 센서다.		

12. 신경세포와 근육의 흥분-수축 결합 단계를 순서대로 바르게 나열한 것은?

〈보기〉
㉠ 마이오신 머리가 액틴세사를 잡아당긴다.
㉡ 활동전위가 축삭 종말에 도달하면 아세틸콜린이 방출된다.
㉢ 근형질세망에서 분비된 Ca^{2+}이 트로포닌에 부착되어 트로포마이오신을 들어올린다.

① ㉠ - ㉡ - ㉢   ② ㉡ - ㉠ - ㉢
③ ㉡ - ㉢ - ㉠   ④ ㉢ - ㉡ - ㉠

	정답	③	난이도	보통
정답 및 해설	출제영역	3. 신경조절과 운동(3. 신경계의 운동기능 조절) 4. 골격근과 운동(1. 골격근의 구조와 기능)		
	해설	운동신경의 말단에서 신경전달물질인 아세틸콜린이 분비되면, 근육 내로 자극이 전도되어 근형질세망으로부터 칼슘이 분비된다. 칼슘이 트로포닌에 부착되면, 마이오신과 엑틴세사의 결합부위가 노출된다. 이때 마이오신이 엑틴과 결합하여 수축이 발생한다.		

13. 〈보기〉에서 Type I 근섬유에 대한 설명으로 옳은 것은?

〈보기〉
㉠ 빠른 수축 속도   ㉡ 강한 피로 내성
㉢ 빠른 ATPase 효소   ㉣ 낮은 해당능력

① ㉠, ㉢   ② ㉠, ㉣
③ ㉡, ㉢   ④ ㉡, ㉣

정답 및 해설	정답	④		난이도	보통
	출제영역	4. 골격근과 운동(1. 골격근의 구조와 기능)			
	해설	Type I 근섬유는 마라톤 선수에게 발달한 근섬유다. 강한 피로 내성은 근지구력을 의미한다. 높은 산화능력(산소를 이용하여 ATP를 생산하는 능력)을 가지고 있다. Type II 근섬유는 단거리 달리기 선수에게 발달한 근섬유다. 빠른 수축 속도와 높은 해당능력을 가지고 있다. ATP를 빠르게 분해하여 사용해야 하는 운동의 특성상 분해효소인 ATPase 효소의 활성이 높다. 그러므로 ㉠과 ㉢은 Type II 근섬유의 특성이다.			

14. 운동 시 인체의 호르몬 반응에 대한 설명으로 옳지 <u>않은</u> 것은?

① 성장호르몬(growth hormone)은 단백질 합성, 간의 당신생, 지방산 동원을 증가시킨다.
② 코티졸(cortisol)은 운동 시 혈당 유지를 위하여 유리지방산의 혈액유입을 촉진한다.
③ 에피네프린(epinephrine)은 부신수질에서 분비되어 심혈관계와 호흡계에 영향을 미친다.
④ 글루카곤(glucagon)은 간과 근육에 당을 저장시켜 운동을 지속할 수 있게 한다.

정답 및 해설	정답	④		난이도	어려움
	출제영역	5. 내분비계와 운동(2. 운동과 호르몬 조절)			
	해설	췌장의 베타세포에서 분비되는 인슐린은 포도당을 간과 근육에 유입시켜 글리코겐으로 저장할 수 있도록 하는 호르몬이다. 글루카곤은 췌장의 알파세포에서 분비되는 호르몬으로 운동 중 분비가 증가하며, 간과 근육에 저장되어 있는 글리코겐을 포도당으로 분해하도록 자극하는 호르몬이다. ① 성장호르몬은 수면 중, 운동 중 분비가 증가한다. 단백질을 합성하기도 하고, 지방을 글리세롤과 유리지방산으로 분해한다. 글리세롤은 간에서 포도당신합성에 기여하여 혈당을 유지하며, 유리지방산은 에너지로 활용된다. ② 코티졸은 부신피질에서 분비되는 호르몬으로 단백질, 지방의 분해를 촉진한다. 그러나 만성적으로 높은 코티졸 분비는 오히려 지방분해를 억제하는 작용을 한다. ③ 에피네프린은 교감신경의 자극으로 부신수질에서 분비되어 심혈관계와 호흡계에 영향을 미친다. 심박수를 증가시키고, 기도를 확장시킨다.			

15. 〈보기〉의 모든 과정이 적용되는 인체 체액량 유지 호르몬은?

> 〈보기〉
> • 운동 시 수분손실에 자극된다.
> • Na^+을 재흡수하여 수분 손실을 억제한다.
> • 부신피질에서 분비된다.
> • 표적기관은 신장이다.

① 코티졸(cortisol)
② 알도스테론(aldosterone)
③ 항이뇨호르몬(antidiuretic hormone)
④ 에피네프린(epinephrine)

정답	②	난이도	보통
출제영역	5. 내분비계와 운동(2. 운동과 호르몬 조절)		
해설	레닌-안지오텐신-알도스테론 시스템은 운동 중 수분손실이 발생하면 가동된다. 운동 중 발한에 의해 수분손실이 발생하면 혈압이 감소한다. 신장의 토리곁세포에 있는 압수용기는 감소한 혈압을 감지하고 레닌을 혈중으로 분비한다. 간에서 분비된 안지오텐시노겐과 작용하여 안지오텐신 I으로 전환시킨다. 안지오텐신 I은 폐에서 분비(신장에서도 일부 분비)된 안지오텐신전환효소에 의해 안지오텐신 II로 전환되어 부신피질을 자극한다. 이 결과 알도스테론이 분비되어 신장에서 배출되는 Na+의 흡수를 자극한다. 삼투압에 의해 수분도 같이 흡수되므로 체수분 보존효과가 나타난다. 결과적으로 혈압이 상승하면 레닌의 분비도 감소하게 된다.		

16. 호흡 시 혈액 내의 이산화탄소를 폐로 운반하는 방법이 <u>아닌</u> 것은?

① 혈장 내에 용해되어 운반
② 헤모글로빈과 결합하여 운반
③ 중탄산염(HCO_3^-) 형태로 운반
④ 미오글로빈(myoglobin)과 결합하여 운반

정답	④	난이도	보통
출제영역	6. 호흡·순환계와 운동(3. 순환계의 구조와 기능)		
해설	혈장 내에 용해되어 운반되는 이산화탄소의 양은 소량이다(10%). 이산화탄소는 헤모글로빈과 결합하여 운반되거나(30%), 중탄산염 형태로 운반된다(70%). 이산화탄소와 결합한 헤모글로빈을 카바미노헤모글로빈(carbaminohemoglobin)이라고 한다. 미오글로빈은 근육조직에서 산소를 운반하는 단백질이다.		

17. 심혈관계에 대한 설명으로 옳은 것은?

① 혈액은 우심실에서 박출되어 인체의 모든 기관에 순환된다.
② 산소가 포화된 혈액은 폐정맥을 통해 좌심방으로 이동된다.
③ 폐순환은 산소를 인체의 모든 조직에 직접 전달하는 것이다.
④ 우심방으로 들어온 혈액은 우심실을 거쳐 바로 좌심방으로 이동된다.

정답 및 해설		
	정답	② 　　　　　　　　　　　　　　　 난이도　 쉬움
	출제영역	6. 호흡·순환계와 운동(3. 순환계의 구조와 기능)
	해설	① 혈액은 좌심실에서 박출되어 인체의 모든 기관에 순환된다. 이를 체순환이라고 한다. 우심실에서 박출된 혈액은 폐로 이동하며, 이를 폐순환이라고 한다. ③ 폐순환은 혈액이 우심실 → 폐동맥 → 폐 → 폐정맥 → 좌심방으로 이동한다. 산소를 인체의 모든 조직에 직접 전달하는 것은 체순환이다 ④ 심장의 좌, 우측 심방과 심실 사이 간 혈액의 이동은 불가하며, 우심실의 혈액은 폐동맥 → 폐 → 폐정맥 → 좌심방의 과정으로 이동한다.

18. 운동 시 동정맥산소차에 대한 설명으로 옳은 것은?

① 동정맥산소차는 근육세포의 산소 소비량에 비례한다.
② 고강도 운동은 동정맥산소차를 감소시킨다.
③ 골격근의 모세혈관 분포의 증가는 동정맥산소차를 감소시킨다.
④ 동정맥산소차의 감소는 지구력을 증가시킨다.

정답 및 해설		
	정답	① 　　　　　　　　　　　　　　　 난이도　 보통
	출제영역	6. 호흡·순환계와 운동(4. 운동에 대한 순환계의 반응과 적응)
	해설	근육세포에서 산소섭취량이 증가하면 동정맥산소차가 증가한다. 비례한다는 의미다. ② 운동 강도가 증가할수록 동정맥산소차는 증가한다. ③ 모세혈관의 밀도가 증가하면 확산의 혈액공급이 용이하고, 확산의 이동경로가 짧아져서 동정맥산소차가 증가한다. ④ 동정맥산소차가 감소했다는 의미는 최대산소섭취량이 감소했다는 것이다. 최대산소섭취량은 지구력과 관련이 있다.

19. 고온 환경에서 운동 시 생리적 반응으로 옳지 않은 것은?

① 심부온도 증가
② 교감신경계 자극 증가
③ 심박수 감소
④ 피부혈류량 증가

정답	③	난이도	보통
출제영역	7. 환경과 운동(2. 인체 운동에 대한 환경 영향)		
해설	고온 환경에서 운동을 실시하면 심부 온과 피부 온이 상승하는 것은 당연하다. 체온이 상승하면 혈관이 이완되어 피부로의 혈류량이 증가한다. 이는 체온을 감소시키기 위해 체표면적이 넓은 말초구획으로 혈류를 증가시킴으로써 전도와 대류를 통해 체온을 감소시키기 위한 것이다. 또한 교감신경의 활성으로 발한이 증가하게 된다. 발한으로 인해 수분손실이 증가하면 정맥환류가 감소할 수밖에 없다. 그러므로 심박출량에 영향을 미치는 1회 박출량이 감소한다. 이를 보상하기 위해서는 심박수를 증가시켜야 한다.		

20. 운동 시 체온조절에 관한 설명으로 옳은 것은?

① 체온조절은 뇌의 전두엽이 담당한다.
② 인체의 열생성을 위한 방법으로는 수의적인 운동이 유일하다.
③ 격렬한 운동으로 증가된 체온은 주로 땀의 증발을 통해 조절된다.
④ 운동 강도의 증가는 대류와 복사에 의한 열손실을 증가시킨다.

정답	③	난이도	쉬움
출제영역	7. 환경과 운동(1. 체온 조절과 운동)		
해설	체온의 조절은 시상하부에서 담당한다. 운동 강도가 증가하여 체온이 상승하면 발한이 발생하며, 이러한 기전이 열손실의 대부분을 차지한다. 인간은 체온이 감소하면 체열을 생산하여 체온을 유지한다. 체열 생성은 운동과 같이 수의적으로도 가능하지만, 불수의적인 전율(shivering)을 통해 체열을 발생시킬 수도 있다.		

출제예상문제

1. 운동생리학의 개념에 대한 설명이 <u>아닌</u> 것은?
   ① 자극에 대한 인체의 반응을 연구하는 학문
   ② 반응에 대한 인체의 적응현상을 연구하는 학문
   ③ 인체의 적응과정 속에서 구조적인 변화만을 연구하는 학문
   ④ 항상성, 항정상태를 나타내는 과정과 조건을 연구하는 학문

2. 다음 중 해당과정(glycolysis)의 중간, 최종 산물에 해당하는 것이 <u>아닌</u> 것은?
   ① CO_2
   ② 젖산
   ③ 피루브산
   ④ $NADH + H^+$

3. 운동기술을 향상시키기 위해 시각과 신체의 움직임 정보를 통합하여 조정하는 훈련을 실시하고자 한다. 어떤 ㉠ <u>체력요소</u>를 발달시키기 위한 것이며, 신경자극의 명령전달경로 중 불수의적인 조절에 관여하는 어떠한 ㉡ <u>경로(tract)</u>가 작동하는지 쓰시오.
   ① ㉠ 근력 - ㉡ 추체로
   ② ㉠ 평형성 - ㉡ 추체로
   ③ ㉠ 순발력 - ㉡ 추체외로
   ④ ㉠ 협응력 - ㉡ 추체외로

4. 포도당과 지방대사를 비교한 내용 중 옳은 것은?
   ① 포도당 대사는 지방대사보다 느리다.
   ② 포도당 대사와 지방대사는 반드시 산소를 필요로 한다.
   ③ 포도당 대사는 베타산화를 통해 미토콘드리아로 진입한다.
   ④ 고산지대와 같이 산소가 부족한 환경에서는 포도당대사의 기여도가 높다.

5. 단거리 달리기 능력과 관련된 근섬유 유형에 대해 관찰하고자 한다. 생체의 대퇴 근육을 일부 떼어내어 관찰하는 근생검 검사(muscle biopsy) 결과 근육에는 마이오글로빈(myoglobin)의 농도가 비교적 낮게 관찰되었다. 이러한 특징이 가장 강한 근육 섬유의 유형은 무엇인가?

① 지근
② 적근
③ Type Ⅰ
④ Type Ⅱb

6. 운동 강도(% VO_2max)에 따른 에너지원의 기여도를 설명한 그림 중 빈칸 (㉠, ㉡)에 해당하는 내용으로 옳은 것은?

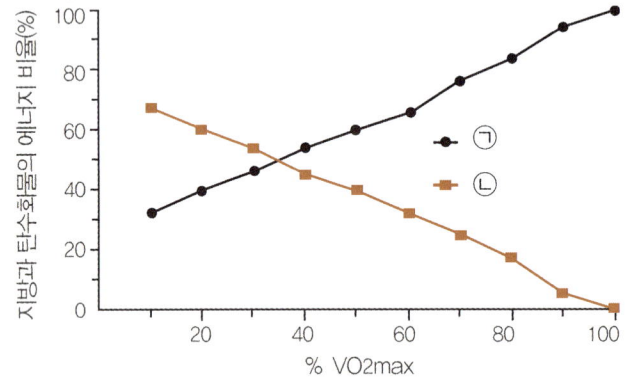

	㉠	㉡
①	지방	단백질
②	지방	탄수화물
③	탄수화물	지방
④	탄수화물	단백질

7. 인간이 획득한 에너지를 변환하여 사용하는 것과 거리가 먼 것은?

① 신체활동을 위한 기계적 에너지
② 체온유지를 위한 열에너지
③ 신경활동을 위한 전기에너지
④ 두뇌활동을 위한 빛에너지

8. '에너지 전환 및 보존법칙'에 대한 설명으로 옳은 것은?

① 여러 형태의 에너지는 서로 전환될 수 없다.
② 에너지 형태가 바뀌기 전, 후 총량에는 변화가 없다.
③ 다른 에너지로 전환될 수 있으며, 새로 생성될 수 있다.
④ 다른 에너지로 전환될 수 있으나, 소멸되는 에너지가 존재한다.

9. 운동 강도와 운동 시간에 따라 에너지 생성에 관여하는 에너지 시스템의 기여도에 대해서 빈칸(㉠~㉢)에 해당하는 내용으로 옳은 것은?

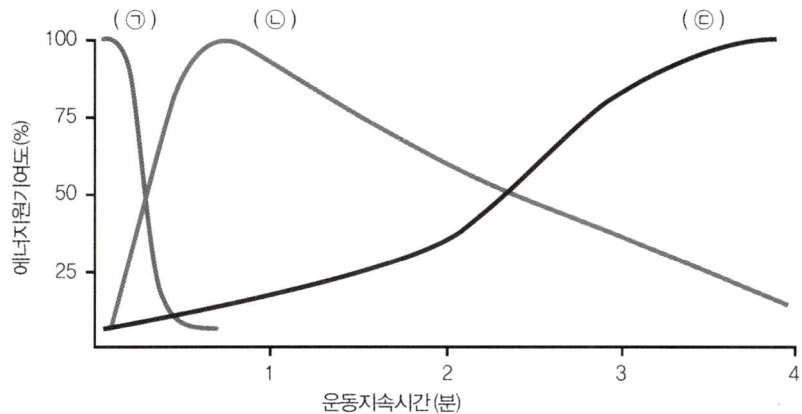

	㉠	㉡	㉢
①	무산소 (해당과정) 시스템	ATP-PCr 시스템	유산소 시스템
②	무산소 (해당과정) 시스템	유산소 시스템	ATP-PCr 시스템
③	ATP-PCr 시스템	유산소 시스템	무산소 (해당과정) 시스템
④	ATP-PCr 시스템	무산소 (해당과정) 시스템	유산소 시스템

10. 포도당신합성(글루코오스신합성)의 기질에 해당되는 내용으로 바르게 묶인 것은?

〈보기〉

㉠ 글리세롤　　㉡ 아미노산　　㉢ 혈중 젖산　　㉣ 피루브산

① ㉠
② ㉠ + ㉡
③ ㉠ + ㉡ + ㉢
④ ㉠ + ㉡ + ㉢ + ㉣

11. 호흡교환율 혹은 호흡상에 대한 설명 중 옳지 **않은** 것은?

① 인체 에너지 소비를 판단하는 측정방법이다.
② 소비되는 산소량에 대한 생성된 이산화탄소의 비율이다.
③ 운동하는 동안 소비되는 에너지원의 비율을 파악할 수 있다.
④ 탄수화물의 산화는 지방을 산화시킬 때보다 더 많은 양의 산소를 필요로 한다.

12. 일과 파워를 측정하는 방법으로 옳지 **않은** 것은?

① 열량계
② 스텝
③ 트레드밀
④ 에르고미터

13. 에너지 대사에서 산소 소비량에 대한 이산화탄소 생산량의 비율을 호흡교환율이라고 한다. 에너지원의 기여도에 따른 호흡교환율이 바르게 묶인 것은?

호흡교환율	% ㉠	% ㉡
0.70	100	0
0.75	83	17
0.80	67	33
0.85	50	50
0.90	33	67
0.95	17	83
1.00	0	100

	㉠	㉡
①	지방	단백질
②	단백질	지방
③	탄수화물	지방
④	지방	탄수화물

14. 지구성 트레이닝에 대한 생리적 적응 결과로 옳지 **않은** 것은?

① 안정시 심박수의 증가
② 최대산소섭취량 증가
③ 미토콘드리아 수의 증가
④ 모세혈관 분포의 증가

15. 무산소 트레이닝 적응에 대한 설명으로 옳지 않은 것은?

① 속근섬유의 비대가 우세하게 나타난다.
② 지근섬유의 비대가 우세하게 나타난다.
③ ATP와 PCr의 저장량이 증가하게 된다.
④ 크레아틴 분해효소(CK, creatine kinase)의 활성이 증가된다.

16. 유산소 트레이닝 적응에 대한 설명으로 옳지 않은 것은?

① 운동근의 유산소 대사능력을 향상시킨다.
② 운동 근으로 산소를 운반하는 능력이 향상된다.
③ 에너지원으로써 탄수화물을 더욱 활용할 수 있게 된다.
④ 글리코겐의 저장량은 트레이닝 적응 전보다 증가한다.

17. 활동전위(action potential)가 발생하는 동안 나타나는 반응은?

① 축삭 내부의 극성에는 변화가 나타나지 않는다.
② 축삭 내부는 Na^+의 유입으로 인해 더욱 양성화된다.
③ 축삭 내부는 K^+의 유입으로 인해 더욱 양성화된다.
④ 축삭 내부는 K^+의 유입으로 인해 더욱 음성화된다.

18. 항상성을 유지하기 위한 음성되먹임(negative feedback) 기전의 경로를 올바르게 제시한 것은?

① 자극 - 감수체(수용기) - 조절중추 - 구심신경 - 효과기 - 반응
② 자극 - 감수체(수용기) - 구심신경 - 조절중추 - 효과기 - 반응
③ 자극 - 감수체(수용기) - 효과기 - 구심신경 - 조절중추 - 반응
④ 자극 - 감수체(수용기) - 효과기 - 조절중추 - 구심신경 - 반응

19. 교감신경과 부교감신경에서 분비되는 신경전달물질을 바르게 배열한 것은?

① 노르에피네프린-에피네프린 ② 아세틸콜린-노르에피네프린
③ 노르에피네프린-아세틸콜린 ④ 아세틸콜린-에피네프린

20. 말초신경계에 대한 설명으로 옳지 않은 것은?

   ① 뇌와 척수로 구분된다.
   ② 불수의적인 생리적 기능을 조절한다.
   ③ 심박수 및 호르몬 조절과 내장기관의 운동을 조절한다.
   ④ 중추신경계의 수의적 명령을 골격근에 전달하는 역할을 한다.

21. 체온조절, 호르몬분비, 혈압, 심박수 조절 등 인체의 항상성을 조절하는 조절중추는?

   ① 대뇌   ② 소뇌   ③ 시상하부
   ④ 뇌줄기   ⑤ 해마

22. 그림을 참조하여 〈보기〉에서 제시된 골격근의 수축 단계를 순서대로 바르게 배열한 것은?

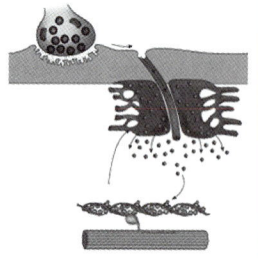

〈보기〉
㉠ 칼슘이 트로포닌에 결합 → 액틴결합부위노출
㉡ 트로포닌으로부터 칼슘 분리 및 제거 → 근이완
㉢ 미오신 십자형가교가 액틴결합부위와 강한 결합 → 근수축
㉣ 활동전위가 가로세관을 따라 전도 → 근질세망으로부터 칼슘방출
㉤ 운동신경의 활동전위가 운동신경말단으로 전도 → 연접간격으로부터 아세틸콜린방출 → 근세포막 활동전위 생성

① ㉢-㉠-㉣-㉤-㉡   ② ㉠-㉤-㉢-㉣-㉡
③ ㉤-㉠-㉣-㉢-㉡   ④ ㉤-㉣-㉠-㉢-㉡

23. 그림과 같은 자세를 유지하기 위해서는 주동근을 촉진(①)시키고, 길항근을 억제(②)시키도록 해야 한다. 이러한 기전을 일컫는 용어는?

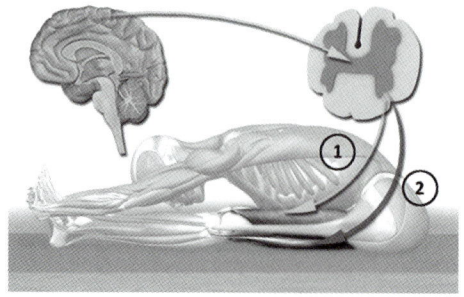

① 상호억제 ② 신전반사
③ 무릎반사 ④ 의식적 반사

24. 그림과 같이 신경을 통한 명령에서 자극을 통해 하나의 운동신경섬유가 지배하는 근섬유들은 동시에 수축하게 되며, 수축력과도 관계가 있다. 빈칸(㉠-㉢)에 공통으로 들어갈 알맞은 용어는?

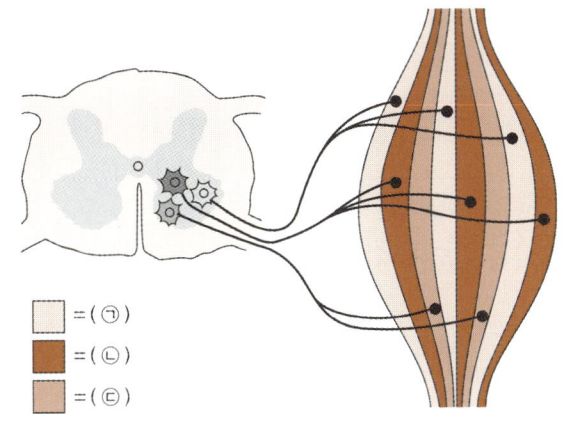

① 신경섬유 ② 신경자극
③ 운동자극 ④ 운동단위

25. 근육의 과도한 신전과 수축에 대한 정보를 제공하여 감지하도록 하는 고유수용기로 바르게 묶인 것은?

〈보기〉
㉠ 신전   ㉡ 수축

	㉠	㉡
①	척수	근방추
②	근방추	골지힘줄기관
③	자율신경	골지힘줄기관
④	체성신경	골지힘줄기관

26. 근섬유의 유형 중 type I과 type IIa/type IIb에 대한 설명 중 옳은 것으로 묶인 것은?

〈보기〉
㉠ type I   ㉡ type IIa   ㉢ type IIb

		㉠	㉡	㉢
①	힘 생성	높다	낮다	낮다
②	피로 내성	높다	낮다	낮다
③	글리코겐 저장량	높다	낮다	낮다
④	주 에너지 시스템	무산소	유산소/무산소	유산소

27. 하나의 운동단위는 자극되는 빈도에 따라 힘의 차이를 나타낸다. 빈칸(㉠~㉢)에 해당하는 내용을 묶은 것 중 옳은 것은?

〈보기〉
㉠ 하나의 전기 자극에 대해 근섬유 혹은 운동단위의 가장 작은 수축 반응
㉡ 첫 번째 자극으로부터 완전히 이완되기 전에 빠른 속도로 연속적인 자극이 추가되면 더욱 증가된 힘 혹은 긴장상태가 나타나는 수축
㉢ 자극빈도가 더 증가하고 수축들이 중첩되어 나타나면 더욱 강한 힘을 발휘하게 되어 운동단위의 힘 혹은 긴장 상태가 최고점에 도달하는 수축

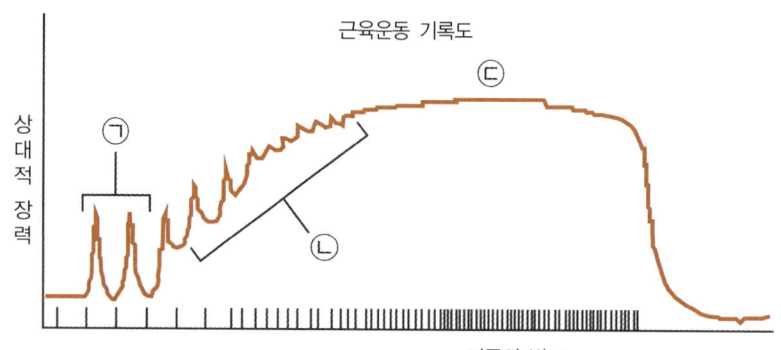

	㉠	㉡	㉢
①	가중	강축	연축
②	강축	연축	가중
③	연축	가중	강축
④	연축	강축	가중

28. 그림과 같이 화살표 방향으로 단축성 수축운동을 직접적으로 주도하는 근육과 이에 반하는 작용을 하는 근육의 용어를 올바르게 제시한 것은?

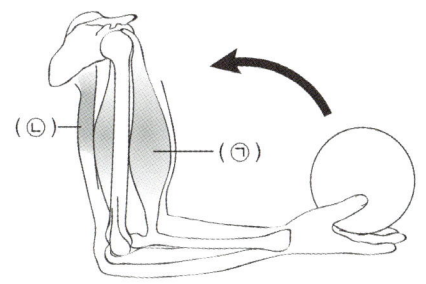

	㉠	㉡
①	주동근	길항근
②	주동근	협력근
③	협력근	길항근
④	협력근	주동근

29. 중·장거리 선수들과 같이 지구력 운동선수들의 근섬유 특징에 대한 설명으로 옳은 것은?

① 지근섬유가 발달한다.
② 근 수축력이 발달한다.
③ typeⅡb 섬유가 발달한다.
④ 무산소성 운동에 적합한 섬유가 발달한다.

30. 운동 중 근섬유 길이의 변화에 대한 사항으로 바르게 묶인 것은?

〈보기〉
㉠ 등장성 운동에서는 근 섬유의 길이 변화가 없다.
㉡ 등장성 운동에서는 근 섬유의 길이 변화가 있다.
㉢ 등척성 운동에서는 근 섬유의 길이 변화가 없다.
㉣ 등척성 운동에서는 근 섬유의 길이 변화가 있다.

① ㉠ + ㉢   ② ㉠ + ㉣
③ ㉡ + ㉢   ④ ㉡ + ㉣

31. 근력의 발휘에 영향을 미치는 요인에 대한 설명 중 옳은 것은?

① 수축 속도가 빠를수록 큰 힘이 발휘된다.
② 자극빈도가 감소할수록 큰 힘이 발휘된다.
③ 초기 근섬유와 근절이 길수록 큰 힘이 발휘된다.
④ 보다 많은 운동단위가 작용할 때 큰 힘이 발휘된다.

32. 운동 중 혈중 글루코스(포도당)의 농도를 상승시키는 호르몬이 <u>아닌</u> 것은?

① 글루카곤
② 인슐린
③ 에피네프린
④ 코티졸

33. 운동 중 과도한 수분 손실로 인한 혈압 감소는 신장에서 호르몬 분비를 자극한다. 이에 대한 경로를 설명한 것 중 (㉠, ㉡)에 바르게 들어갈 용어는?

	㉠	㉡
①	레닌	항이뇨호르몬
②	레닌	알도스테론
③	알도스테론	레닌
④	항이뇨호르몬	알도스테론

34. 운동 중 수분과 전해질 균형에 영향을 미치는 호르몬과 설명에 대해 올바르게 제시한 것은?

〈보기〉
㉠ 신장에서 수분 재흡수 증가   ㉡ Na^+ 유입 증가, K^+ 배출 증가

	㉠	㉡
①	코티졸	항이뇨호르몬
②	코티졸	알도스테론
③	알도스테론	항이뇨호르몬
④	항이뇨호르몬	알도스테론

35. 분비기관-호르몬 작용에 대한 설명 중 올바르게 제시한 것은?

〈보기〉
㉠ 에피네프린   ㉡ 티록신   ㉢ 성장호르몬

	㉠	㉡	㉢
①	부신수질-중성지방 분해	갑상선-대사율 촉진	뇌하수체전엽-단백질 합성
②	부신피질-중성지방 분해	뇌하수체전엽-단백질 합성	갑상선-대사율 촉진
③	뇌하수체전엽-단백질 합성	부신수질-중성지방 분해	갑상선-대사율 촉진
④	뇌하수체전엽-단백질 합성	갑상선-대사율 촉진	부신피질-중성지방 분해

36. 혈장 내 칼슘농도 조절에 대한 호르몬 배열이 올바르게 제시한 것은?

〈보기〉
㉠ 혈장 내 칼슘농도가 높을 때 분비   ㉡ 혈장 내 칼슘농도가 낮을 때 분비

	㉠	㉡
①	칼시토닌	파라트호르몬
②	파라트호르몬	옥시토신
③	칼시토닌	옥시토신
④	옥시토신	파라트호르몬

37. 심장의 수축력에 영향을 미치는 요인들에 대한 설명이 바르게 묶인 것은?

〈보기〉
㉠ 교감신경이 자극되면 심근수축력이 증가한다.
㉡ 순환혈액량이 감소하면 심근수축력이 증가한다.
㉢ 정맥환류량이 증가하면 심근수축력이 증가한다.
㉣ 심근섬유의 길이가 늘어나면 수축력이 증가한다.

① ㉠ + ㉡ + ㉢   ② ㉠ + ㉢ + ㉣
③ ㉠ + ㉡ + ㉣   ④ ㉡ + ㉢ + ㉣

38. 그림과 관련하여 심장의 작극전도계에 대한 설명 중 옳지 <u>않은</u> 것은?

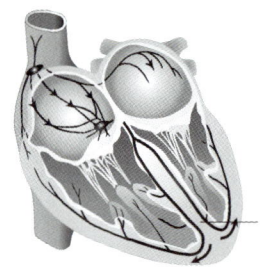 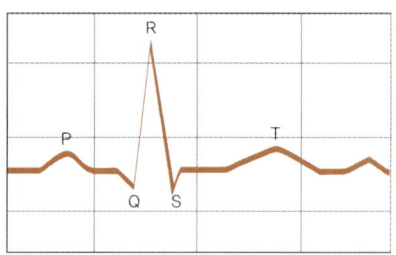

① P파는 심방의 수축을 의미한다.
② QRS복합은 심실의 이완을 나타낸다.
③ 정상적으로 생리적 심박 조절자는 동방결절이며, 심장의 박동조율기이다.
④ 심근흥분의 자극은 동방결절, 방실결절, 방실다발, 방실다발갈래, 퍼킨제섬유로 전도된다.

39. 혈류량에 영향을 미치는 요인들로 바르게 묶인 것은?

<보기>
㉠ 혈압　　㉡ 혈류저항　　㉢ 혈액의 점성　　㉣ 혈관의 길이

① ㉠
② ㉠ + ㉡
③ ㉠ + ㉡ + ㉢
④ ㉠ + ㉡ + ㉢ + ㉣

40. 다음 폐활량에 대한 설명 중 옳지 <u>않은</u> 것은?

① 잔기용적을 제외한 나머지의 호흡양이다.
② 장거리 육상선수, 수영선수는 일반인보다 폐활량이 크다.
③ 최대산소섭취량은 절대적으로 폐활량의 크기에 따라 좌우된다.
④ 숨을 완전히 내쉬었다가 최대한 들이마실 수 있는 공기의 양이다.

41. A학생은 1년 동안 장거리달리기 훈련을 지속하였다. 결과적으로 훈련 이전과 비교하여 심박수의 변화가 나타났다. 훈련 전(적응 전)과 훈련 이후(적응 후) 동일한 운동 강도에서 달리기를 실시했을 때 나타나는 심박수의 변화와 원인에 대해 옳은 서술은?

① 훈련이후 최대강도 운동 중 심박수는 이전보다 높게 나타났다.
② 훈련이후 안정시 심박수가 감소한 이유는 1회박출량이 감소했기 때문이다.
③ 훈련이후 최대하 강도 운동 중 심박수가 증가한 것은 1회박출량이 감소했기 때문이다.
④ 훈련이후 최대하 강도의 운동 중 심박수가 감소한 것은 1회박출량이 증가했기 때문이다.

42. A 학생(체중 80kg)이 체중 조절을 목적으로 보기와 같이 걷기 운동을 실시할 때 순에너지소비량(net energy expenditure)을 바르게 계산한 것은?

〈보기〉
- 운동 강도 = 7 METs
- 운동지속시간 = 30분

① 245 kcal
② 280 kcal
③ 294 kcal
④ 252 kcal

43. 다음 중 장기간 지구력 운동에 따른 호흡계 적응에 대한 설명으로 바르지 <u>않은</u> 것은?

① 동정맥 산소차이가 증가한다.
② 최대강도 운동 시에는 폐확산 능력이 증가한다.
③ 최대강도의 운동 상황에서는 최대폐환기량이 낮아진다.
④ 안정시 호흡수는 감소하지만, 최대강도 운동 시에는 증가된다.

44. 혈액순환(정맥환류)의 보조 작용을 하는 기전에 속하지 <u>않는</u> 것은?

① 근 펌프
② 호흡동작
③ 정맥판막
④ 반월판막

45. 운동 적응 이후 1회 박출량의 증가에 영향을 미치는 요소가 <u>아닌</u> 것은?

① 호흡빈도의 증가
② 심실 수축력의 증가
③ 평균 대동맥압의 감소
④ 심실이완기말 용적의 증가

46. 그림을 참조하여 보기에 제시된 환경과 인체간 열을 교환하는 설명에 대한 기전이 올바른 것은?

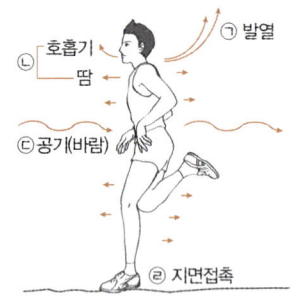

〈보기〉
㉠ 따뜻한 인체의 열은 차가운 물체로 전달된다.
㉡ 몸의 표면이나 호흡기를 통한 수분의 손실은 몸을 냉각시킨다.
㉢ 흐르는 공기(바람) 온도가 몸 표면 온도보다 낮을 때 체열을 잃게 된다.
㉣ 온도가 다른 물체와 인체가 접촉했을 때 일어나는 직접적인 열의 전달이다.

	㉠	㉡	㉢	㉣
①	복사	대류	전도	증발
②	복사	증발	대류	전도
③	전도	증발	대류	복사
④	전도	대류	복사	증발

47. 체온 조절과 관련된 설명 중 옳지 <u>않은</u> 것은?

① 시상하부는 인체의 온도를 조절하는 기관이다.
② 체온의 감소를 보상하기 위해 혈관은 이완된다.
③ 체온의 변화는 수용기(receptor)에 의해 감지된다.
④ 정상체온은 골격근, 땀샘, 동맥의 민무늬근 및 내분비샘 같은 4가지 효과기(effector)의 작용으로 유지된다.

48. 고지대에서의 장기간 노출을 통한 적응의 설명으로 옳지 <u>않은</u> 것은?

① 헤모글로빈의 수가 감소한다.
② 미토콘드리아의 수가 증가한다.
③ 지방의 에너지원 이용이 증가한다.
④ 근육 내 미오글로빈 수가 증가한다.

49. 수중 입수에 의한 생리적 반응으로 옳지 <u>않은</u> 것은?

① 소변량 증가
② 정맥환류량 감소
③ 심부혈액량 증가
④ 안정시 심박수 감소

50. 대기 환경의 오염으로 인해 운동 시 폐의 확산능력을 감소시키는 주요 요소이며, 헤모글로빈과 친화력이 매우 높은 것은?

① 분진
② 산화황
③ 일산화탄소
④ 아황산가스

운동생리학 출제예상문제 정답 및 해설

문항	정답	해설
1	③	운동생리학은 생리학의 일정 기간 동안 운동 형태로 가해진 자극에 대해 인체가 적절하게 반응하고, 적응하는 과정 속에서 나타나는 현상들을 구조적뿐만 아니라 기능적인 변화를 연구하는 학문분야이다.
2	①	CO_2는 유산소시스템 중 크랩스 회로의 과정에서 생산된다.
3	④	두 가지 이상의 신체 부위를 조화롭게 통제하는 능력은 협응력이며, 불수의적인 골격근의 움직임을 조절하는 신경전달명령의 경로는 추체외로다.
4	④	산소가 부족한 상황에서는 무산소시스템인 포도당대사의 기여도가 높아진다.
5	④	마이오글로빈은 근육에서 산소를 운반하는 역할을 담당한다. 지근에서 농도가 높다.
6	②	에너지 기여도에 있어 운동 강도($\%VO_2max$)가 증가할수록 탄수화물의 비율은 증가하는 반면, 지방의 기여도는 감소하게 된다.
7	④	인간이 획득한 에너지는 신체활동을 위한 기계적 에너지, 체온유지를 위한 열에너지, 신경활동을 위한 전기에너지로 변환하여 사용된다.
8	②	'열역학 제1법칙'에 따르면 에너지는 여러 가지 형태로 존재하지만, 서로 다른 형태의 에너지로 바뀔 수 있다. 그러나 다른 에너지로 전환될 때 새로 생성되거나 소멸되는 에너지는 존재하지 않으며, 형태가 바뀌기 전과 후의 총량에도 변함이 없게 된다.
9	④	운동 강도가 높고 운동시간이 감소하는 순서로 ㉠ ATP-PCr 시스템과 ㉡ 해당과정 시스템, ㉢ 유산소 시스템이 ATP 생성에 기여한다.
10	③	㉠ 중성지방 분해 = 글리세롤 + 유리지방산 (글리세롤은 간에서 포도당으로 전환) ㉡ 단백질 분해 = 아미노산 (아미노산은 간에서 포도당 전환) ㉢ 혈중젖산 = 젖산은 간에서 포도당 전환
11	④	지방의 산화는 탄수화물을 산화시킬 때보다 더 많은 양의 산소를 필요로 한다.
12	①	일과 파워를 측정하는 일반적인 방법으로는 스텝, 트레드밀, 에르고미터 등이 고려될 수 있다. 섭취한 영양소 안의 화학적 에너지가 대사되어 최종적으로 열에너지로 변화하면, 열에너지는 주변의 온도를 올리는 작용을 하게 된다. 이러한 온도의 변화를 이용하여 열에너지의 양을 측정하게 된다. 이러한 기구를 '열량계(calorimeter)'라고 한다.

문항	정답	해설
13	④	호흡교환율이 0.70일 때는 지방이 100% 에너지로 사용되고 있다는 의미이며, 1.00일 때는 탄수화물이 100% 에너지로 사용되고 있다는 의미이다. 호흡교환율이 0.85일 때 에너지 기여도는 지방 50%, 탄수화물 50%의 의미이다.
14	①	지구성 트레이닝의 적응결과 안정시심박수는 감소하게 되며, 이는 1회 심박출량(stroke volume, SV) 증가와도 관련이 있다.
15	②	지근섬유의 비대가 우세하게 나타나는 것은 유산소 트레이닝 적응의 결과이다.
16	③	산소 트레이닝 적응 결과 에너지원으로써 지방을 더욱 활용할 수 있게 된다. 젖산역치점이 지연되는 것과도 관련이 있다.
17	②	Na^+ 채널이 열리면서 Na^+ 대량 유입되므로 더욱 양성화되어 탈분극이 발생한다.
18	②	항상성을 유지하기 위한 음성되먹임(negative feedback) 기전의 경로는 자극-감수체(수용기) - 구심신경 - 조절중추 - 효과기 - 반응의 순서로 진행된다.
19	③	신경전달물질과 관련하여 교감신경 절후 섬유 말단에서는 노르에피네프린이 분비되고, 부교감신경 절후 섬유 말단에서는 아세틸콜린이 분비된다.
20	①	뇌와 척수는 중추신경계에 속한다. 불수의적인 생리적 기능과 심박수 및 호르몬 조절, 내장기관의 운동을 조절하는 말초신경은 자율신경이다. 중추신경계의 수의적 명령을 골격근에 전달하는 역할을 하는 말초신경은 운동신경이다.
21	③	체온조절, 호르몬 분비, 혈압 조절 등 인체의 항상성을 유지하는데 관여하는 중추는 시상하부다.
22	④	골격근이 수축하는 단계는 ⑩-㉣-㉠-㉢-㉡ 이다.
23	①	근육의 움직임에 있어 주동근을 촉진시키고, 길항근을 억제시키는 기전을 상호억제(reciprocal inhibition)라고 한다.
24	④	신경을 통한 명령에서 자극을 통해 하나의 운동신경섬유가 지배하는 근섬유들은 동시에 수축하게 되며, 수축력과도 관계가 있는 것을 운동단위(motor unit)라고 한다. 운동단위가 클수록 수축력도 커진다.
25	②	과도한 신전을 억제하도록 하는 고유수용기를 "근방추"라고 하며, 과도한 수축을 억제하는 고유수용기를 "골지힘줄기관"이라고 한다.
26	②	글리코겐 저장량, 힘생성은 ㉢ type Ⅱb가 가장 높으며, ㉠ type Ⅰ이 가장 낮다. ㉢ type Ⅱb는 무산소성 에너지시스템에 의존하며, ㉠ type Ⅰ은 유산소성 에너지시스템에 의존도가 높다.
27	③	㉠ 연축 ㉡ 가중 ㉢ 강축을 의미한다. 강축이후 상대적 장력이 감소하는 이유는 자극의 중단 혹은 피로에 의해서 나타난다.
28	①	㉠ 주동근 ㉡ 길항근이라고 한다.

문항	정답	해설
29	①	중장거리 선수들과 같이 지구력 운동선수들의 근섬유 특징은 지근섬유의 발달이다.
30	③	등장성 운동(수축)에서는 근 섬유의 길이 변화가 나타나며, 등척성 운동(수축)에서는 근 섬유의 길이 변화가 나타나지 않는다. 등장성 운동(수축)의 대표적인 예는 웨이트 트레이닝이며, 등척성 운동(수축)의 대표적인 예는 벽을 밀고 있는 동작을 유지하는 것이다.
31	④	① 수축 속도가 너무 빠르면 큰 힘이 발휘되기 어렵다. ② 자극빈도가 증가할수록 큰 힘이 발휘된다. ③ 초기 근섬유와 근절이 너무 길어진 상태라면 큰 힘이 발휘되기 어렵다.
32	②	인슐린은 혈중 글루코스의 농도를 감소시키는 호르몬이며, 췌장에서 분비된다.
33	②	수분평형을 위해 ㉠ 신장에서 레닌 분비 ㉡ 부신피질에서 알도스테론 분비
34	④	㉠ 신장에서 수분 재흡수 증가 - 항이뇨호르몬 (뇌하수체후엽 분비) ㉡ Na^+ 유입 증가, K^+ 배출 증가 - 알도스테론 (피신부질 분비)
35	①	㉠ 에피네프린: 부신수질-중성지방분해 ㉡ 티록신: 갑상선-대사율촉진 ㉢ 성장호르몬: 뇌하수체전엽-단백질합성
36	①	㉠ 혈장 내 칼슘농도가 높을 때 분비: 칼시토닌 (갑상선 분비) ㉡ 혈장 내 칼슘농도가 낮을 때 분비: 파라트호르몬 (부갑상선 분비)
37	②	㉡ 순환혈액량이 감소하면 심근수축력이 감소한다.
38	②	QRS복합은 심실의 수축을 나타낸다.
39	④	㉠ 혈압 ㉡ 혈류저항 ㉢ 혈액의 점성 ㉣ 혈관의 길이 등 모두가 혈류량에 영향을 미치게 된다. 혈압이 높을수록, 혈류저항과 혈액의 점성이 낮을수록, 혈관의 길이가 짧을수록 혈류량이 증가하게 된다.
40	③	최대산소섭취량은 최대심박출량 × 최대동정맥산소차이 그러므로 절대적으로 폐활량의 크기에 따라 좌우되는 것은 아니다.
41	④	적응 후 심박수는 안정시 감소, 최대하 운동시 감소, 최대강도 운동시 불변. 안정시, 최대하 강도 운동시 심박수 감소의 원인은 1회박출량 증가 때문이다.
42	④	순 에너지소비량이라고 하였으므로, 7MET - 1MET(안정시대사당량) = 6MET. (6 MET× 3.5 $ml/kg/min$ × 80kg)/200 = 8.4kcal × 30분 = 252kcal. 만약 문제에서 순 에너지소비량이라는 내용이 주어지지 않았다면 7MET로 계산하면 된다. 산소소비량 1,000 ml = 5kcal 이므로 200 ml = 1kcal 에 해당한다. 그러므로 200으로 나눈 것이다.
43	③	최대강도의 운동 상황에서는 최대폐환기량이 높아진다.
44	④	근 펌프, 호흡동작, 정맥판막은 혈액순환(정맥환류)의 보조 작용을 하는 역할을 한다.

문항	정답	해설
45	①	운동 적응 이후 1회 박출량의 증가에 영향을 미치는 요소는 심실 수축력의 증가, 평균 대동맥압의 감소, 심실이완기말 용적의 증가 등이 포함된다.
46	②	㉠ 복사　㉡ 증발　㉢ 대류　㉣ 전도
47	②	체온 감소를 보상하기 위해 혈관은 수축되며(체열 손실을 줄이기 위해), 반대로 체온 상승 시에는 혈관이 이완된다(체열 손실을 증가시키기 위해).
48	①	고지대에서는 산소분압이 감소하므로, 이를 보상하기 위해 장기간 노출시 산소포화도를 늘리기 위해 헤모글로빈의 수는 증가한다.
49	②	수중 입수 시 혈관의 수축으로 인해 정맥환류량은 증가한다.
50	③	대기 환경의 오염으로 폐의 확산능력을 감소시키는 주요 요소이며, 헤모글로빈과 친화력이 매우 높은 것은 일산화탄소이다.

스포츠사회학

스포츠사회학 — 2017년 기출문제 분석

출제기준

주요 항목	세부 항목
1. 스포츠 사회학의 이해	1. 스포츠사회학의 의미
	2. 스포츠의 사회적 기능
2. 스포츠와 정치	1. 스포츠와 정치의 결합
	2. 스포츠와 국내정치
	3. 스포츠와 국제정치
3. 스포츠와 경제	1. 상업주의와 스포츠
	2. 스포츠 메가이벤트의 경제
4. 스포츠와 교육	1. 스포츠의 교육적 기능
	2. 한국의 학원스포츠
5. 스포츠와 미디어	1. 스포츠와 미디어의 이해
	2. 스포츠와 미디어의 상호관계
6. 스포츠와 사회계급/계층	1. 사회계층의 이해
	2. 사회계층과 스포츠 참가
	3. 스포츠와 계층이동
7. 스포츠와 사회화	1. 스포츠사회화의 의미와 과정
	2. 스포츠로의 사회화와 스포츠를 통한 사회화
	3. 스포츠 탈사회화와 재사회화
8. 스포츠와 일탈	1. 스포츠일탈의 이해
	2. 스포츠일탈의 유형
9. 미래사회의 스포츠	1. 스포츠 변화에 영향을 미치는 요인
	2. 스포츠 세계화

[2급 생활스포츠지도사]

1. 〈보기〉에서 설명하고 있는 스포츠의 사회적 기능은?

   〈보기〉
   - 정치인들이 국민의 스포츠에 대한 관심을 증대시켜 정치적 무관심을 유도한다.
   - 정치인들이 스포츠 경기를 자신의 이익이나 권력을 공고히 하는데 이용한다.

① 사회통제 기능　　　　　　② 사회통합 기능
③ 사회소외 기능　　　　　　④ 사회정서 기능

정답	①		난이도	쉬움
출제영역	1. 스포츠사회학의 이해(2. 스포츠의 사회적 기능)			
해설	스포츠는 사회를 통합하는 기능도 가지고 있지만, 목적에 따라서 사회를 통제하는 기능으로 악용될 수도 있다. 스포츠는 국민들의 관심을 분산 시킬 수 있는 하나의 전략적인 방안으로 정치, 경제, 사회 등의 국가적인 문제에 대한 관심을 스포츠로 분산시키기 위한 목적으로 사용되기도 한다.			

2. 〈보기〉의 내용에 공통적으로 해당하는 스포츠의 정치적 이용 방식은?

〈보기〉
- 남아프리카공화국의 인종차별정책에 반대하는 많은 국가들이 남아프리카공화국에서 개최된 국제대회에 불참하였다.
- 구소련의 아프가니스탄 침공을 문제 삼아 미국을 비롯한 서방국가들이 1980년 모스크바 올림픽경기대회에 불참하였다.

① 국제 평화 증진　　　　　　② 체제 선전의 수단
③ 전쟁의 촉매　　　　　　　　④ 외교적 항의

정답	④		난이도	쉬움
출제영역	2. 스포츠와 정치(3. 스포츠와 국제정치)			
해설	자국의 안전을 위협하거나 정치적 입장을 달리하는 국가에 대하여 정치·경제적인 항의를 할 경우, 외교적, 정치적 마찰을 일으킬 수 있다. 그러나 스포츠 대회에 불참할 경우 직접적인 피해나 손해를 최소화하고도 외교적 목적을 달성할 수 있게 된다. 특정 국가와의 스포츠 교류를 거부하거나 해당 국가의 운동선수가 스포츠 경기에 참석하기 위한 입국 신청을 거절할 경우 외교적 항의를 대체할 수 있는 수단으로 활용될 수 있다.			

3. 〈보기〉에서 목표로 하고 있는 스포츠의 교육적 순기능은?

〈보기〉
미래중학교는 학생 상호간, 학생과 교사 간 교류가 줄어들면서 '우리'라는 공동체의식을 형성하지 못한 채 갈등을 겪고 있다. 미래중학교는 이러한 문제를 해결하기 위해 스포츠를 적극 활용하려고 한다.

① 학교 내 통합 ② 학업활동 촉진
③ 평생체육의 여건 형성 ④ 학교와 지역사회의 통합

정답 및 해설	정답	①	난이도	쉬움
	출제영역	4. 스포츠와 교육(1. 스포츠의 교육적 기능)		
	해설	학생들의 스포츠 참여는 학교제도 내에서 공동체 의식과 학교 내 통합을 촉진시키며 학생 선수들의 경기대회 참여를 통해 다른 학생들의 통합을 유도한다.		

4. 〈보기〉의 ㉠, ㉡에 들어갈 용어는?

〈보기〉
스포츠사회학은 스포츠에서 나타나는 행동유형과 (㉠)에 초점을 두고 있으며, 이를 스포츠 활동이 존재하는 일반 (㉡)의 측면에서 설명하는 학문이다.

	㉠	㉡
①	사회환경	사회문제
②	사회과정	사회구조
③	사회환경	사회관계
④	사회과정	사회변화

정답 및 해설	정답	②	난이도	보통
	출제영역	1. 스포츠사회학의 이해(1. 스포츠사회학의 의미)		
	해설	스포츠사회학은 스포츠 현상을 사회현상으로 규정하여 사회적 이론과 연구 방법으로 인간의 사회행동의 법칙을 규명하는 학문으로 스포츠와 관련하여 나타는 인간 행동의 유형과 변화 과정을 사회 구조적 측면에서 바라볼 수 있는 학문적 토대를 제공한다. 스포츠 사회학에서 주로 다루고 있는 연구 주제는 사회제도, 사회과정/조직, 사회문제로 나누어 볼 수 있다.		

5. 코클리(J. Coakley)가 제시한 스포츠 제도화의 특성에 해당하지 않는 것은?

① 경기규칙의 표준화
② 경기기록의 계량화
③ 활동의 조직적, 합리적 측면 강조
④ 경기기술의 정형화

정답 및 해설	정답	②		난이도	보통
	출제영역	1. 스포츠사회학의 이해(1. 스포츠사회학의 의미)			
	해설	스포츠가 놀이와 게임과 구분되는 또 다른 특성은 제도화가 이루어진다는 것이다. 제도화 과정을 통해 국제적인 스포츠 조직이나 협회가 구성될 수 있으며, 대중들은 일정한 규칙 속에서 진행되는 스포츠 경기를 관람할 수 있게 되었다. J. Coakley에 의하면 스포츠의 제도화 과정은 공식적 집단에 의한 경기규칙의 표준화, 규칙의 집행을 보장하는 기구 운영, 행동의 조직적·합리적 측면강조, 경기기술의 정형화의 특성을 나타낸다.			

6. <보기>에서 올림픽 경기가 정치화된 요인을 모두 고른 것은?

<보기>
㉠ 민족주의 심화   ㉡ 정치권력 강화
㉢ 상업주의 팽창   ㉣ 페어플레이 강화

① ㉠
② ㉠, ㉡
③ ㉠, ㉡, ㉢
④ ㉠, ㉡, ㉢, ㉣

정답 및 해설	정답	③		난이도	쉬움
	출제영역	2. 스포츠와 정치(3. 스포츠와 국제정치)			
	해설	올림픽 경기는 국가 대항전이라는 특성을 지니고 있어 과도한 경쟁을 유발하기 때문에 세계평화 실현이라는 올림피즘 정신을 훼손한다는 비난을 받기도 한다. 올림픽이 정치화 되는 원인은 정치수단으로서의 가치 때문으로 민족주의 발현, 정치권력의 강호, 상업주의 팽창의 요인이 있다.			

7. <보기>에서 스포츠의 상업화로 인한 변화만으로 묶인 것은?

<보기>
㉠ 내면적 욕구 충족 강화   ㉡ 스포츠 규칙의 변화
㉢ 스포츠 제도의 변화   ㉣ 아마추어리즘의 퇴조
㉤ 스포츠의 직업화   ㉥ 심미적 경기 성향 강화

① ㉠, ㉡, ㉣
② ㉠, ㉢, ㉤
③ ㉡, ㉢, ㉣
④ ㉡, ㉤, ㉥

정답 및 해설	정답	③		난이도	보통
	출제영역	3. 스포츠와 경제(1. 상업주의와 스포츠)			
	해설	스포츠는 현대 산업사회의 발전과 맞물려 점차 상업적 이익을 추구하는 하나의 산업형태로 발전하기 시작하였다. 산업혁명 이후 나타난, 도시화 현상과 교통통신의 발달은 스포츠의 상업화 경향을 더욱 강화시켰으며 스포츠 본질의 변화(아마추어리즘 약화, 스포츠의 직업화), 스포츠목적의 변화, 스포츠구조의 변화(스포츠 규칙의 변화), 스포츠 내용 변화(선수, 코치, 스폰서가 추구하는 가치 변화), 스포츠 조직 변화를 나타낸다.			

8. 스포츠 미디어에 대한 설명으로 옳지 않은 것은?

① 스포츠 메가 이벤트는 미디어의 이윤창출에 기여한다.
② 보편적 접근권은 스포츠 콘텐츠의 차별화를 위한 미디어의 정책이다.
③ 1964년 동경올림픽경기대회는 최초로 인공위성을 통해 전 세계에 중계되었다.
④ 스포츠 저널리즘은 대중의 호기심과 흥미를 유발하는 '옐로우 저널리즘'의 성격이 강하다.

정답 및 해설	정답	②,③		난이도	쉬움
	출제영역	5. 스포츠와 미디어(1. 스포츠와 미디어의 이해)			
	해설	보편적 접근법이란 올림픽, 월드컵과 같이 국민의 관심이 큰 스포츠 경기 등에 대한 방송을 국민이 시청할 수 있는 권리를 말하며(방송법 제 2조 제 25호), 2007년 방송법 개정과 2008년 방송법 시행령 개정으로 보편적 시청권 제도가 도입되었다.			

9. 드워(C. Dewar)가 제시한 프로야구 경기의 관중 난동 요인에 대한 설명으로 옳은 것은?

① 관중이 많을수록 난동 발생 가능성이 낮다.
② 경기의 후반부일수록 난동 발생 가능성이 낮다.
③ 기온이 내려갈수록 난동 발생 가능성이 높다.
④ 시즌의 막바지로 접어들수록 난동 발생 가능성이 높다.

정답 및 해설	정답	④		난이도	쉬움
	출제영역	8. 스포츠와 일탈(2. 스포츠 일탈의 유형)			
	해설	스포츠에서 관중 폭력은 단일한 원인으로 설명할 수 없는 복잡한 사회현상으로 이해할 수 있다. 관중 폭력의 원인은 크게 스포츠 경기 인식, 관중의 역동성과 상황, 경기의 전반적 맥락 등 3가지로 구분할 수 있다. 많은 수의 관중 속에서는 비교적 개인의 익명성이 보장되어 폭력과 같은 일탈적 생동이 발생할 수 있고, 응원을 통하여 경기에 몰입하게 되며, 밀집된 비좁은 공간은 불쾌한 감정이나 공격 욕구를 유발한다. 또한 좌석에서 일어나 스포츠 경기를 관람하는 경우 격렬한 감정에 즉각적으로 반응할 수 있으므로 시즌의 막바지에 갈수록 경기에 관심과 몰입이 높아지므로 난동 발생 가능성이 높다.			

10. 스포츠와 미디어의 관계에 대한 설명으로 옳은 것은?

① 미디어는 스포츠에 종속되어 스포츠 발전에 기여한다.
② 미디어는 스포츠의 본질적 가치를 지키기 위해 경기규칙 변경에 부정적 태도를 취한다.
③ 미디어가 경기일정 변경을 요구하는 주된 이유는 보다 많은 경기장 관중을 유치하기 위해서이다.
④ 미디어는 스포츠 기술의 전문화와 일반화에 기여한다.

정답	④	난이도	보통
출제영역	5. 스포츠와 미디어(2. 스포츠와 미디어의 상호관계)		
해설	미디어의 발전은 스포츠에 대한 관심을 증대시키는데 기여하기도 했지만, 미디어에 대한 스포츠의 의존을 심화시킨 측면도 있다. 스포츠가 미디어에 의존한다는 것은 미디어의 요구에 따라 스포츠의 모습이 변화될 수 있음을 의미한다. 미디어가 스포츠에 미치는 영향은 스포츠 인기증가, 스포츠상품화, 스포츠 규칙변경, 경기 일정 변경, 스포츠 기술의 발달 및 확산이 있으며, 스포츠가 미디어에 미치는 영향으로는 미디어 콘텐츠 제공, 미디어 보급 확대, 미디어 기술 발전이 있다.		

11. 스포츠 일탈에 대한 설명으로 옳은 것은?

① 절대론적 접근에 따르면 스포츠 일탈은 승리추구라는 보편적 윤리 가치체계의 준수 유무에 따라 결정된다.
② 상대론적 접근에 따르면 스포츠 일탈은 개인의 윤리적 문제가 아닌 사회 구조적인 문제이다.
③ 스포츠 일탈에 대한 절대론적 접근은 과잉동조 개념을 설명하는데 매우 유용하다.
④ 스포츠 일탈에 대한 상대론적 접근은 창의성과 변화를 약화시킨다는 비판을 받는다.

정답	②	난이도	어려움
출제영역	8. 스포츠와 일탈(1. 스포츠 일탈의 이해)		
해설	스포츠 일탈은 스포츠 환경에서 발생하는 일탈 행위를 의미하는 것으로 스포츠 일탈의 개념을 보다 잘 이해하기 위해서는 상반된 두 가지 관점인 절대론적 접근과 상대론적 접근에 대한 지식이 필요하다. 절대론적 접근에 따르면 일탈적 행위의 여부는 특정한 사고나 특성 및 행위가 요구하는 절대적인 사회적 기준에 따르는 것으로 기준을 벗어날 경우 일탈에 해당된다. 상대론적 접근은 사회 환경에서 발생하는 모든 현상의 원인을 고유한 상황에서 찾는다. 즉, 상황이 일어나는 환경에 따라 용인될 수 있는 사고, 특성, 행위의 범위가 존재하며, 이 범위에서 벗어날 경우 일탈로 인정된다는 것이다.		

12. 〈보기〉에서 스나이더(E. Snyder)가 제시한 스포츠 사회화의 전이 조건을 모두 고른 것은?

〈보기〉
㉠ 스포츠 참가 정도
㉡ 스포츠 참가의 자발성 여부
㉢ 스포츠 참가자의 개인적·사회적 특성
㉣ 사회화 주관자의 위신 및 위력

① ㉠
② ㉠, ㉡
③ ㉠, ㉡, ㉢
④ ㉠, ㉡, ㉢, ㉣

정답	④	난이도	보통
출제영역	7. 스포츠와 사회화(2. 스포츠로의 사회화와 스포츠를 통한 사회화)		
해설	스포츠 활동과 같은 특수한 상황에서 학습된 태도나 행동은 가정생활이나 업무와 같은 일상적 상황으로 항상 전이되는 것은 아니며 행동의 전이는 단지 환경이 유사할 때에 일어나게 된다. 인간은 사회적 영향을 자동적으로 수용하지 않기 때문에 사회화 경험에는 다섯 가지 변인이 작용하게 된다. 스나이더(E. Snyder)가 제시한 스포츠를 통한 사회화에 있어서 전이의 일반적 특성은 참여의 정도, 참여의 자발성 여부, 사회화 관계의 본질성, 사회화의 위신과 위력, 참가의 개인적·사회적 특성으로 구분된다.		

13. 스포츠 세계화에 대한 설명으로 옳지 <u>않은</u> 것은?

① 스포츠 세계화는 근대스포츠의 태동 이전부터 나타났다.
② 스포츠 세계화는 스포츠의 탈영토화를 의미한다.
③ 스포츠 세계화는 스포츠 소비문화의 측면에서도 이루어지고 있다.
④ 스포츠 세계화는 스포츠가 내재하고 있는 가치를 전 세계에 전파하는데 기여하였다.

정답	①	난이도	어려움
출제영역	9. 미래사회와 스포츠(2. 스포츠와 세계화)		
해설	스포츠 세계화의 의미는 국가가 간의 경계가 허물어지는 현상으로 스포츠 영역에서 세계화 추세는 계속 되고 있으며, 미래의 스포츠는 이러한 현상의 가속화로 인해 스포츠를 매개로 하는 전지구화(globalization)현상의 영향을 받을 것이다. 또한 스포츠 세계화 현상의 주요 특징 중 하나인 시간과 공간의 압축은 TV, 인터넷 등과 같은 정보통신 매체의 기술 발달이 스포츠 영역에 직접적인 영향을 미치면서 나타난 현상이다. 그러므로 스포츠의 세계화는 현대에 이르러 나타나는 현상이다.		

14. 케년(G. Kenyon)과 슈츠(Z. Schutz)가 구분한 스포츠 참가 유형에 대한 설명으로 옳지 않은 것은?

① 일상적 참가: 스포츠 참가가 일상의 주된 활동이 되어 스포츠 활동에 대부분의 시간을 소비함
② 주기적 참가: 일정 간격을 유지하면서 스포츠에 지속적으로 참가함
③ 일차적 일탈 참가: 자신의 직업을 등한시하고 대부분의 시간을 스포츠 참가에 할애함
④ 이차적 일탈 참가: 경기결과에 거액의 돈을 걸고 스포츠를 관람함

정답 및 해설	정답	①	난이도	보통
	출제영역	7. 스포츠와 사회화(2. 스포츠로의 사회화와 스포츠를 통한 사회화)		
	해설	케년(G. Kenyon)과 슈츠(Z. Schutz)에 의하면 일상적 참가는 스포츠 활동에 정규적으로 참가하는 활동이 개인의 생활과 잘 조화를 이루고 있는 상태, 주기적 참가는 일정한 간격을 유지하면서 지속적으로 스포츠 활동에 참가하는 것을 의미한다. 일탈적 참가는 다시 일차적 일탈 참가와 이차적 일탈 참가로 구분되는데 일차적 일탈 참가는 일반적으로 중년층에서 빈번하게 나타나며, 자신의 직업보다는 원하는 스포츠 활동 참가에 대부분의 시간을 할애하는 상태를 의미한다. 이는 운동중독 현상과도 관련이 있으며, 일차적 일탈 참가에 깊이 관여하는 참가자는 정상적인 일상생활을 해 나가기 어려운 단계까지 도달하기도 한다. 이차적 일탈 참가는 여가 선용을 위해 스포츠를 관람하는 것이 아니라 경기결과에 거액의 내기를 걸고 도박을 할 정도로 스포츠에 중독되어 있는 상태를 말한다. 참가 중단은 스포츠 활동에 참가하는 자체를 싫어하고 스포츠 활동에서의 역할에 관심을 가지지 않거나 예전에 스포츠 활동에 참가한 경험이 있더라도 기회의 제한, 불쾌한 경험, 관심의 부족 등으로 인해 현재는 스포츠 활동에 참가하지 않고 있는 상태를 나타낸다.		

15. 스포츠탈사회화와 재사회화 과정에 대한 설명으로 옳지 않은 것은?

① 운동선수의 스포츠탈사회화는 선수은퇴를 의미한다.
② 환경, 취업, 정서 등의 요인은 운동선수의 스포츠 탈사회화에 영향을 미친다.
③ 운동선수는 스포츠탈사회화 이후 모두 스포츠 재사회화의 과정을 겪게 된다.
④ 새로운 직업에 대한 기회가 많고 교육수준이 높은 운동선수일수록 자발적 은퇴를 선택할 가능성이 높다.

정답 및 해설	정답	③	난이도	쉬움
	출제영역	7. 스포츠와 사회화(3. 스포츠 탈사회화와 재사회화)		
	해설	운동 중단을 통해 스포츠 탈사회화 과정을 거친 후 다시 스포츠 영역에서의 재사회화 과정을 겪게 되는 운동선수는 일반적으로 운동선수와 관련된 유사 역할, 즉 감독, 코치, 트레이너 등과 같은 역할을 수행하게 된다. 하지만 이와 같은 재사회화 과정이 모든 은퇴선수에게 나타나는 것은 아니다.		

16. 계층별 스포츠 참가에 대한 설명으로 옳지 않은 것은?

① 계층별 사회적 조건에 따라 스포츠 참가 유형에 차이가 나타난다.
② 하류계층은 경제적 조건 때문에 상류계층보다 상대적으로 스포츠의 직접관람률이 낮다.
③ 상류계층은 자신의 경제적 여유를 드러내려는 속성으로 인해 하류계층보다 단체스포츠 참가를 더 선호한다.
④ 상류계층은 특정 종목을 강조하는 분위기에 따라 사회화과정에서 해당종목에 자연스럽게 익숙해지게 된다.

정답	③	난이도	보통
출제영역	6. 스포츠와 사회계층(1. 사회계층의 이해)		
해설	사회계층 간 스포츠 참가 종목의 차이는 일부 종목들에서 매우 두드러지게 나타난다. 상류층에서는 테니스, 골프, 탁구, 수영과 같은 개인종목의 참가가 많은 반면, 중하류층의 경우 축구나 야구와 같은 단체 종목에 참가를 많이 하고 있다. 상류층에서 비교적 개인 및 대인 스포츠에 참여하는 비율이 높게 나타나는 이유는 경제적 요인, 사회화, 소비특성, 직업 특성으로 설명된다.		

17. 〈보기〉에서 과잉동조 행위만으로 묶인 것은?

〈보기〉
㉠ 자신을 조롱하는 관중에게 야구공을 던져 상해를 입힌 행위
㉡ 자신을 태클한 상대선수에게 보복 태클을 한 행위
㉢ 지도자의 지시에 따라 상대팀 선수에게 부상을 입히기 위해 태클을 거는 행위
㉣ 상대팀 투수가 빈볼을 던지자 벤치에서 뛰어나가 그 투수에게 주먹을 휘두르는 행위

① ㉠, ㉡
② ㉢, ㉣
③ ㉠, ㉢
④ ㉡, ㉣

정답	②	난이도	보통
출제영역	8. 스포츠와 일탈(1. 스포츠 일탈의 유형)		
해설	과잉동조(over conformity)는 규범을 무비판적으로 수용하는 태도로 집단에서 설정된 규칙이나 목표를 무조건적으로 따르는 행동을 포함한다. 폭력은 사회의 규칙과 제도를 위반하기 때문에 용인될 수 없는 행위지만 스포츠의 경쟁 과정에서 의도적이거나 전략적인 목적으로 폭력이 많이 사용되고 있다.		

18. 〈보기〉의 괄호 안에 들어갈 용어는?

> 〈보기〉
>
> 부르디외(P. Bourdieu)는 생활양식과 같은 사회문화적 요소를 계급결정 요인으로 간주하고 이를 자본의 개념으로 다루었다. 이 개념에 따르면 스포츠는 체화된 (　　　)의 한 형태로써 사회의 계층구조에 관여한다.

① 경제자본　　　　　　　　② 사회자본
③ 문화자본　　　　　　　　④ 소비자본

정답	③	난이도	보통
출제영역	6. 스포츠와 사회계층(1. 사회계층의 이해)		
해설	부르디외(P. Bourdieu)는 경제적 측면이나 고용 측면뿐만 아니라 생활양식이나 소비패턴과 같은 문화적 요인들의 관계도 사회계급의 분화에 반영된다고 주장한다. 오늘날 문화행위의 상징이나 상표가 일상생활에 중요한 역할을 담당하게 되었고, 한 사람의 정체성이 고용, 경제자본과 같은 전통적인 계급 지표보다는 '어떤 옷을 입고 무엇을 먹으며, 자신의 몸을 어떻게 가꿀 것인가, 그리고 어디에서 쉴 것인가'와 같은 생활양식의 선택기호들이 계급을 분화하는데 더 많은 영향을 미친다는 것이다.		

19. 스포츠사회화 이론에 대한 설명으로 옳은 것은?

① 사회학습이론은 비판이론의 관점을 바탕으로 개인의 복잡한 사회학습과정을 설명한다.
② 사회학습이론에서는 스포츠 역할의 학습을 이해하기 위해 강화, 코칭, 보상의 개념을 활용한다.

정답	④	난이도	쉬움
출제영역	7. 스포츠와 사회화(1. 스포츠사회화의 의미와 과정)		
해설	준거집단이론은 사회화 과정을 이해하는 데 도움이 되는 이론으로서 역할이론과 함께 과정의 중요성을 부각하고 있다. 즉, 인간은 자발적으로 어떤 집단이나 타인에게 적응하고 이들의 행동, 태도, 감정 등을 자신의 행동이나 태도, 감정의 형성을 위한 기준으로 삼게 된다. 준거집단 이론의 규범집단은 가족과 같이 규범을 설정하고 가치관을 형성시킴으로써 개인에게 행동의 지침을 제공하는 집단을 뜻하며, 비교집단은 특정 역할 수행의 기술적 의미를 제시하여 주는 역할 모형 집단을 지칭한다. 청중집단은 특정 개인의 특별한 주목은 받지 않으나 그들의 가치와 태도에 부합되게 행동하려는 집단을 의미한다. 한편, 역할이론은 특수한 태도, 의견 및 경향성을 지닌 특정 인간관계에 대한 설명을 하려는 이론이 아니라 개인이 사회 과정을 통하여 집단에 소속되어 기능을 발휘할 수 있는 구성원으로 변화되어 가는 사실을 설명하려는 이론이며, 사회학습이론은 개인이 사회적 행동을 어떻게 습득하고 수행하는가를 규명하려는 이론이다.		

③ 역할이론은 사회를 갈등대립의 장으로 보고, 개인은 그 속에서 타인과 상호작용을 통해 갈등 해결의 역할을 배워간다고 가정한다.
④ 준거집단이론에서 준거집단은 규범집단, 비교집단, 청중집단 등으로 구성된다.

20. 〈보기〉에서 스포츠 세계화의 과정에 대한 설명으로 옳은 것을 모두 고른 것은?

〈보기〉
㉠ 제국주의 시대에 스포츠를 통한 동화정책은 식민지 체제의 지배를 정당화하는데 기여하였다.
㉡ 19세기 기독교는 아시아와 아프리카 원주민의 종교적 거부감을 해소하는데 스포츠를 활용하였다.
㉢ 과학기술의 진보는 스포츠의 시·공간적 제약을 극복하는데 기여하였다.
㉣ 제국주의 시대 스포츠는 결과적으로 피식민지 주민의 민족주의적 감정을 억제하는데 기여하였다.

① ㉠
② ㉠, ㉡
③ ㉠, ㉡, ㉢
④ ㉠, ㉡, ㉢, ㉣

정답 및 해설	정답	③		난이도	보통
	출제영역	9. 미래사회와 스포츠(2. 스포츠와 세계화)			
	해설	대부분의 스포츠는 서구 사회로부터 다른 지역 및 국가로 전파되었다. 근대 이후 식민지를 건설하려는 서구 열강들이 식민지 대상 국가의 국민들을 동화시키기 위한 목적으로 스포츠를 사용하였으며 이는 근대 스포츠가 특정 지역과 국가를 넘어서 다른 국가로 전파된 중요한 계기가 되었다. 또한 19세기 기독교는 아프리카와 아시아 등의 국가에서의 선교를 위해 스포츠를 적극적으로 활용하였다. 선교를 하기 위해서는 우선적으로 새로운 종교에 대한 이질감을 완화시켜 주는 것이 필요했는데, 스포츠는 종교에 대한 거부감을 해소시켜 줄 수 있는 효과적인 도구로서 활용되었다. 스포츠의 세계화에 결정적인 첨병 역할을 한 것은 바로 테크놀로지의 발달이다. 테크놀로지의 발달은 미디어, 교통, 통신 등을 통해 스포츠를 세계화시켰으며, 국제적으로 스포츠가 가지고 있는 영향력을 향상시킨 측면이 있다.				

스포츠사회학 출제예상문제

1. 스포츠사회학의 개념에 대한 설명으로 올바르지 **않은** 것은?

   ① 스포츠를 변화시킬 수 있는 발전 방향 제공
   ② 스포츠 참여에 대한 심리적 문제해결 방안 제공
   ③ 스포츠에 대한 비판적 사고를 할 수 있는 관점의 틀 제공
   ④ 사회적 현상으로서 스포츠에 대한 이해 제공

2. 스포츠사회학 연구의 필요성이 **아닌** 것은?

   ① 스포츠의 사회적 중요성 증대
   ② 사회적 신념의 재확인
   ③ 사회영역과 스포츠의 밀접성
   ④ 사회일탈 행동의 증대

3. 다음은 스포츠의 사회적 순기능 중에서 사회 정서적 기능에 대한 내용이다. 빈 칸(㉠)에 적합한 용어는?

   > 스포츠는 개인의 정서를 순화시키는 순기능을 가지고 있다. 스포츠 참여는 개인의 욕구 불만, 갈등, 긴장 등을 발산할 수 있는 기회를 부여하며 외부로 나타날 수 있는 폭력, 일탈 같은 부정적 행동을 예방할 수 있는 (㉠)의 기능을 한다.

	㉠
①	사회통제
②	사회적 안전판
③	신체소외
④	사회적 성취

4. 스포츠의 사회적 순기능 중에서 사회화 기능에 대한 설명으로 올바르지 <u>않은</u> 것은?

① 스포츠를 상품으로 인식함
② 스포츠 참여로 개인은 신념, 가치, 규범 등을 배움
③ 스포츠의 목표 성취는 합리적인 행동 규범과 연결됨
④ 스포츠 참여는 준법정신과 올바른 시민으로의 자세를 배움

5. 스포츠의 사회적 기능인 사회통합과 사회통제 기능에 대한 설명으로 올바른 것은?

① 사회통합 기능 - 1980년대 3S 정책의 하나로 스포츠가 이용된 사례
② 사회통제 기능 - 올림픽, 월드컵과 같은 국제 대회는 사회 통제 기능의 사례
③ 사회통합 기능 - 스포츠가 다른 사회적 배경을 가진 사람들의 통합 경험 제공
④ 사회통합 기능 - 정치, 경제, 사회 등의 국가적인 문제에 대한 관심을 스포츠로 분산

6. 스포츠의 **정치적 순기능**에 대한 구성 내용으로만 바르게 묶인 것은?

〈보기〉
㉠ 국민화합의 수단
㉡ 사회운동의 수단
㉢ 국수주의적 배타성 조장
㉣ 지배권력의 형성 및 유지를 위한 정당성 부여

① ㉠ + ㉡ + ㉢ ② ㉠ + ㉣
③ ㉠ + ㉡ + ㉣ ④ ㉠ + ㉡

7. 다음은 정치가 스포츠를 이용하는 방법에 대한 설명이다. 이 방법과 설명으로 맞는 것은?

〈보기〉
스포츠경기가 단순히 개인 간의 경쟁이 아닌 성, 인종, 지역, 민족, 국가의 경쟁을 대변하는 것으로 인식될 수 있으며, 스포츠 그 자체로 지역사회, 국가, 국민을 대표하는 상징성을 지닌 것으로 해석된다.

① 동일화-유니폼에 부착된 국기
② 상징-스포츠의 과시와 의식적 요소
③ 동일화-스포츠에 대한 대중의 태도
④ 상징-국가 역량의 혼돈을 표현하는 수단

8. 스포츠 정책에 대한 이해로 올바르지 **않은** 것은?

① 스포츠 환경에서 권력을 행사하는 정치적 활동
② 스포츠 진흥 및 활성화를 위한 정책 수립의 과정
③ 스포츠의 매력과 비정치적 속성은 정치적 수단으로 사용
④ 2010년에 스포츠 발전을 위한 '스포츠비전 2018'정책 수립

9. 스포츠에 대한 정치의 개입 원인이 **아닌** 것은?

① 사회질서의 유지 및 보호
② 정부나 정치가에 대한 통제
③ 국민건강 증진과 여가기회 제공
④ 지배이데올로기에 부합하는 가치 및 성향의 강조

10. 국제정치에서 스포츠의 역할로 올바르지 **않은** 것은?

① 외교단절
② 외교적 항의 수단
③ 갈등 및 전쟁의 촉매
④ 국제이해 및 평화 증진

11. 올림픽의 가치를 훼손하는 올림픽의 정치화 원인에 해당되는 것끼리 묶인 것은?

〈보기〉
㉠ 민족주의의 발현   ㉡ 정치권력의 약화   ㉢ 상업주의의 팽창

① ㉠ + ㉡
② ㉡ + ㉢
③ ㉠ + ㉢
④ ㉠ + ㉡ + ㉢

12. 남북한 스포츠 교류에 대한 의의가 **아닌** 것은?

① 역사적 전통을 지닌 문화행사
② 한민족 가치의 회복에 영향을 미침
③ 남북한 이념차이에 의한 갈등요소가 없음
④ 남북한을 매개로 한 국내외교의 장으로 기능함

13. 상업주의로 인해 스포츠 전반에 걸쳐 나타난 변화요인으로만 묶인 것은?

〈보기〉
㉠ 아마추어리즘의 강화
㉡ 스포츠의 직업화
㉢ 흥미유발에 맞춘 스포츠 목적 변화
㉣ 스포츠 규칙의 변화
㉤ 스포츠 스폰서가 추구하는 권력 변화
㉥ 스포츠 조직의 변화

① ㉠ + ㉡
② ㉡ + ㉢ + ㉥
③ ㉠ + ㉢ + ㉣
④ ㉢ + ㉤

14. 스포츠의 과도한 상업화로 인해 나타나는 프로스포츠의 역기능이 **아닌** 것은?

① 스포츠의 지나친 상업화
② 아마추어리즘의 퇴조와 스포츠 본질 왜곡
③ 프로스포츠를 매개로 한 스포츠 도박의 문제
④ 아마추어 선수에게 미래의 진로 제공과 고용 증대

15. 상업스포츠 조직의 세계화 사례가 **아닌** 것은?

① 미국 프로농구 NBA
② 다국적 기업의 해당지역 비인기 팀 후원
③ 다국적 기업의 파급력 있는 스포츠의 활용
④ IOC의 TOP(The Olympic Partners) 프로그램

16. 스포츠 메가 이벤트의 사회적 기능 중 (㉠)과 (㉡)에 해당하는 특성으로 올바른 것은?

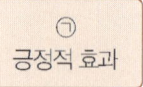

㉠ 긍정적 효과   ㉡ 부정적 효과

	㉠	㉡
①	경제적 효과	사회집결력 약화
②	경제적 손실	국가 브랜드 이미지 제고
③	투자에 대한 기회비용 축소	국가 및 지역 간 교류 증가
④	부정적 외부 효과 유발	무리한 시설 건설

17. 스포츠 메가 이벤트의 경제적 가치에 대한 설명으로 **틀린** 것은?

   ① 월드컵의 경우 스폰서 및 중계권료를 통해 수익을 거두고 있음
   ② 스포츠 메가 이벤트에 대한 경제적 가치가 있지만 효과는 미미함
   ③ 1984년 LA올림픽부터 스포츠 메가 이벤트의 경제적인 측면이 부각됨
   ④ IOC는 2009-2012년까지 올림픽 마케팅으로 8,000억 달러 이상의 수익을 냄

18. 다음의 〈보기〉 중 스포츠의 교육적 순기능으로만 묶인 것은?

   〈보기〉
   ㉠ 학업능력의 촉진   ㉡ 사회화 촉진   ㉢ 정서의 순화
   ㉣ 학교와 지역의 분리   ㉤ 여학생의 체육 참여 제한   ㉥ 장애인의 여가선용

   ① ㉠ + ㉡ + ㉣
   ② ㉠ + ㉡ + ㉤
   ③ ㉡ + ㉢ + ㉥
   ④ ㉠ + ㉡ + ㉢ + ㉣

19. 스포츠의 교육적 역기능에 대한 설명으로 거리가 **먼** 것은?

   ① 성차별의 내재화
   ② 스포츠 참여기회의 확대
   ③ 승리지상주의 강조
   ④ 성과와 학업에 대한 편법과 관행

20. 다음 중 학원스포츠의 문제점을 지적한 것 중에서 맞는 설명은?

   ① 교사는 학생선수를 긍정적으로 인식함
   ② 학원스포츠는 긍정적인 문화를 형성함
   ③ 학생선수는 운동만족으로 기초학력이 낮아짐
   ④ 학생선수는 폭력 및 성폭력 문제에 노출되어 있음

21. 일반학생의 체육활동 활성화 및 공부하는 학생선수 육성을 위한 제도 변화에 따른 주요 사업에 대한 설명으로 **틀린** 것은?

	㉠	㉡
①	학교체육 전문성 향상	학생선수 학습권 보장
②	스포츠참여 기회 확대	학교운동부 운영 투명화
③	학생체력평가제 실시	학생선수의 인권보호
④	여학생 체육활동 활성화	타이틀 나인(Title IX)

22. 스포츠미디어의 기능에 대한 설명 중 올바른 것은?

① 정보의 기능-대중들에게 스포츠와 관련된 정보 제공
② 도피 기능-대중들에게 공유할 수 있는 경험 제공
③ 통합적 기능-대중들로 하여금 즐거움, 흥미, 관심을 느끼게 함
④ 정의적 기능-대중들에게 일상생활에서 접할 수 없는 새로운 경험 제공

23. 스포츠 저널리즘 관련 쟁점이 **아닌** 것은?

① 정확성·공정성·객관성의 결여
② 선수의 상품화
③ 하는 스포츠에서 보는 스포츠로의 변화
④ 개인 사생활 침해

24. 다음 그림은 스포츠와 미디어의 상호작용에 대한 설명이다. 미디어가 스포츠에 미치는 영향(㉠)과 스포츠가 미디어에 미치는 영향(㉡)의 요인으로 **틀린** 것은?

① ㉠ 스포츠 인기 증가   ㉡ 콘텐츠 제공
② ㉠ 스포츠의 상품화   ㉡ 미디어 보급 확대
③ ㉠ 스포츠의 규칙변경   ㉡ 미디어 기술 발전
④ ㉠ 스포츠 용구의 변화   ㉡ 스포츠 기술 발달 및 확산

25. 스포츠 미디어의 윤리적인 문제 요인이 **아닌** 것은?

① 경쟁, 승리, 성공 등의 외재적 가치 강조
② 영화, 만화, 비디오와 같은 미디어에 영향을 미침
③ 다양한 종목을 중계할 경우 스포츠 해설의 전문성 결여
④ 과도하게 특정 인기스타를 중심으로 미디어콘텐츠 구성

26. 다음 중 역사 속에 나타난 스포츠 사회계층 특성을 설명한 것으로 맞는 것은?

시대 구분	내 용
그리스시대	• 시민에게만 참여와 관람 허용 • 여성과 노예는 경기 참가 금지
㉠	• 최대수용인원 260,000명의 대형 경기장 • 스포츠에 대한 관심이 상당하였으며 사회계급 존재
㉡	• 귀족과 상류계층만 토너먼트에 참여 가능 • 스포츠의 남녀 불평등이 명확히 드러난 시기
15-18세기	• 노동으로 인해 하류계층과 서민의 스포츠 참여 제한 • 명문대학교 학생에게 스포츠 참여의 사회계층적 특권이 주어짐

① ㉠ 로마시대
② ㉡ 13세기
③ ㉡ 14세기
④ ㉠ 11-12세기

27. 스포츠계층의 형성과정 과정에서 스포츠 내의 사회과정은 다음의 4가지 측면으로 설명될 수 있다. ㉠에 들어갈 내용은?

지위의 분화 → 서열화 → ㉠ → 보수부여

① 기회
② 평가
③ 생활
④ 관점

28. 사회계층에 따른 스포츠 참가 및 관람 유형의 차이에 대한 설명으로 맞는 것은?

① 저소득층일수록 생활체육 참여율이 높음
② 고소득층의 스포츠 참여는 저소득층에 비해 제약됨
③ 스포츠 이벤트의 관람료 차이는 경제적 계층을 구분함
④ 고소득층은 정신적 여유의 부족으로 생활체육에 참여하지 않음

29. 다음과 같이 사회계층에 따른 스포츠 참가 종목이 다른 이유에 대한 설명으로 틀린 것은?

① 상류층은 과시적 소비 경향이 있음
② 개인스포츠는 단체스포츠에 비해 많은 비용 발생
③ 상류층은 다른 계층이 접근하기 힘든 특정 종목을 강조함
④ 개인사업, 전문직 등의 중상류층은 단체스포츠 참여에 적합

30. 다음 중 스포츠를 통한 사회계층이동에 대한 유형으로 맞게 연결된 것은?

① 수평이동-상승이동과 하향이동으로 구분됨
② 수직이동-계층적 지위의 변화가 일어나지 않음
③ 개인이동-운동능력에 따라 사회적 상승이동 기회 제공
④ 집단이동-개인의 사회·경제적 지위 변화를 의미

31. 스포츠를 통한 사회적 상승 매개체로서 스포츠의 4가지 역할이 아닌 것은?

① 직업후원 기회 제공
② 교육 성취도 향상
③ 신체적 기량 및 능력 발달
④ 스포츠 신화의 확산

32. 스포츠의 사회화 개념에 대한 설명으로 맞는 것은?

① 인간의 본성이 특정한 사회문화와 동화되어 가는 과정
② 충동의 통제능력 형성과정으로 판단력과 분별력의 형성과정
③ 역할훈련과정으로 문화적, 사회적, 심리적 차원의 관점으로 구분됨
④ 스포츠를 통한 구성원들의 상호작용으로 신념, 가치관이 체화되는 과정

33. 다음의 스포츠 사회화 모형에 들어갈 내용이 맞게 연결된 것은?

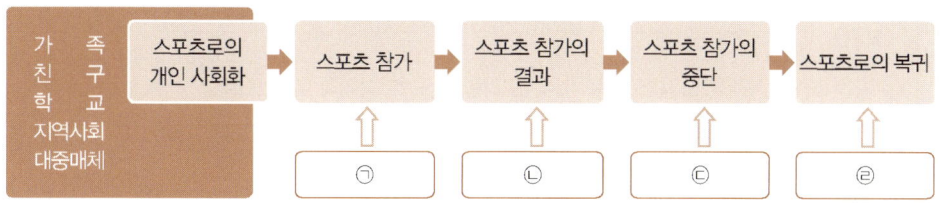

① ㉣-스포츠를 통한 사회화
② ㉡-스포츠를 통한 사회화
③ ㉠-스포츠로부터의 탈사회화
④ ㉢-스포츠로의 재사회화

34. 스포츠 사회화의 주관자가 <u>아닌</u> 것은?

① 가정
② 동료집단
③ 외적보상
④ 매스컴

35. 스포츠를 통한 사회화로서 스포츠의 역할 사회화의 4단계 중 ㉠과 ㉡에 해당되는 내용은?

① ㉠ 공식적 단계 ㉡ 개인적 단계
② ㉠ 수행자 단계 ㉡ 단체적 단계
③ ㉠ 수행자 단계 ㉡ 개인적 단계
④ ㉠ 공식적 단계 ㉡ 단체적 단계

36. 스포츠 탈사회화의 원인이 <u>아닌</u> 것은?

① 운동기량의 부족 및 저하
② 운동에 대한 애착
③ 성공의 불확실성과 미래의 불안감
④ 부상으로 인한 운동수행 제한

37. 스포츠로의 재사회화에 영향을 미치는 5가지 요인으로만 묶인 것은?

> <보기>
> ⊙ 환경 변인-잠재적 노동력 소유 여부에 의한 스포츠 이외의 취업 기회
> ⓒ 취업 변인-스포츠가 개인의 자아정체 중심부에서 차지하는 정도
> ⓒ 정서 변인-성, 연령, 계층 및 교육 정도
> ⓔ 역할 사회화 변인-스포츠 외 선택 가능한 타 역할에 대한 사전계획이나 사회화 정도
> ⓜ 인간관계 변인-스포츠로부터 탈사회화에 대한 가족·친구로부터 지원체계

① ⊙ + ⓒ
② ⓒ + ⓔ + ⓜ
③ ⓔ + ⓜ
④ ⓒ + ⓒ + ⓜ

38. 스포츠 일탈의 원인에 대한 설명으로 **틀린** 것은?

① 역할갈등
② 승리에 대한 강박 관념
③ 위계적 보상구조
④ 양립 불가능한 가치 지향

39. 다음은 스포츠 일탈의 이론에 관한 설명이다. 학자와 이론을 맞게 연결한 것은?

> 스포츠 일탈현상에서 발생하는 원인과 과정을 가장 잘 설명해 주는 이론적 관점이다. 스포츠 일탈은 선수로서의 윤리적 태도와 경쟁에서의 승리 등 양립 불가능한 가치를 동시에 추구하고자 할 때 발생하는 갈등 현상을 의미한다. 즉, 스포츠 현장에서 궁극적인 목표는 경쟁을 통한 승리의 쟁취이다. 승리를 쟁취하기 위한 과정에서 선수의 노력, 규칙 준수 등은 목표달성을 위한 수단으로 이해할 수 있다. 목표와 수단은 동일하게 나타나기도 하지만 서로 다른 가치를 추구할 때 갈등이 발생한다.

① 매킨토쉬-갈등이론
② 로버트 머튼-아노미 이론
③ 에밀 뒤르켐-구조기능이론
④ 탈콧 파슨스-상징적 상호작용론

40. 스포츠 일탈의 유형 중 폭력행위에 속하지 **않는** 것은?

① 격렬한 신체 접촉
② 범죄폭력
③ 상업화와 스포츠폭력
④ 일탈적 부정행위

41. 스포츠 일탈에서 선수의 약물검사에 대한 찬성과 반대의 입장이 있다. 이때 **약물검사를 반대하는** 내용으로 맞는 것은?

① 약물검사는 선수들의 건강을 보호함
② 약물검사는 스포츠의 공정성을 확보함
③ 약물검사 비용이 비싸기 때문에 자원을 낭비함
④ 약물검사는 유전공학의 사용을 감소시키기 위함

42. 다음은 스포츠의 일탈 유형 중 부정행위의 형태에 대한 특징과 예시이다. ㉠과 ㉡에 들어갈 스포츠 부정행위의 유형은?

부정행위 형태	특징	예시
㉠	전략적 차원에서 용인되고 조장되는 속임수 행위	• 농구에서 팔꿈치 사용 • 축구의 거친 태클 및 옷 잡기 • 과도한 헐리웃 액션
㉡	사회에서 용인되지 않는 심각한 부정행위 사용	• 불법 용구 사용 • 약물투여 • 담합에 의한 승부조작

	㉠	㉡
①	제도적 부정행위	일탈적 부정행위
②	일탈적 부정행위	제도적 부정행위
③	제도적 부정행위	범죄적 부정행위
④	일탈적 부정행위	성과적 부정행위

43. 스포츠의 과도한 참가로 인해 나타날 수 있는 사회적 문제의 유형은?

① 부정적 동조
② 과소동조
③ 섭식장애
④ 아노미적 몰입

44. 다음의 스포츠에서 나타나는 관중폭력을 설명하는 집합행동 이론은?

> 집합행동의 발생원인 및 결정요인을 장소와 시간 및 양식 등으로 설명하려는 것으로 일정한 형태의 조건이나 계기의 순서에 따라 단계적인 조합을 이루어야 집합행동이 발생할 수 있음을 보여준다. 즉, 어떤 집합행동이 일어나기 위해서는 어떠한 요인이나 조건들이 순차적으로 조합을 이루어야함을 의미한다. 예를 들어, 어떤 물건이 순서에 따라 단계적인 부가가치 과정을 거쳐 최종 완성되는 원리와 같다.

① 수렴이론
② 전염이론
③ 규범생성이론
④ 부가가치이론

45. 스포츠와 미래사회에서 테크놀로지와 관련된 쟁점이 **아닌** 것은?

① 남성성과 스포츠 폭력
② 테크놀로지를 어떻게 통제하고 관리할 것인가 임
③ 세계수영연맹(FINA)은 전신 수영복을 착용금지 시킴
④ 과도한 테크놀로지의 적용은 스포츠의 본질적 가치 훼손

46. 스포츠에서 통신 및 전자매체가 발전하면서 나타난 현상으로만 묶인 것은?

> 〈보기〉
> ㉠ 스포츠를 예측하는 시청각적 정보 제공
> ㉡ 스포츠는 대중들과 멀어질 것임
> ㉢ 스포츠를 통한 대중들의 경험 변화
> ㉣ 등산할 때 스마트폰의 GPS활용
> ㉤ 미디어를 통해 이데올로기 전파

① ㉠ + ㉡ + ㉢
② ㉡ + ㉢ + ㉣
③ ㉢ + ㉣ + ㉤
④ ㉡ + ㉢ + ㉤

47. 미래사회의 변화가 스포츠의 조직화 및 합리화에 미치는 영향으로 맞는 것은?

① 탈산업사회에서 스포츠는 점차 조직화됨
② 미래의 스포츠는 육체활동을 조직화하는 경향이 감소됨
③ 스포츠 조직이 바라는 것은 선수들이 즐거움을 느끼는 것임
④ 미래의 스포츠는 정해놓은 합리적 평가 기준을 무시할 것임

48. 미래사회의 변화로 인한 스포츠의 상업화 및 소비성향 변화 현상으로 맞게 묶인 것은?

> <보기>
> ㉠ 스포츠의 상업화　　　㉡ 스포츠와 소비주의 현상
> ㉢ 다양한 문화적 배경의 융합　　㉣ 스포 참여 계층의 축소화

① ㉠ + ㉣　　　　　　② ㉠ + ㉡ + ㉣
③ ㉡ + ㉣　　　　　　④ ㉡ + ㉢

49. 스포츠 세계화 현상의 3가지 특징이 <u>아닌</u> 것은?

① 국가 교류 감소　　　　② 스포츠의 불평등
③ 국가 경계의 약화　　　④ 시간과 공간의 압축

50. 다음에서 스포츠 세계화의 원인(㉠)과 결과(㉡)를 바르게 연결한 것은?

	㉠	㉡
①	테크놀로지의 발달	제국주의
②	글로컬라이제이션	신자유주의 확대
③	스포츠노동 이주	종교
④	테크놀로지의 발달	글로컬라이제이션

스포츠사회학 출제예상문제 정답 및 해설

문항	정답	해설
1	②	스포츠사회학은 스포츠의 맥락에서 인간의 사회 행동의 법칙을 규명하는 학문으로 스포츠현상을 이해하기 위한 지식과 이론적 틀을 제공한다. 또한 스포츠 현상을 사회현상으로 규정하여 사회적 이론과 연구 방법으로 인간의 사회행동의 법칙을 규명하는 학문이며 스포츠와 관련하여 나타는 인간 행동의 유형과 변화 과정을 사회 구조적 측면에서 바라 볼 수 있는 학문적 토대를 제공한다. 스포츠사회학 연구를 통해 스포츠가 대중의 삶에 미치는 영향, 스포츠현상에서 드러나는 사회적인 문제에 대한 해결 방법 등과 같은 물음에 대한 학문적 해답을 줄 수 있다.
2	④	스포츠는 일상생활과 밀접한 관계를 맺으면서 그 중요성이 증대되면서 스포츠가 가지고 있는 영향력 및 파급력도 증가하였으며, 스포츠는 대부분의 사회 영역에 영향을 미치는 사회의 중요한 요소가 되었다. 스포츠는 사회의 정치, 경제, 문화, 교육, 미디어 등 다양한 주요 영역과 밀접한 관계를 맺고 있다. 또한 스포츠는 사회적 신념을 재확인하는 수단으로 활용되는데 이는 스포츠에 많은 사람들이 가지고 있는 특정한 생각과 믿음이 반영되어있음을 의미한다. 사회 내에 존재하는 젠더, 사회계급 등과 관계된 사회적 신념들은 스포츠에 그대로 반영되기 때문에 스포츠는 이데올로기를 재생산하는 수단으로 사용될 수 있다.
3	②	스포츠의 사회적 순기능 중 사회 정서적 기능을 살펴보면 스포츠는 개인의 정서를 순화시키는 순기능을 가지고 있다. 스포츠 참여는 개인의 욕구 불만, 갈등, 긴장 등을 발산할 수 있는 기회를 부여하며 외부로 나타날 수 있는 폭력, 일탈과 같은 부정적 행동을 예방할 수 있는 '사회적 안전판'의 기능을 한다.
4	①	스포츠는 사회의 축소판이라고 할 수 있다. 따라서 스포츠 참여를 통해서 개인은 신념, 가치, 규범 등 사회의 중요한 가치를 배울 수 있다. 스포츠를 통해 습득한 사회적 가치는 사회의 중요한 가치로 인식되는 준법정신과 올바른 시민으로써의 자세, 즉 목표성취를 위한 합리적인 행동 규범과 연결된다고 할 수 있다.
5	③	스포츠는 사회를 통합시키는 기능을 할 수 있다. 스포츠가 다른 사회적 배경을 가지고 있는 사람들이 서로 공감하면서 하나로 통합할 수 있는 경험을 제공할 수 있다는 것을 의미한다. 스포츠는 목적에 따라서 사회를 통제하는 기능으로 악용될 수 있는 소지를 가지고 있다. 정치, 경제, 사회 등의 국가적인 문제에 대한 관심을 스포츠로 분산시키기 위한 목적으로 사용되기도 한다.
6	④	스포츠의 정치적 순기능은 국민 화합의 수단, 외교적 소통의 창구, 사회의 기본적 가치와 규범 및 준법정신의 교육, 생산성 증대, 사회운동의 수단이다. 스포츠의 정치적 역기능은 국가 간 정치적 이데올로기의 충돌, 지배 권력의 형성 및 유지를 위한 정당성 부여, 국수주의적 배타성 조장이다.

문항	정답	해설
7	②	상징이란 직접 자각할 수 없는 의미나 가치 등을 유사적인 표현을 사용하여 구체적으로 구상하는 것을 의미하며 동일화는 자신과 타인이 혼동된 상태로 다른 대상에게 감정을 이입하거나 동화되는 과정이다. '상징'이 스포츠를 수용하는 대중의 인식이라면, '동일화'는 스포츠에 대한 대중의 태도라는 점에서 차이가 있다.
8	④	스포츠 정책은 스포츠를 둘러싼 자원의 획득과 권력의 유지를 위한 활동을 의미한다. 스포츠 환경에서 권력을 행사하는 모든 정치적 활동을 스포츠 정책으로 이해 할 수 있다. 국가가 스포츠에 개입하는 이유는 정치적 수단으로써 스포츠가 지닌 매력과 비정치적 속성 때문이다. 2013년에는 생활체육 활성화, 국제스포츠 경쟁력 강화, 스포츠 산업 규모 증대 등의 내용을 담은 '스포츠비전 2018' 정책을 수립했다.
9	②	스포츠에 대한 정치의 개입원인은 국민건강 증진과 여가기회 제공, 사회질서의 유지 및 보호, 국가 및 지역 사회의 경제 촉진, 정부나 정치가에 대한 지지 확보, 지배이데올로기에 부합하는 가치 및 성향의 강조로 제시된다.
10	①	국제정치에서 스포츠의 역할은 외교적 친선 및 승인, 외교적 항의, 국위선양, 이데올로기 및 체재 선전의 수단, 국제 이해 및 평화 증진, 갈등 및 전쟁의 촉매이다.
11	③	올림픽의 가치를 훼손하고 올림픽 정치화를 유발하는 원인은 민족주의의 발현, 정치권력의 강화, 상업주의의 팽창이다.
12	④	남북 간 스포츠 교류는 아래와 같이 다른 분야를 통한 교류와 다른 몇 가지 특징을 지닌다. 남북한 스포츠 교류는 역사적으로 전통성을 지닌 문화행사임, 남북한 스포츠 교류는 대중성을 기반으로 한민족 가치의 회복에 많은 영향을 미침, 스포츠는 국가 간 동일한 규칙 및 제도에 의한 경쟁을 할 수 있으므로, 남북한 이념 차이에 의한 갈등의 요소는 거의 없다고 보아도 무방함, 스포츠를 통한 교류는 국제스포츠기구를 통한 참여와 중재 등 스포츠를 매개로 국제 외교의 장으로서 기능한다.
13	②	스포츠는 현대 산업사회의 발전과 맞물려 점차 상업적 이익을 추구하는 하나의 산업형태로 발전하기 시작하였다. 상업화에 따른 스포츠의 변화는 아마추어리즘의 약화, 스포츠의 직업화, 스포츠 목적의 변화(관중의 흥미 유발), 스포츠 구조의 변화(규칙의 변화), 스포츠 내용의 변화(선수, 코치, 스폰서(기업)이 추구하는 가치의 변화), 스포츠 조직의 변화이다.
14	④	상업주의로 인한 프로스포츠의 역기능은 스포츠를 지나치게 상업화, 아마추어리즘을 퇴조시키고 스포츠 본질을 왜곡, 프로스포츠를 매개로 하는 스포츠 도박이 사회적 문제로 대두된다.
15	②	상업스포츠 조직은 세계화를 위해 다양한 전략을 시행하고 있다. 다국적 기업은 인기가 높고 국제적인 파급력이 큰 스포츠를 활용하여 홍보 및 마케팅 전략을 시행하며 다국적 기업은 새로운 시장에서 브랜드 가치를 향상시키고 자사 상품의 판매를 촉진하기 위해 해당 지역의 인기 있는 팀을 후원하기도 한다. IOC의 TOP(The Olympic Partners) 프로그램은 다국적 기업이 스포츠를 세계화에 활용하고 있는 가장 대표적인 사례이다. NBA는 30개 이상의 국적을 가진 선수들을 영입하여 출전시키고 있다.

문항	정답	해설
16	①	스포츠 메가 이벤트를 통해 경제적 효과, 국가 브랜드 이미지 제고, 국가 및 지역 간 교류 증가, 기반 시설 확충, 시민의식 향상 등의 효과를 얻을 수 있다. 스포츠 메가 이벤트를 통해 다양한 측면에서 긍정적인 효과를 얻을 수도 있지만, 이를 효과적으로 운영하지 못하면 오히려 부정적인 효과가 더 크게 나타날 수 있다. 스포츠 메가 이벤트는 사회 결집력 약화, 경제적 손실, 부정적 외부효과, 무리한 시설 건설, 기회비용 무시 등의 부정적 효과를 야기할 수 있다.
17	②	스포츠 메가 이벤트는 중계권료, 스폰서료, 관광 수익 등을 통해 막대한 수익을 얻고 있으며, 미디어 기술이 발전하면서 올림픽과 월드컵 같은 대형 스포츠 메가 이벤트의 경제적 가치가 더욱 상승하였다.
18	③	스포츠의 교육적 순기능은 학업능력의 촉진, 사회화 촉진, 정서의 순화, 학교 내 통합, 학교와 지역사회의 통합, 여학생의 체육에 대한 인식전환, 평생체육과의 연계, 장애인의 삶의 질 향상이다.
19	②	스포츠의 교육적 역기능은 승리지상주의, 참여기회의 제한, 성차별 내재화(간접교육), 스포츠 상업화, 성과와 학업에 대한 편법과 관행, 선수 일탈과 부정행위, 지도자의 독재적 코칭, 비인간적 훈련(학습권, 폭력 성폭력 등)이다.
20	④	학원스포츠에 참여하고 있는 학생선수들은 학습권을 제대로 보장받고 있지 못하며, 폭력 및 성폭력 문제에 노출되어 있다. 또한 학생선수에 대한 그릇된 인식 속에서 부정적인 학원스포츠 문화를 형성하고 있다. 학원 스포츠를 지지하는 사람들은 학원스포츠를 통해 교육적 목적을 달성할 수 있으며, 학생들의 전인적 발달에 긍정적인 기여를 한다는 주장을 하고 있으며, 학원스포츠의 반대하는 사람들은 학원스포츠가 교육적 목적을 달성에 기여하지 못한다는 주장을 전개하고 있다.
21	④	일반 학생의 체육활동 활성화를 위해서 체육전문 인력 확보, 학교스포츠 클럽 육성, 학생건강체력평가제(PAPS), 여학생 체육활동 활성화 등을 추진하고 있다. 공부하는 학생선수육성을 통한 체·덕·지를 겸비한 인재 육성을 목표로 학생선수 학습권 보장(최저학력제), 학교 운동부 운영 투명화, 학생선수 인권 보호이다.
22	①	스포츠미디어의 기능은 정보기능(대중들에게 스포츠와 관련된 정보 제공), 통합적 기능(미디어를 통해서 대중들에게 공유할 수 있는 경험 제공), 정의적 기능(대중들로 하여금 즐거움, 흥미, 관심을 느끼게 함), 도피 기능(대중들에게 일상생활에서 접할 수 없는 새로운 경험 제공)으로 구분하여 설명할 수 있다.
23	③	스포츠 저널리즘 관련 쟁점은 정확성, 공정성, 객관성의 결여, 개인 사생활 침해, 스포츠 선수의 상품화이다. '하는 스포츠'에서 '보는 스포츠'로의 변화는 스포츠미디어의 전개 과정에 나타나는 특징이다.
24	④	미디어가 스포츠에 미치는 영향–스포츠 인기 증가, 스포츠의 상품화, 스포츠 규칙 변경, 경기 일정의 변경, 스포츠 기술의 발달 및 확산/스포츠가 미디어에 미치는 영향– 미디어 콘텐츠 제공, 미디어 보급의 확대, 미디어 기술의 발전

문항	정답	해설
25	②	스포츠미디어의 윤리적 문제는 스포츠미디어는 과도하게 특정 인기스타를 중심으로 미디어 콘텐트를 구성, 스포츠는 경쟁, 승리, 성공 등의 외재적 가치를 강조, 스포츠 해설의 전문성의 결여가 문제이다.
26	①	그리스시대-그리스 시민에게만 참여와 관람 허용, 여성과 노예는 경기 참가 금지 / 로마시대-스포츠에 대한 관심이 상당하였으며 사회계급 존재/11~12세기(중세시대)-귀족과 상류계층만 쥬스트와 토너먼트에 참여 가능, 귀족 여성들의 스케이팅, 마상경기 관람이 부분적으로 허용, 중세 후기에는 여성 스포츠 금지, 스포츠 참여의 남녀 불평등이 명확이 드러난 시기, 15~18세기- 노동으로 인해 하류계층과 서민의 스포츠 참여 제한, 명문대학교 학생에게 스포츠 참여의 사회계층적 특권이 주어짐/ 현대-회원자격을 엄격히 제한하는 클럽 발생, 상류계층만 참여하는 사설 스포츠 클럽 형성, 스포츠 내에서의 엘리트주의의 지속
27	②	스포츠계층은 스포츠의 발생 단계에서부터 나타난 현상이며 스포츠의 체계를 유지시켜주는 사회과정이 사회 내에 존재하고 있다. 이러한 스포츠 내에서의 사회과정은 지위의 분화, 서열화, 평가, 보수 부여의 네 가지 측면에서 살펴볼 수 있다.
28	③	저소득계층은 생활체육에 참여하기 위한 경제적 자원이 부족한 경우가 많으며, 정신적/시간적 여유도 부족하기 때문에 생활체육 참여율이 고소득층에 비해 낮게 나타나는 것으로 보인다. 스포츠 경기의 관람객들은 모두 동일한 서비스와 감동을 제공받는 것처럼 느끼지만, 경기장에서도 사회적 계층(특히, 경제적 계층)에 따른 차이가 분명히 나타난다. 이러한 입장료에 따른 관람석 차이는 경기장 내에서 경제적 계층을 구분하는 보이지 않는 경계선의 역할을 하게 된다.
29	④	사회계층 간 스포츠 참가 종목의 차이는 상류층에서는 테니스, 골프, 탁구, 수영과 같은 개인 종목의 참가가 많은 반면, 중하류층의 경우 축구나 야구와 같은 단체 종목에 참가를 많이 하고 있다. 이렇듯 상류층에서 비교적 개인 및 대인 스포츠에 참여하는 비율이 높게 나타나는 이유는 경제적 요인, 사회화, 소비 특성, 직업 특성으로 설명이 가능하다.
30	③	수직이동은 계층 구조 내에서 집단 또는 개인이 가지고 있던 이전의 지위 즉, 계층적 지위에 대한 상하의 변화를 의미한다. 수평이동에는 계층적 지위의 변화가 일어나지 않으며 동일하게 평가되는 지위로 단순히 자리만 바꾸게 되는 현상이 일어난다. 개인이동은 개인의 능력과 노력에 입각하여 사회적으로 상승할 수 있는 기회가 실현되는 경우를 의미하는 것으로서 스포츠를 통한 사회이동의 대부분이 개인이동에 포함된다. 집단이동은 조건이 유사한 집단이 특정한 계기를 통하여 단체로 이동하는 것을 의미한다.
31	④	스포츠참가가 사회적 상승이동 촉진의 연결 역할을 한다는 사실은 신체적 기량 및 능력 발달, 교육 성취도 향상, 직업 후원 기회 제공, 올바른 태도 함양 등의 네 가지 요인에 의하여 설명될 수 있다.
32	④	스포츠 사회화는 스포츠와 관련된 상황에서 발생하는 사회화를 의미하며 이는 스포츠를 통하여 집단에 소속된 구성원들이 함께 가지게 되는 신념, 가치관 등을 집단 안의 다른 구성원과의 상호작용을 통해 학습하고 체화하는 과정으로 정의할 수 있다. 이는 개인이 스포츠 활동 참여를 통해 사회집단의 구성원이 되고, 문화를 받아들여 자신의 정체성을 형성해 나아가는 과정이라 할 수 있다.

문항	정답	해설
33	②	스포츠 사회화 과정은 크게 스포츠로의 개인 사회화, 스포츠 참가(스포츠로의 사회화), 스포츠 참가의 결과(스포츠를 통한 사회화), 스포츠 참가의 중단(스포츠로부터의 사회화), 스포츠로의 복귀(스포츠로의 재사회)의 5단계로 나누어 설명할 수 있다.
34	③	스포츠 참가와 스포츠 역할학습의 과정에서 각 개인에게 영향을 미치는 대상을 중요타자 혹은 준거집단이라고 일컫는다. 이들의 감정, 사고, 태도, 행동은 스포츠 참가자의 태도, 가치관의 형성 등에 중요한 영향을 미치게 된다. 가정, 학교, 동료집단, 직장 및 지역사회, 매스컴으로 구분된다.
35	①	스포츠 역할의 사회화는 특정 역할로 사회화되기 위한 4단계의 경험을 통해 설명할 수 있다. 4단계의 경험은 예상 단계, 공식적 단계, 비공식적 단계, 개인적인 단계로 구분할 수 있다.
36	②	운동선수의 탈사회화는 개인·사회·제도 등의 다양한 요인으로 인해 일어나게 된다. 탈사회화의 원인은 운동기량의 부족 및 저하, 부상으로 인한 운동수행 제한. 성공가능성에 대한 불확실성과 미래에 대한 불안감, 지도자와의 갈등, 운동에 대한 싫증이다.
37	③	스포츠로의 재사회화 과정에 영향을 미치는 5가지 요인은 구체적으로 다음과 같이 설명할 수 있다. ① 환경 변인: 성, 연령, 계층 및 교육정도 ② 취업 변인: 채용 가능한 잠재적 노동력 소유 여부에 의한 스포츠 이외의 취업 기회 ③ 정서 변인: 스포츠가 개인의 자아정체 중심부에서 차지하는 정도 ④ 역할 사회화 변인: 스포츠 이외의 선택 가능한 타 역할에 대한 사전계획이나 사회화의 정도 ⑤ 인간관계 변인: 스포츠로부터 탈사회화에 대한 가족이나 친구로부터의 지원체계 등의 요인에 영향을 받게 된다.
38	③	스포츠 일탈의 원인으로는 다양한 이유가 제시되고 있는데, 양립 불가능한 가치 지향, 승리에 대한 강박 관념, 경쟁적 보상구조, 역할 갈등 등이 있다.
39	②	대부분의 스포츠 일탈은 대중들에게 부정적으로 받아들여지는 규범위반 행동이다. 그러나 스포츠 일탈은 스포츠와 사회질서를 위협하고 긴장과 혼란을 야기하는 부정적인 기능만 하는 것은 아니다. 머튼(1957)의 아노미(anomie) 이론은 스포츠에서 일탈현상이 발생하는 원인과 과정을 가장 잘 설명해 주는 이론적 관점이다. 스포츠 현장에서 궁극적인 목표는 경쟁을 통한 승리의 쟁취이다. 승리를 쟁취하기 위한 과정에서 선수의 노력, 규칙 준수 등은 목표달성을 위한 수단으로 이해할 수 있다.
40	④	스포츠 일탈 행동에서 폭력은 스포츠 경기에서 상대선수와 경쟁하는 과정 중 정당하지 못한 방법으로 물리적으로 신체를 공격하는 행위 등을 말한다. 스포츠 선수들 사이에서 발생하는 폭력의 대표적인 유형은 격렬한 신체접촉, 경계폭력, 유사 범죄 폭력, 범죄 폭력 등 4가지로 구분할 수 있다.
41	③	약물검사 찬성 주장은 약물검사는 선수들의 건강을 보호, 스포츠의 공정성을 확보, 금지약물 복용은 불법적이기 때문에 정규법에서도 금지, 유전공학의 사용을 감소시키기 위해 필요하다. 한편, 약물검사 반대 주장은 선수들이나 약물제조업자는 약물검사의 한계를 뛰어넘음, 개인의 사생활을 침해함, 약물검사 비용이 비싸기 때문에 자원을 낭비하게 됨, 자연적인 물체는 적발하지 못함, 유전공학 기술의 진보를 야기한다 이다.

문항	정답	해설
42	①	스포츠에서 부정행위는 매우 다양하나 제도적 부정행위와 일탈적 부정행위의 두 가지 유형으로 제도적 부정행위는 스포츠 경기의 경쟁상황을 유리하게 이끌기 위한 속임수 행위이며, 일탈적 부정행위는 규칙이나 규정을 위반한 행위로서 사회적으로 비난을 받거나 엄격한 기준에 의해 즉각적인 제재를 받는 행위이다.
43	③	스포츠에 과도하게 참가하는 것은 운동중독과 같이 스포츠에 과도하게 참가하는 과잉동조의 한 개념으로 부정적인 일탈과는 달리 사회 규칙이나 규정을 위반하지 않기 때문에 긍정적 일탈(positivie deviance)이라고도 한다. 과도한 참가는 개인의 자발적 의지에 의해 발생하지만 비정상적인 훈련이나 경쟁상황을 무비판적으로 수용하고 동조하는 경향으로 발전될 위험이 있다. 예를 들어, 여성 체조선수들이 섭식장애를 유발하는 상황은 과도한 참가가 지니는 사회적 문제라 할 수 있을 것이다.
44	④	집합행동의 한 유형인 관중폭력은 전염이론, 수렴이론, 규범생성이론, 부가가치이론으로 설명이 가능하다. 부가가치이론(value added theory)은 집합행동의 발생원인 및 결정요인을 장소와 시간 및 양식 등으로 설명하려는 것으로 일정한 형태의 조건이나 계기의 순서에 따라 단계적인 조합을 이루어야 집합행동이 발생할 수 있음을 보여준다. 예를 들어, 어떤 물건이 순서에 따라 단계적인 부가가치 과정을 거쳐 최종 완성되는 원리와 같다.
45	①	스포츠 분야에서 테크놀로지와 관련된 주요한 쟁점은 어떻게 이것을 통제하고 관리할 것인가 이다. 과도한 테크놀로지의 적용은 스포츠의 본질적 가치를 훼손할 수 있다. 최근에는 '기술도핑(technical doping)'이라는 개념을 통해 테크놀로지가 스포츠의 본질을 훼손시키는 현상을 경계하고 있다. 세계 수영연맹(FINA)은 2009년 세계선수권대회부터는 해당 전신수영복의 착용을 금지시켰다.
46	③	텔레비전, 신문, 인터넷 미디어는 대중들에게 미래의 스포츠에 대해 예측할 수 있는 다양한 시청각적 정보를 제공한다. 미디어 제작자들의 의도에 따라 특정한 이데올로기를 전파할 수도 있다. 통신 및 전자 매체의 발전은 스포츠를 통한 대중들의 경험도 변화시키고 있으며 대중들에게 더욱 친숙한 문화로서 자리 잡게 되었다.
47	①	탈산업사회에서 현대 스포츠는 점차 조직화되고 합리화되는 경향을 보이고 있다. 스포츠는 즐거움의 요소를 포함하고 있지만 스포츠 조직이 바라는 것은 참여자나 선수들의 즐거움을 느끼는 경기가 아니라 극적인 재미요소가 많은 경기이다. 미래의 스포츠에서는 기술이나 경기력을 합리적으로 평가하기 위해 육체활동을 조직화하는 경향이 심화되어 자신의 즐거움보다 다른 사람들이 정해놓은 합리적 평가 기준을 넘기 위해 노력할 것이다.
48	④	스포츠의 상업화 및 소비 성향의 변화는 스포츠의 상업화, 스포츠의 소비주의 현상, 다양한 문화적 배경의 융합으로 서로 다른 문화적 배경을 가지고 있는 스포츠를 각 사회의 문화 속에 적절히 융합시켜 기존의 스포츠 모습을 변형시키거나 전혀 새로운 모습의 스포츠를 탄생시킬 것이다.
49	①	본격적으로 세계화 현상이 가속화 된 것은 1989년 소련 및 동구 사회주의가 몰락하면서부터 세계화가 급속히 확산되었다. 스포츠 세계화 현상의 특징은 국가경쟁력 약화, 시간과 공간의 압축, 스포츠의 불평등을 가져온다.

문항	정답	해설
50	④	스포츠에서 세계화 현상은 매우 복잡하고 다양하게 나타나기 때문에 어느 한 원인에 의해 전개되었다고 말하기는 힘들다. 하지만 일반적으로 제국주의, 민족주의, 종교, 테크놀로지의 발달 등의 복합적인 현상에 의해 세계화 현상이 시작되고 지속되고 있다. 스포츠 세계화의 결과는 신자유주의의 확대, 스포츠노동이주, 글로컬라이제이션으로 나타난다.

운동역학

운동역학 — 2017년 기출문제 분석

출제기준

주요 항목	세부 항목
1. 운동역학 개요	1. 운동역학의 정의
	2. 운동역학의 목적과 내용
2. 운동역학의 이해	1. 해부학적 기초
	2. 운동의 종류
3. 인체역학	1. 인체의 물리적 특성
	2. 인체 평형과 안정성
	3. 인체의 구조적 특성
4. 운동학의 스포츠 적용	1. 선운동의 운동학적 분석
	2. 각운동의 운동학적 분석
5. 운동역학의 스포츠 적용	1. 선운동의 운동역학적 분석
	2. 각운동의 운동역학적 분석
6. 일과 에너지	1. 일과 일률
	2. 에너지
7. 다양한 운동기술의 분석	1. 동작분석
	2. 힘 분석
	3. 근전도 분석

[2급 생활스포츠지도사]

1. 운동역학 분야의 목적과 내용으로 옳지 않은 것은?

① 심폐지구력 향상 훈련법의 개발
② 스포츠 동작 신기술 개발을 통한 경기력 향상
③ 역학적 이해를 통한 스포츠 동작의 효율성 극대화
④ 스포츠 상황에서 역학적으로 발생하는 상해 원인분석

정답 및 해설	정답	①		난이도	쉬움
	출제영역	1. 운동역학 개요(2.운동역학의 목적과 내용)			
	해설	심폐지구력 향상 훈련법의 개발은 '트레이닝' 분야이다.			

2. 해부학적 자세를 기준으로 발목관절(족관절: ankle joint)의 바닥쪽굽힘(족저굴곡: plantar flexion)과 등쪽굽힘(배측굴곡: dorsiflexion)이 발생하는 면(plane)은?

① 수평면(horizontal plane)
② 전두면(frontal plane)
③ 대각면(diagonal plane)
④ 시상면(sagittal plane)

정답 및 해설	정답	④		난이도	보통
	출제영역	2. 운동역학 이해(1.해부학적 기초)			
	해설	발목관절의 바닥쪽굽힘과 등쪽굽힘 동작은 옆에서 보면 잘 관찰되는 시상면(전후면) 운동이다. 수평면은 위나 밑에서, 전두면(좌우면)은 앞이나 뒤에서 잘 관찰되는 운동이다. 대각면은 운동면에서 쓰이는 용어가 아니다.			

3. 인체의 운동분석은 운동학(kinematics)과 운동역학(kinetics)으로 나눌 수 있다. 이에 대한 설명으로 옳지 않은 것은?

① 운동학: 운동의 변위, 속도, 가속도를 기술
② 운동역학: 속도를 기준으로 분석
③ 운동학: 무게중심, 관절각 등을 기술
④ 운동역학: 운동의 원인이 되는 힘을 측정

정답 및 해설	정답	②		난이도	쉬움
	출제영역	1. 운동역학 개요(2.운동역학의 목적과 내용)			
	해설	속도를 기준으로 분석하는 것은 운동학 분야이다.			

4. 인체의 안정성에 대한 설명으로 옳은 것은?

① 기저면이 넓을수록 안정성은 향상된다.
② 100m 크라우칭스타트 자세는 안정성과 기동성을 모두 향상시킨다.
③ 몸무게가 무거울수록 안정성은 나빠진다.
④ 무게중심이 높을수록 안정성은 향상된다.

정답 및 해설	정답	①	난이도	쉬움
	출제영역	3. 인체역학(2. 인체 평형과 안정성)		
	해설	기저면이 넓을수록, 몸무게가 무거울수록, 무게중심이 낮을수록, 무게중심선이 기저면의 중심과 가까울수록 안정성이 증가한다. 100m 크라우칭스타트 자세는 불안정성을 높혀 기동성을 향상시킨다.		

5. 인체의 무게중심에 대한 설명으로 옳은 것은?

① 무게중심은 항상 불변이다.
② 두 사람의 몸무게가 같으면, 두 사람의 무게중심 위치는 항상 같다.
③ 무게중심은 토크(torque)의 합이 0인 지점으로 회전균형을 이룬다.
④ 무게중심은 인체 외부에 위치할 수 없다.

정답 및 해설	정답	③	난이도	쉬움
	출제영역	3. 인체역학(1. 인체의 물리적 특성)		
	해설	무게중심은 자세에 따라 변하며, 몸무게가 같아도 체형에 따라 다르며, 인체 외부에도 위치할 수 있다.		

6. 가속도에 대한 설명으로 옳은 것은?

① 가속도는 시간의 변화에 따른 변위의 변화 정도이다.
② 가속도의 단위는 m/s이다.
③ 가속도의 방향은 속도의 방향과 항상 같다.
④ 가속도의 방향은 합력의 방향과 항상 같다.

정답 및 해설	정답	④		난이도	어려움
	출제영역	4. 운동학의 스포츠 적용(1. 선운동의 운동학적 분석)			
	해설	가속도는 시간의 변화에 따른 속도의 변화 정도이며, 단위는 m/s^2이다. 속도가 증가하면 가속도의 방향과 같고, 속도가 감소하면 가속도의 방향과 반대이다.			

7. 힘(force)에 대한 설명으로 옳지 <u>않은</u> 것은

① 힘은 움직임을 일으키는 원인이다.
② 힘의 3요소는 크기, 방향, 작용점이다.
③ 힘의 단위는 N(newton)이다.
④ 힘은 크기가 0보다 큰 스칼라(scalar)양이다.

정답 및 해설	정답	④		난이도	쉬움
	출제영역	5. 운동역학의 스포츠 적용(1. 선운동의 운동역학적 분석)			
	해설	힘은 크기와 방향을 가진 벡터양이다.			

8. 운동 상황에서 선속도와 각속도에 대한 설명으로 옳은 것은?

① 야구 배트 헤드의 선속도는 배트의 각속도에 반비례한다.
② 테니스 라켓의 선속도 방향은 각속도 방향과 같다.
③ 팔꿈치를 펴면 배드민턴 라켓 헤드의 선속도가 증가한다.(동일한 팔회전 각속도 조건)
④ 팔 길이가 짧을수록 야구공 릴리스 선속도가 크다.(동일한 팔회전 각속도 조건)

정답 및 해설	정답	③		난이도	어려움
	출제영역	4. 운동학의 스포츠 적용(2. 각운동의 운동학적 분석)			
	해설	선속도는 회전반경과 각속도의 곱이므로, 야구 배트 헤드의 선속도는 배트의 각속도와 비례한다. 또한, 팔 길이가 길수록 야구공 릴리스 선속도가 크다.			

9. 운동량, 충격력, 충격량의 관계에 대한 설명으로 옳은 것은?

① 충격량은 질량이 변하지 않을 때 속도의 변화량에 비례한다.
② 동일한 충격량 생성 조건에서 접촉시간을 늘리면 충격력은 증가한다.
③ 운동량은 스칼라(scalar)양이다.
④ 운동량과 충격량의 단위는 다르다.

정답 및 해설	정답	①	난이도	어려움
	출제영역	5. 운동역학의 스포츠 적용(1. 선운동의 운동역학적 분석)		
	해설	충격량은 운동량의 변화량과 같다. 따라서, 동일한 충격량 생성 조건에서 접촉시간을 늘리면 충격력은 감소한다. 또한, 운동량은 벡터양이며, 운동량과 충격량의 단위는 동일하다($N \cdot s = kg \cdot m/s^2$)		

10. 일(work)과 일률(power)을 계산하는 공식 중 옳지 <u>않은</u> 것은?

① 일 = (작용한 힘) × (힘 방향의 변위)
② 일률 = 일/시간
③ 일 = (작용한 힘) / (힘 방향의 변위)
④ 일률 = (작용한 힘) × (힘 방향의 속도)

정답 및 해설	정답	③	난이도	쉬움
	출제영역	6. 일과 에너지(1. 일과 일률)		
	해설	W(일)=F(작용한 힘)·d(힘 방향의 변위), P(일률)=W/t(시간)=F·d/t=F·V(힘 방향의 속도)		

11. 운동 상황에서 측정된 지면반력에 대한 설명 중 옳은 것은?

① 달릴 때와 걸을 때 최대 수직 지면반력의 크기는 항상 같다.
② 인체가 수평 정지 상태에 있으면 수직 지면반력의 크기는 몸무게와 항상 같다.
③ 전진 보행에서 뒤꿈치가 지면에 닿을 때 발생하는 전후 지면반력은 추진력이다.
④ 수직점프 할 때 반동동작은 수직 지면반력의 크기에 영향을 주지 않는다.

정답 및 해설	정답	②	난이도	어려움
	출제영역	7. 다양한 운동기술의 분석(2. 힘분석)		
	해설	달릴 때와 걸을 때 최대 수직 지면반력의 크기는 속도에 비례하여 증가하며, 전진 보행에서 뒤꿈치가 지면에 닿을 때 발생하는 전후 지면반력은 억제력이다. 또한, 수직점프 할 때 반동동작은 수직 지면반력의 크기를 증가시킨다.		

12. 역학실험 장비로 맨손 스쿼트(squat) 동작을 분석 하고자 한다. 다음에 제시된 분석변인과 관련된 측정 장비의 순서가 바르게 나열된 것은?

측정장비	분석변인
㉠	무릎관절각, 엉덩관절각
㉡	압력중심궤적
㉢	넙다리네갈래근(대퇴사두근: quadriceps femoris)의 활성치

	㉠	㉡	㉢
①	지면반력기	동작분석기	근전도장비
②	동작분석기	동작분석기	근전도장비
③	근전도장비	지면반력기	동작분석기
④	동작분석기	지면반력기	근전도장비

정답 및 해설	정답	④	난이도	보통
	출제영역	7. 다양한 운동기술의 분석(1. 동작분석, 2. 힘분석, 3.근전도분석)		
	해설	■동작분석기: 자세 및 동작 변인(예-각도, 속도, 가속도 등) ■지면반력기: 지면에 가해지는 반작용 변인(예-수직, 전후, 좌우방향의 반작용력, 압력중심 궤적, 회전력 등) ■근전도장비: 근육의 활성도, 시점, 피로 변인(예-근육수축, 근긴장, 피로도 등)		

13. 스키점프 동작에서 이륙 후 역학적 에너지에 대한 설명으로 옳지 않은 것은(공기저항을 무시함)?

① 역학적 에너지는 착지 직전까지 보존된다.
② 위치에너지는 수직 최고점에서 가장 작다.
③ 운동에너지는 착지 직전에 가장 크다.
④ 위치에너지는 수직 최고점에서 가장 크다.

정답 및 해설	정답	②	난이도	쉬움
	출제영역	6. 일과 에너지(2. 에너지)		
	해설	위치에너지는 수직 최고점에서 가장 크며, 착지 직전에 가장 작다.		

14. 운동 상황에서 회전축을 중심으로 발생하는 인체의 관성모멘트(moment of inertia)에 대한 설명으로 옳지 않은 것은?

① 피겨스케이트 트리플 악셀 점프에서 팔을 몸통으로 이동시키면 관성모멘트는 감소한다.
② 다이빙 동작에서 몸을 펴면 관성모멘트는 감소한다.
③ 야구 배팅 스윙에서 배트가 몸통 가까이에 붙어 회전하면 관성모멘트는 감소한다.
④ 달리기 동작에서 발 이륙 후 무릎을 접으면 하지의 관성모멘트는 감소한다.

정답 및 해설	정답	②	난이도	보통
	출제영역	5. 운동역학의 스포츠 적용(2. 각운동의 운동역학적 분석)		
	해설	관성모멘트는 회전상태에 있는 물체가 갖는 관성의 성질이다. 회전축 주위로 질량의 분포를 집중시키면 증가하고, 회전축에서 질량의 분포가 멀어질수록 감소한다. 관성모멘트가 증가하면 각속도가 감소하며, 감소하면 증가한다.		

15. 농구 자유투의 투사체 운동에 대한 설명으로 옳은 것은(공기저항을 무시함)?

① 농구공 무게중심의 가속도는 수직하방으로 작용하는 중력가속도이다.
② 농구공 무게중심의 수평 가속도는 $0m/s^2$이 아니다.
③ 농구공 무게중심의 속력(speed)은 일정하다.
④ 농구공 무게중심의 수평속도는 최고점에서 0m/s가 된다.

정답 및 해설	정답	①	난이도	어려움
	출제영역	4. 운동학의 스포츠 적용(1. 선운동의 운동학적 분석)		
	해설	공중으로 던져진 물체를 투사체라고, 투사체의 운동을 포물선운동이라 한다. 수평방향은 등속도 운동이며, 수직방향은 등가속도 운동이다. 농구공 무게중심의 수직속도는 최고점에서 0m/s이 되며, 농구공 무게중심의 수평 가속도는 $0m/s^2$이다.		

16. 운동 상황에서 운동량 보존과 전이에 대한 설명으로 옳지 <u>않은</u> 것은(공기저항을 무시함)?

① 다이빙의 공중 동작에서 각운동량은 보존된다.
② 체조 도마의 제 2비약(도마이륙 후 착지 전까지 동작)에서 상·하체 각운동량의 합은 일정하지 않다.
③ 축구의 인프론트킥에서 발끝 속도는 몸통의 각운동량이 하지로 전이되어 발생한다.
④ 높이뛰기에서 이륙 후 인체의 총 각운동량은 일정하다.

정답 및 해설	정답	②	난이도	쉬움
	출제영역	5. 운동역학의 스포츠 적용(2. 각운동의 운동역학적 분석)		
	해설	각운동량 보존의 법칙은 '회전체에 순수한 외적 토크가 가해지지 않는 한 그 회전체의 전체 각운동량은 항상 일정하다.'이다. 따라서, 각운동량 보존의 법칙에 의해 체조 도마의 제2비약에서 상·하체 각운동량의 합은 일정하게 보존된다.		

17. 목뼈(경추: cervical vertebrae) 1번 관절에서 위쪽등세모근(상부승모근: upper trapeziusmuscle)의 근력과 머리 하중이 형성하는 지레의 종류는?

① 1종 지레　　　　　　　　② 2종 지레
③ 3종 지레　　　　　　　　④ 해당사항 없음

정답 및 해설	정답	①	난이도	어려움
	출제영역	3. 인체역학(3. 인체의 구조적 특성)		
	해설	위쪽 등세모근(힘점)과 머리 하중(작용점) 사이에 목뼈 1번 관절(받침점)이 있는 1종 지레이다.		

18. 영상분석에서 사용하는 2차원과 3차원 분석법에 대한 설명 중 옳은 것은?

① 3차원 분석법에 요구되는 최소 카메라 수는 1대이다.
② 3차원 분석법은 2차원 분석법에서 발생하는 투시오차를 해결할 수 있다.
③ 체조의 비틀기 동작분석에서 2차원 분석법이 3차원 분석법보다 더 적절하다.
④ 2차원 분석법에서 하나의 인체 분절 정의에 필요한 최소 반사마커 수는 3개이다.

정답	②	난이도	어려움
출제영역	7. 다양한 운동기술의 분석(1. 동작분석)		
해설	3차원 분석법에 요구되는 최소 카메라 수는 2대이며, 체조의 비틀기 동작과 같은 회전이 포함된 복잡한 운동은 3차원 분석법이 더 적절하다. 2차원 분석법에서 하나의 인체 분절 정의에 필요한 최소 반사마커 수는 2개이다.		

19. 운동 상황에서 구심력과 원심력에 대한 설명으로 옳지 않은 것은?

① 해머던지기 선수는 원심력에 저항하기 위해 투척할 때 후경 자세를 취한다.
② 쇼트트랙 선수는 곡선주로에서 원심력을 줄이려고 왼손으로 빙판을 짚는 동작을 취한다.
③ 육상 선수는 곡선주로에서 원심력을 줄이기 위해 질주속도를 증가시킨다.
④ 벨로드롬 사이클 곡선주로에서 지면마찰력이 구심력으로 작용한다.

정답	③	난이도	쉬움
출제영역	5. 운동역학의 스포츠 적용(2. 각운동의 운동역학적 분석)		
해설	원심력의 크기는 질량과 속도의 제곱에 비례하며, 회전반경에 반비례한다. 따라서, 육상 선수는 곡선주로에서 원심력을 줄이기 위해 질주속도를 감소시켜야 한다.		

20. 운동 상황에서 얻어진 물리량 중 단위가 다른 하나는?

① 야구에서 투수가 던진 공의 운동에너지
② 역도 인상에서 선수가 바벨을 들어 올린 일률(power)
③ 높이뛰기에서 지면반력이 인체에 가하는 역학적인 일(work)
④ 장대높이뛰기에서 장대에 저장되는 탄성에너지

정답	②	난이도	보통
출제영역	6. 일과 에너지(1. 일과 일률, 2. 에너지)		
해설	일과 에너지의 단위는 줄(joule, J)로써 단위가 같다. 일률의 단위는 와트(watt, W)와 마력(horse power, HP)이다.		

운동역학 출제예상문제

1. 운동역학 연구방법의 범위로 올바른 것은?

   〈보기〉
   ㉠ 동작분석법 ㉡ 가스분석법 ㉢ 힘의 분석법 ㉣ 근전도법

   ① ㉠ + ㉡ + ㉢ + ㉣   ② ㉠ + ㉢
   ③ ㉠ + ㉣   ④ ㉠ + ㉢ + ㉣

2. 운동역학의 연구내용이 <u>아닌</u> 것은?

   ① 운동기술의 분석 및 개발   ② 스포츠 불안요인 설문지 개발
   ③ 운동기구의 평가 및 개발   ④ 분석방법 및 자료처리 기술개발

3. 다음은 운동역학 역사에 관한 내용이다. 빈칸에 적합한 용어로 연결된 것은?

과학자	㉠	뉴턴	㉢
연구내용	부력체를 지배하는 유체정역학 발견	㉡	운동역학 장치개발

	㉠	㉡	㉢
①	뉴턴	운동법칙	아인슈타인
②	레오나르도다빈치	중력법칙	보일
③	아르키메데스	운동법칙	머레이
④	갈릴레오	만유인력법칙	케플러

4. 물체나 신체의 위치, 속도, 가속도 등을 연구하는 운동역학 분야는?

   ① 운동학(kinematics)   ② 운동역학(kinetics)
   ③ 정역학(statics)   ④ 동역학(dynamics)

5. 운동역학에서 해부학적 자세와 방향 용어를 배우는 이유는?

① 근육 수축 형태를 쉽게 이해할 수 있다.
② 지면반력에서 산출되는 정보와 결합하여 신체 관절의 회전력을 계산할 수 있다.
③ 신체 분절의 운동을 정확하게 기술할 수 있다.
④ 신체 관절점의 속도와 가속도를 정확하게 계산할 수 있다.

6. 다음 중 인체의 운동면과 관절운동이 잘못 연결된 것은?

① 전후면(sagittal plane) - 굴곡(flexion), 신전(extension)
② 좌우면(frontal plane) - 배측굴곡(dorsiflexion), 저측굴곡(plantarflexion)
③ 수평면(transverse plane) - 내측회전(internal rotation), 외측회전(external rotation)
④ 복합운동면 - 회선(circumduction)

7. 다음은 인체의 관절운동이다. 빈칸에 가장 적합한 용어로 연결된 것은?

운동	철봉 차오르기	ⓒ	다이빙 트위스트
운동면	전후면 (sagittal plane)	좌우면 (frontal plane)	수평면 (transverse plane)
운동축	㉠	전후축 (anterioposterior axis)	㉢

	㉠	ⓒ	㉢
①	좌우축 (transeverse axis)	체조 옆돌기	장축 (longitudinal axis)
②	전후축 (anterioposterior axis)	체조 옆돌기	전후축 (anterioposterior axis)
③	좌우축 (transeverse axis)	소프트볼 피칭	장축 (longitudinal axis)
④	전후축 (anterioposterior axis)	소프트볼 피칭	좌우축 (transeverse axis)

8. 아래 그림에 해당되는 운동의 종류는?

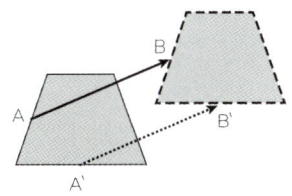

① 병진운동　　　　　　② 회전운동
③ 원운동　　　　　　　④ 복합운동

9. 다음은 인체의 관절운동이다. 빈칸에 가장 적합한 용어로 연결된 것은?

	단축관절 (uniaxial joint)	양축관절 (biaxial joint)	삼축관절 (triaxial joint)
관절	무릎관절	ⓒ	엉덩관절
종류	㉠	안장관절 (saddle joint)	ⓒ

	㉠	ⓒ	ⓒ
①	접지관절 (hinge joint)	어깨관절	구관절 (ball and socket joint)
②	과장관절 (condyloid joint)	손목관절	접지관절 (hinge joint)
③	구관절 (ball and socket joint)	어깨관절	접지관절 (hinge joint)
④	접지관절 (hinge joint)	손목관절	구관절 (ball and socket joint)

10. 질량과 무게에 대해 올바르게 설명한 것은?

〈보기〉
㉠ 질량과 무게는 안정성과 관련이 있다.
ⓒ 질량은 선운동량과 관성모멘트에 영향을 미친다.
ⓒ 질량과 무게는 항상 일정하다.
㉣ 야구방망이를 휘두르는 속도가 똑같다면, 야구방망이 무게가 가벼울수록 홈런이 많이 나온다.

① ㉠ + ㉡ + ㉢ + ㉣   ② ㉠ + ㉡
③ ㉠ + ㉡ + ㉢   ④ ㉠ + ㉡ + ㉣

11. 아래 그림에 해당되는 인체중심 측정방법은?

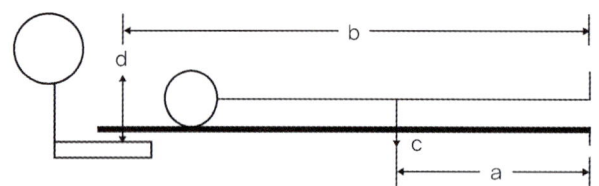

a: 무게중심까지의 거리   b: 균형판의 길이
c: 체중   d: 균형판 무게

① 직교좌표계법   ② 삼각형법
③ 균형판법(반작용판법)   ④ 매다는법

12. 인체의 안정에 대해 올바르게 설명한 것은?

〈보기〉
㉠ 질량중심이 기저면의 밖에 위치하면 안정된다.
㉡ 무게중심의 높이, 기저면의 크기, 마찰력은 안정과 관련이 있다.
㉢ 육상의 100m 크라우칭 스타트 자세는 안정할수록 유리하다.
㉣ 인체의 자세가 바뀌면 인체중심의 위치도 변한다.

① ㉠ + ㉡ + ㉣   ② ㉡ + ㉢ + ㉣
③ ㉢ + ㉣   ④ ㉡ + ㉣

13. 인체역학의 특성을 잘못 설명한 것은?

① 근육의 단축성 수축 속도가 클수록 발현할 수 있는 근력은 증가한다.
② 인체는 여러 개의 분절이 서로 연결되어 형성하는 일종의 연쇄계이다.
③ 기능적 관점에서 근육은 수축 성분, 직렬 탄성 성분, 병렬 탄성 성분으로 구성된 것으로 간주할 수 있다.
④ 자유물체도(free body diagram)는 계(system)에 작용하는 모든 힘과 모멘트를 도식적으로 표현한 것을 말한다.

14. 다음은 인체지레이다. 빈칸에 가장 적합한 용어로 연결된 것은?

종류	(1종)	(2종)	(3종)
역학적 이점	1보다 클수도 작을 수도 있다.	ⓒ	1보다 항상 작다.
예	㉠	자동차 브레이크 페달	㉢

	㉠	㉡	㉢
①	놀이터의 시소	1보다 클수도 작을 수도 있다.	병따개
②	가위	1보다 항상 크다.	핀셋
③	병따개	1보다 항상 작다.	삽
④	외바퀴 손수레	1보다 항상 크다.	가위

15. 보기에서 올바르게 설명한 것은?

〈보기〉
㉠ 거리는 스칼라량으로 두 지점을 잇는 실제 경로를 나타낸다.
㉡ 변위는 벡터량으로 두 지점을 잇는 최단 거리이다.
㉢ 속도는 거리를 시간으로 나눈 것이다.
㉣ 400미터 달리기에서 출발점과 결승점의 위치가 같으면 선수의 속력은 0이다.

① ㉠ + ㉡
② ㉠ + ㉡ + ㉢
③ ㉠ + ㉡ + ㉣
④ ㉠ + ㉡ + ㉢ + ㉣

16. 아래 그림은 2012년 런던올림픽에서 우사인 볼트의 100m 달리기 평균 속력 곡선이다. **잘못** 설명한 것은?

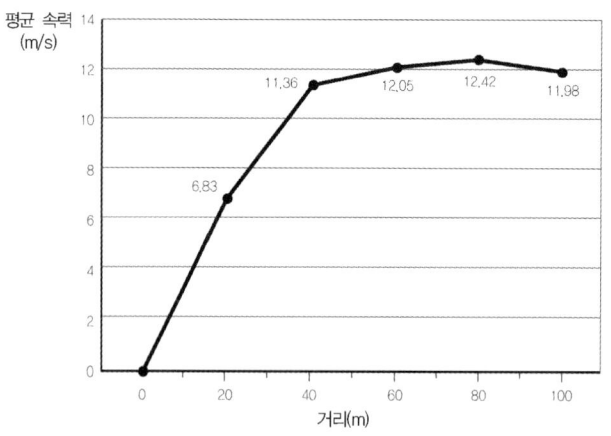

① 100m 달리기를 5개의 20m 구간으로 나누어 각 구간의 평균 속력을 계산하였다.
② 80m 구간에서 최대 평균 속력이 나타났다.
③ 80m 이후 속력이 감소하였는데, 훈련을 통해 속력의 감소를 줄이는 노력이 필요하다.
④ 40m 구간까지는 천천히 속력을 올리고, 40m 이후부터 급격히 속력을 올리는 것이 기록에 유리하다.

17. 아래 그림은 100m 달리기를 하는 동안의 시간-속도 곡선이다. **잘못** 설명한 것은?

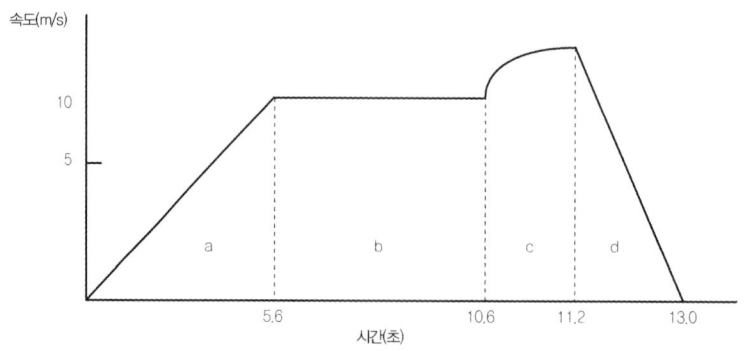

① a구간은 스타트 대시 구간으로 일정한 양(+)의 가속도(속도 증가)를 의미한다.
② b구간은 전력질주 구간으로 가속도가 0(일정한 속도 유지)이다.
③ c구간은 라스트 스퍼트 구간으로 가속도 변화(속도 감소)를 의미한다.
④ d구간은 멈추는 구간으로 일정한 음(-)의 가속도(속도 감소)를 의미한다.

18. 포물선 운동의 특성을 올바르게 설명한 것은?

〈보기〉
㉠ 투사높이와 착지높이가 같다면 좌우대칭의 포물선운동을 한다.
㉡ 올라가고 내려가는 사이의 순간적인 정점(최고 높이)에서의 수직속도는 9.8m/s이다.
㉢ 투사 높이와 착지 높이가 같으면 투사 시와 착지 시의 속력도 같다.
㉣ 수평 방향은 등속도운동이고, 수직 방향은 등가속도운동이다.

① ㉠ + ㉡ + ㉣
② ㉠ + ㉢ + ㉣
③ ㉠ + ㉢
④ ㉠ + ㉣

19. 투사체의 투사 거리에 영향을 미치는 요인이 **아닌** 것은?

① 투사 각도
② 투사 속도
③ 투사 높이
④ 투사 자세

20. 보기에서 올바르게 설명한 것은?

〈보기〉
㉠ 선속도의 단위는 m/s, 각속도의 단위는 rad/s이다.
㉡ 선속도와 각속도는 벡터량이다.
㉢ 일정한 비율로 회전하고 있는 물체의 각속도는 각변위를 시간으로 나눈 것이다.
㉣ 선속도와 각속도는 관계가 없다.

① ㉠ + ㉡ + ㉢
② ㉠ + ㉡ + ㉣
③ ㉠ + ㉢ + ㉣
④ ㉡ + ㉢ + ㉣

21. 아래 그림은 철봉에서 회전구간별 0.3초 간격으로 촬영한 기계체조 선수의 평균 각가속도이다. 3구간 (위치 2에서 위치 3까지)의 평균 각가속도는 얼마인가?

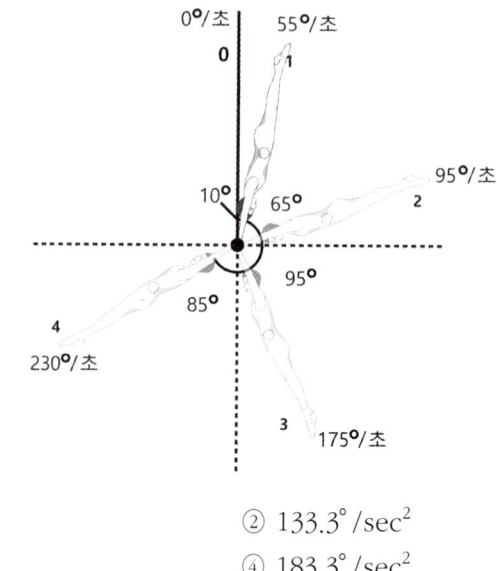

① $100°/sec^2$
② $133.3°/sec^2$
③ $266.7°/sec^2$
④ $183.3°/sec^2$

22. 아래 표는 선운동학과 각운동학의 관계를 설명한 것이다. 보기에 들어갈 적절한 용어는?

선운동학	각운동학
거리	(㉠)
변위	(㉡)
속력 = 거리/시간	각속력 = (㉠)/시간
속도 = 변위/시간	각속도 = (㉡)/시간
가속도 = 최종속도-처음속도/시간	(㉢) = 최종각속도-처음각속도/시간

	㉠	㉡	㉢
①	각변위	각속도	각가속도
②	각거리	각변위	각가속도
③	각변위	각속도	등가속도
④	각거리	각변위	등가속도

23. 힘에 대해 올바르게 설명한 것은?

〈보기〉
㉠ 힘은 정지하고 있는 물체를 움직이고, 움직이고 있는 물체의 속력 또는 방향을 바꾼다.
㉡ 힘은 크기와 방향을 가지는 스칼라(scalar) 양이다.
㉢ 힘을 받는 물체는 가속되거나 변형된다.
㉣ 여러 개의 힘을 하나로 합성하거나 하나의 힘을 수평성분과 수직성분으로 분리할 수 있다.

① ㉠ + ㉡ + ㉢ + ㉣
② ㉠ + ㉢
③ ㉠ + ㉡ + ㉣
④ ㉠ + ㉢ + ㉣

24. 힘의 단위는?

① kg
② N(뉴턴)
③ m/s
④ m/s^2

25. 힘의 종류 중에서 **잘못** 설명한 것은?

① 근력은 근육의 수축으로 발생하는 힘을 말한다.
② 중력은 지구가 물체를 지구의 중심으로 끌어당기는 힘을 말한다.
③ 항력은 '떠오르게 하는 힘'으로 중력에 반대되는 힘을 말한다.
④ 마찰력은 운동을 방해하는 힘으로 추진력에 반대하는 저항력이다.

26. 양력에 대해 올바르게 설명한 것은?

〈보기〉
㉠ 양력은 '받는 힘에 대한 저항하는 힘'을 의미한다.
㉡ 양력은 공중에 투사된 창을 떠오르게 하는 가장 큰 요인이다.
㉢ 골프공의 딤플은 양력을 증가시키기 위해서 개발된 것이다.
㉣ 스포츠에서 양력을 이용하는 대표적인 것이 원반던지기와 스키점프이다.

① ㉡ + ㉣
② ㉠ + ㉡
③ ㉡ + ㉢
④ ㉡ + ㉢ + ㉣

27. 관성에 대해 올바르게 설명한 것은?

   〈보기〉
   ㉠ 관성은 원래의 상태를 유지하려고 하는 속성이다.
   ㉡ 관성의 크기는 질량에 반비례한다.
   ㉢ 모든 물체는 관성을 지니고 있다.
   ㉣ 관성을 극복하려면 힘이 필요하다.

   ① ㉠ + ㉡ + ㉣
   ② ㉠ + ㉢ + ㉣
   ③ ㉠ + ㉢
   ④ ㉠ + ㉣

28. 보기에서 설명하는 내용과 관련 있는 법칙은?

   〈보기〉
   골프 경기에서 퍼팅을 할 때 정지하고 있는 골프공을 강하게 치면 빠르게 구르고, 약하게 치면 천천히 구른다. 또한, 골프공이 구르는 방향은 퍼터가 운동한 방향으로 나아가게 된다.

   ① 선운동량보존의 법칙
   ② 관성의 법칙
   ③ 가속도의 법칙
   ④ 작용반작용의 법칙

29. 보기에 들어갈 적절한 용어는?

   〈보기〉
   선운동량은 선운동 중에 있는 물체가 갖는 운동량으로서 그 물체의 (ㄱ)과 (ㄴ)와(과)의 곱으로 나타낸다.

   ① ㄱ. 질량 ㄴ. 충격량
   ② ㄱ. 무게중심 ㄴ. 질량
   ③ ㄱ. 무게중심 ㄴ. 운동속도
   ④ ㄱ. 질량 ㄴ. 운동속도

30. 충격력의 원리를 활용하지 않는 것은?

   ① 체조의 공중동작
   ② 야구공 받기
   ③ 복싱의 어퍼컷
   ④ 창던지기

31. 보기에서 설명하는 내용과 관련 있는 법칙은?

〈보기〉
무게 100N의 볼링공이 10m/s로 이동하여 무게 15N의 핀을 쳐냈다고 하면, 충돌 후에 볼링공과 핀의 선운동량은 충돌 전의 볼링공과 핀의 선운동량과 같다.

① 선운동량 보존의 법칙 ② 관성의 법칙
③ 가속도의 법칙 ④ 작용반작용의 법칙

32. 선운동량 보존의 법칙이 적용되지 **않는** 것은?
① 야구공 타격 ② 축구의 킥
③ 발로 깡통을 차서 찌그러졌을 때 ④ 배구 스파이크

33. 보기에 들어갈 적절한 용어는?

〈보기〉
(ㄱ)은 두 물체가 접촉했을 때 일어나는 현상이며, (ㄴ)이란 물체가 변형된 후 원래의 모습으로 되돌아가려고 하는 물체의 특성이다.

① ㄱ. 탄성 ㄴ. 복원 ② ㄱ. 충돌 ㄴ. 탄성
③ ㄱ. 충돌 ㄴ. 복원 ④ ㄱ. 복원 ㄴ. 탄성

34. 탄성계수(복원계수)에 대한 설명 중에서 올바르지 **않은** 것은?
① 물체의 탄성을 나타내는 탄성계수는 충돌 직전과 충돌 직후의 상대속도 비를 통해서 산출한다.
② 물체의 탄성계수를 산출하는 또 다른 방법으로 바운드 된 높이와 물체를 떨어뜨린 높이의 비로 측정하고 있다.
③ 탄성계수에 영향을 미치는 요소로는 온도, 표면 재질, 충격강도, 속도 등이다.
④ 탄성계수 값은 항상 -1과 1 사이에 존재한다.

35. 토크에 대해 올바르게 설명한 것은?

〈보기〉
㉠ 토크는 회전을 일으키는 효과이며, 물체의 각운동을 변화시킨다.
㉡ 토크의 단위는 거리의 단위(m)와 힘의 단위(N)을 곱한 Nm를 사용한다.
㉢ 토크는 힘의 크기와 지렛대의 거리(모멘트 암)를 곱한 것이다.
㉣ 토크는 지렛대의 원리인데, 지레의 길이가 짧을수록 무거운 물건을 쉽게 움직일 수 있게 된다.

① ㉠ + ㉡ + ㉢ + ㉣ ② ㉠ + ㉡
③ ㉠ + ㉡ + ㉢ ④ ㉡ + ㉢ + ㉣

36. 보기와 같이 암컬 동작 시 바벨의 무게는 팔꿈치 관절에서 토크를 발생시키는데, 토크가 가장 크게 발생되는 것은?

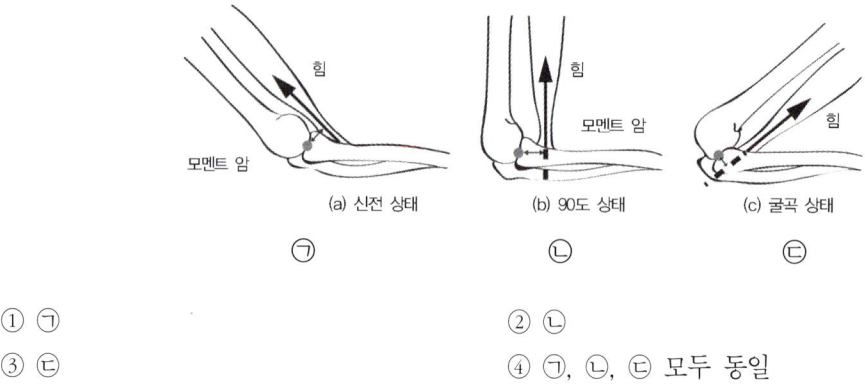

① ㉠ ② ㉡
③ ㉢ ④ ㉠, ㉡, ㉢ 모두 동일

37. 아래 그림은 다이빙과 체조 동작에서 좌우축에 대한 여러 자세에서의 공중동작을 보여주고 있다. 회전하기가 어려운 순서대로 나열한 것은?

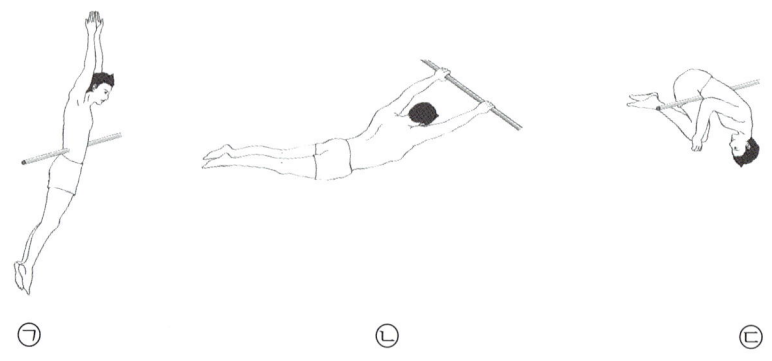

① ⓒ, ⊙, ⓔ   ② ⊙, ⓒ, ⓔ
③ ⓔ, ⊙, ⓒ   ④ ⓒ, ⓔ, ⊙

38. 아래 표에 들어갈 적절한 용어는?

구분	선운동	각운동
관성	질량	(⊙)
힘	힘 = 질량 × 가속도	토크 = (⊙) × (ⓒ)
운동량	선운동량 = 질량 × 속도	각운동량 = (⊙) × (ⓔ)
충격량	선충격량 = 힘 × 작용시간	각충격량 = 토크 × 작용시간

	⊙	ⓒ	ⓔ
①	각속도	각가속도	각속도
②	관성모멘트	각속도	각가속도
③	관성모멘트	각속도	각속도
④	관성모멘트	각가속도	각속도

39. 보기는 김연아 선수가 악셀(axel) 점프를 수행하는 장면이다. 각 구간에서 **잘못** 설명한 것은?

ⓔ 착지구간   ⓒ 공중구간   ⊙ 도움닫기구간

① 도움닫기구간에서는 공중동작에서 수행할 원하는 속도를 얻어야 한다.
② 도약순간에는 다리와 양팔을 넓게 벌려 관성모멘트를 작게 해서 각운동량을 키워야 한다.
③ 공중구간에서는 팔과 다리를 회전축 가까이 모아 관성모멘트를 줄이고 각속도를 증가시켜야 한다.
④ 착지구간에서는 팔과 다리를 다시 펴서 관성모멘트를 크게 해서 각속도를 줄여야 하며 착지 다리를 굽히면서 충격력을 감소시켜야 한다.

40. 운동역학적 원리를 잘못 설명한 것은?

① 포환을 던질 때 하체와 상체, 그리고 팔과 손의 회전 속도가 동시에 최대로 발휘될 때 기록이 향상된다.
② 높이뛰기 선수가 공중에 도약 후에는 신체 중심의 이동 경로와 각운동량을 변화시킬 수 없다.
③ 멀리뛰기에서 팔다리를 휘젖는 것은 몸통의 전방 회전력을 상쇄하여 몸통을 세워서 착지를 좋게 하여 기록을 향상시키기 위함이다.
④ 육상 선수가 곡선 주로를 달릴 때 몸을 트랙의 안쪽으로 기울이면 원심력을 감소시켜 속도를 줄이지 않고 달릴 수 있게 되어 기록이 향상된다.

41. 운동역학적으로 일을 한 것은?

〈보기〉
㉠ 등산
㉡ 철봉에 매달려 버티기
㉢ 박스를 들고 평지 걷기
㉣ 역기 들기

① ㉠ + ㉡ + ㉢ + ㉣
② ㉠ + ㉢
③ ㉠ + ㉣
④ ㉠ + ㉢ + ㉣

42. 장대높이뛰기에서 각 구간에 들어갈 올바른 용어는?

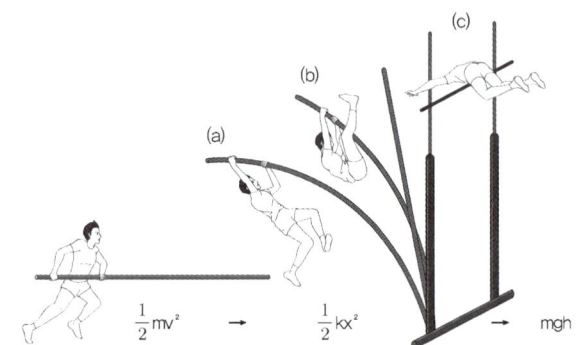

	도움닫기 구간	(a)-(b) 구간	(c) 구간
①	운동에너지	탄성에너지	위치에너지
②	탄성에너지	운동에너지	위치에너지
③	운동에너지	탄성에너지	운동에너지
④	운동에너지	탄성에너지	탄성에너지

43. 아래 그림에서 올바르게 설명한 것은?

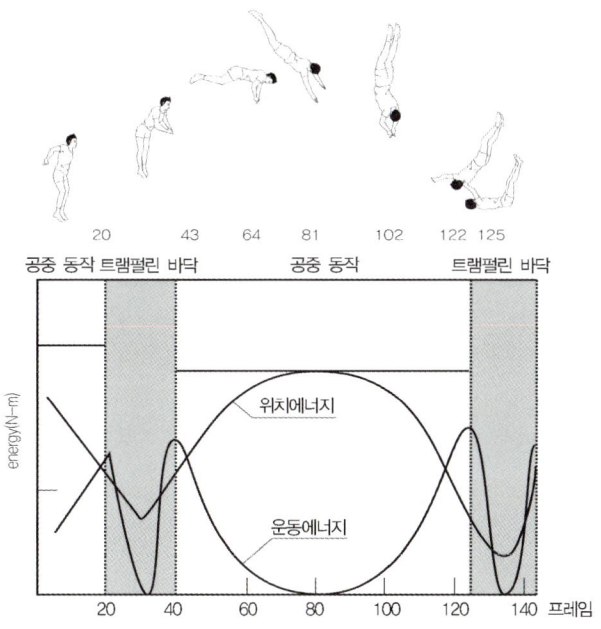

〈보기〉
㉠ 역학적 에너지는 운동에너지와 위치에너지의 합이다.
㉡ 위치에너지와 운동에너지는 서로 전환할 수 있다.
㉢ 외력이 작용하지 않으면 운동에너지와 위치에너지의 합은 일정하게 유지된다.
㉣ 위 그림은 작용반작용 법칙으로 설명될 수 있다.

① ㉠ + ㉡ + ㉢ + ㉣
② ㉠ + ㉡ + ㉢
③ ㉠ + ㉡ + ㉣
④ ㉠ + ㉢

44. 일률에 대해서 잘못 설명한 것은?

① 단위시간당 행하는 일의 양을 '일률' 또는 '파워'라고 한다.
② 일률에 대한 개념을 신체운동에 적용한 것이 '순발력'이다.
③ '파워'는 '힘'과 같은 개념이다.
④ 일을 하는 데 걸린 시간이 같을 때 일률은 일의 양에 비례하고, 일의 양이 같을 때 일률은 걸린 시간에 반비례한다.

45. 빗면을 따라 운동하는 물체에서 빈 칸에 들어갈 가장 적합한 것은?

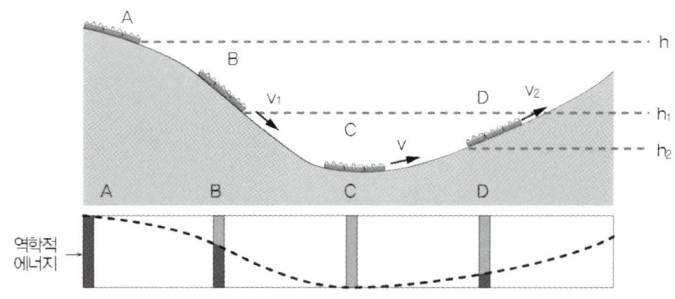

	A	B	C	D
운동에너지	0	$1/2mv_1^2$	$1/2mv^2$	ⓒ
위치에너지	$9.8mh$	ⓑ	0	$9.8mh_2$
역학적에너지	ⓐ	$1/2mv_1^2 + 9.8mh_1$	$1/2mv^2$	$1/2mv_2^2 + 9.8mh_2$

	ⓐ	ⓑ	ⓒ
①	0	$9.8mh_1$	$1/2mv_1^2$
②	$9.8mh$	$9.8mh_1$	0
③	0	$9.8mh_1$	$1/2mv_2^2$
④	$9.8mh$	$9.8mh_1$	$1/2mv_2^2$

46. 2차원 영상분석법으로 분석이 가능한 것은?

〈보기〉
ⓐ 100m 달리기의 무릎 굴곡 각도
ⓑ 골프 스윙의 몸통 회전 각도
ⓒ 포환 던지기의 어깨 회전 각속도
ⓓ 체조 핸드스프링의 몸통 신전 각속도

① ⓐ + ⓑ　　　　　② ⓐ + ⓓ
③ ⓐ + ⓑ + ⓓ　　　④ ⓐ + ⓒ + ⓓ

47. 2차원 및 3차원 영상분석 과정으로 올바른 것은?

① 실험설계 → 실험 → 자료처리 → 분석
② 실험 → 자료처리 → 분석 → 실험설계
③ 실험설계 → 자료처리 → 실험 → 분석
④ 실험 → 분석 → 자료처리 → 실험설계

48. 지면반력시스템으로 측정 및 계산이 가능한 것은?

> **〈보기〉**
> ㉠ 신발의 충격 완충성 평가
> ㉡ 제자리높이뛰기의 도약 높이 계산
> ㉢ 걸을 때와 달릴 때의 충격량 비교
> ㉣ 골프 클럽과 야구 배트의 스윙 속도 비교

① ㉠ + ㉡
② ㉠ + ㉢
③ ㉠ + ㉡ + ㉢
④ ㉠ + ㉡ + ㉢ + ㉣

49. 보기에서 제시된 운동역학 연구방법 시스템은?

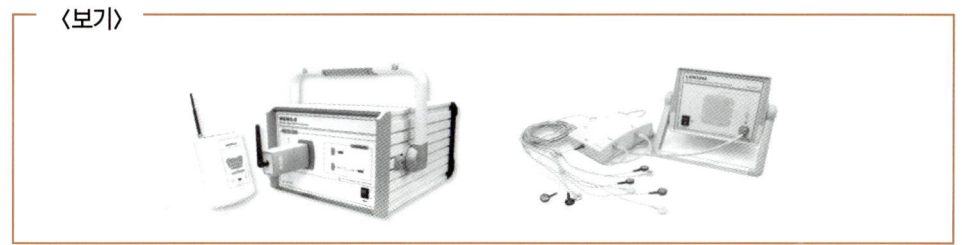

① 영상분석 시스템
② 지면반력 시스템
③ 가스분석 시스템
④ 근전도 시스템

50. 아래 표는 운동역학 분석방법에 따른 분석변인이다. 빈칸에 들어갈 적절한 용어는?

분석 방법	분석 변인
(㉠)	시간, 각도(자세), 속도, 가속도, 운동량 등
(㉡)	힘(수직, 전후, 좌우방향), 회전력, 압력중심점 등
(㉢)	근육활동정도, 근피로도, 근육 활성 시점 등
(㉣)	관절 순회전력, 관절 파워 등

	㉠	㉡	㉢	㉣
①	영상+지면반력분석	지면반력분석	근전도분석	영상분석
②	영상분석	지면반력분석	근전도분석	영상+지면반력분석
③	영상+지면반력분석	지면반력분석	영상분석	지면반력분석
④	영상분석	영상+지면반력분석	근전도분석	지면반력분석

운동역학 출제예상문제 정답 및 해설

문항	정답	해설
1	④	가스분석법은 운동생리학의 연구방법이다.
2	②	스포츠 불안요인 설문지 개발은 스포츠심리학의 연구내용이다.
3	③	아르키메데스(Archimedes, B.C. 287~212)는 부력체를 지배하는 유체 정역학을 발견한 사람이다. 아이작 뉴턴(Isaac Newton, 1642~1727)은 힘을 설명하기 위해 정지와 운동의 3가지 법칙인 관성의 법칙, 가속도의 법칙, 작용-반작용 법칙을 완성했다. 머레이는 그림과 사진 방법을 이용해 운동학을 한층 발전시킨 사람이다.
4	①	운동역학(kinetics)은 운동의 원인이 되는 힘을 다루는 분야이며, 정역학(statics)은 작용하는 모든 힘들의 합이 0이 되는 평형 상태를 다루는 분야이며, 동역학(dynamics)은 작용하는 힘들 사이에 평형이 이루어지지 않는 상황에서 운동이 일어나는 것을 연구하는 역학의 한 분야이다.
5	③	방향, 면, 공간에 대한 용어를 말할 때는 해부학적 자세(anatomical position)를 기준으로 한다. 위치나 자세에 관한 모든 기술은 이 자세를 기준으로 한다.
6	②	좌우면(frontal plane)에서 일어나는 관절운동은 외전(abduction)과 내전(adduction), 거상(elevation)과 강하(depression)가 있고, 회외(supination)와 회내(pronation)는 수평면(transverse plane)에서 일어나는 관절운동이다.
7	①	소프트볼 피칭은 전후면과 좌우축에서 일어나는 관절운동이다.
8	①	병진운동은 상하좌우로 물체가 평행운동 하는 것을 의미하며, 회전운동은 물체가 고정된 축을 중심으로 회전하는 운동, 복합운동은 병진운동 및 회전운동이 결합된 복합적 운동이다.
9	④	단축관절은 단일 평면상의 운동만이 가능한 관절로 무릎관절, 팔꿈치관절 등의 접지관절과 전완의 요골척골관절 등이 여기에 속한다. 양축관절은 2개의 평면상에서의 운동이 가능한 관절로 과장관절과 안장관절 등이 여기에 속한다. 삼축관절은 3개의 운동면상에서의 운동이 가능한 관절로 어깨관절, 엉덩관절 등의 구관절 등이 여기에 속한다.
10	②	무게는 질량에 중력가속도가 곱해진 양이며, 야구방망이를 휘두르는 속도가 같다면 야구방망이 무게가 무거울수록 선운동량(질량×속도)이 커지므로 홈런이 많이 나온다.
11	③	인체의 무게중심을 계산하는 방법은 여러 가지인데, 균형판(지레의 원리)을 이용하여 인체의 무게중심을 계산하는 방법을 균형판법 또는 반작용판법이라고 한다.
12	④	질량중심이 기저면 내에 위치하면 안정되며, 육상의 100m 크라우칭 스타트 자세는 불안정할수록 출발에 유리하다.

문항	정답	해설
13	①	근육의 단축성 수축 속도가 클수록 발현할 수 있는 근력은 감소한다. 그 이유는 근육이 단축성 수축을 하기 위해서는 근세사 사이의 결속이 끊임없이 해체되고 재조성되어야 하는데 이 과정에서 근력이 감소한다. 또한, 근육이 급격하게 짧아지면 근육 내부에서 큰 점성 저항이 발생하여 힘의 일부가 상쇄되기 때문이다.
14	②	역학적 이점은 힘팔(받침점에서 힘점까지)의 길이를 작용팔(받침점에서 작용점까지) 길이로 나눈 것으로, 작용팔보다 힘팔의 길이를 길게 할수록 역학적 이점이 커진다. 1종 지레는 받침점이 힘점과 작용점 사이에 위치하며(시소와 가위), 2종 지레는 힘점이 저항점보다 항상 길며(병따개, 외바퀴 손수레, 자동차 브레이크 페달), 3종 지레는 저항점이 힘점보다 항상 길다(삽, 낚싯대, 핀셋 등).
15	①	속도는 변위를 시간으로 나눈 것이며, 속력은 거리를 시간으로 나눈 것이다. 400미터 달리기에서 출발점과 결승점의 위치가 같으면 선수의 속도는 0이다.
16	④	100m 달리기는 가능한 한 빨리 최대 속력에 도달하여 속력의 감소 없이 결승선을 통과하는 것이 중요하다.
17	③	c구간은 라스트 스퍼트 구간으로 가속도 변화(속도 증가)를 의미한다.
18	②	올라가고 내려가는 사이의 순간적인 정점(최고 높이)에서의 수직속도는 0m/s이다.
19	④	투사체의 투사 거리에 영향을 미치는 3대 요인은 투사 각도, 투사 속도, 투사 높이인데, 상대적으로 투사 속도가 가장 영향을 많이 미친다.
20	①	선속도는 회전반지름과 각속도를 곱한 값이다.
21	③	평균 각가속도는 각속도의 변화량을 시간의 변화로 나눈 값이다. 평균각속도 = (최종각속도 − 처음각속도) / (최종시간 − 처음시간)
22	②	각운동학의 용어는 선운동학의 용어 앞에 '각'을 넣으면 된다.
23	④	힘은 크기와 방향을 가지는 벡터량이다.
24	②	kg은 질량, m/s은 속도, m/s^2은 가속도의 단위이다.
25	③	항력은 '받는 힘에 대한 저항하는 힘'으로 운동의 반대방향으로 작용한다. 부력은 '물에 뜨는 힘'으로 중력에 대항해 유체나 공기로부터 위 방향으로 받는 힘을 말한다. 양력은 '떠오르게 하는 힘'으로, 중력에 반대되는 힘을 의미한다.
26	①	'받는 힘에 대해 저항하는 힘'은 항력이며, 골프공의 딤플은 항력을 줄이기 위해서 개발된 것이다.
27	②	관성의 크기는 질량에 비례한다.
28	③	뉴턴의 가속도의 법칙은 "물체에 힘을 가하면 힘의 방향으로 질량에 반비례하고 힘의 크기에 비례하는 가속도가 생긴다."

문항	정답	해설
29	④	물체가 가지고 있는 물리량을 '운동량'이라 하며, 얼마나 큰 질량을 가지고 얼마나 빠르게 움직이고 있느냐를 나타낸다. '운동량'은 질량의 단위와 속도의 단위를 곱한 벡터양으로, 크기와 방향을 지니고 있다.
30	①	운동 중에 충돌이 일어날 때 충격력의 원리가 적용되는데, 상대방에게 충격을 줄 때는 충격력을 크게 하는 것이 유리하고 충격을 받을 때는 적어야 유리하다. 체조의 공중동작은 충돌이 일어나지 않으며, '각운동량 보존의 법칙'의 영향을 받는다.
31	①	'선운동량 보존의 법칙'은 물체끼리 충돌이나 결합, 분열할 때, 외부에서 따로 힘이 작용하지 않으면 물체들의 총 운동량은 항상 일정하게 보존된다는 것이다.
32	③	선운동량 보존의 법칙은 당구공같이 충돌하여도 깨지거나 찌그러지지 않을 때만 성립되는 것이지 발로 깡통을 찼을 때와 같이 변형이 생기면 선운동량 보존법칙이 성립되지 않는다. 그러나 공과 같이 변형이 되었다가 다시 제 모양으로 돌아올 때는 선운동량 보존법칙이 성립한다.
33	②	충돌은 두 물체가 서로 부딪치는 경우를 의미하며, 탄성은 어떠한 물체에 힘이 가해졌을 때, 그 물체가 변형되었다가 원래 상태로 되돌아가려고 하는 성질을 말한다.
34	④	물체가 부딪치는 물체의 재질, 온도, 충돌 강도 등에 의해 원래 상태로 복원되려는 정도가 달라지는데, 이때 복원되려는 크기를 '탄성계수(복원계수)'라고 한다. 완전 비탄성 충돌은 충돌 후 충돌한 물체가 서로 분리되지 않고 하나로 되어버리는 경우로서 탄성계수는 0이다. 완전 탄성 충돌은 충돌체의 상대속도가 충돌 전과 충돌 후에 같으므로 탄성계수는 1이 된다. 불완전 탄성 충돌은 충돌하는 물체가 일시적으로 변형되었다가 분리되거나 리바운드 되는 경우로서, 탄성계수는 0보다 크고 1보다 작은 범위에 속한다.
35	③	토크는 지렛대의 원리인데, 지레의 길이가 길수록 무거운 물건을 쉽게 움직일 수 있게 된다.
36	②	토크의 크기는 힘의 크기와 모멘트 암(회전축으로부터 힘까지의 수직거리)을 곱한 것이다. 팔꿈치 관절이 90도 상태일 때, 모멘트 암의 길이가 가장 길기 때문에 발생되는 토크도 제일 크다.
37	①	관성모멘트는 회전운동에 대한 저항이므로, 관성모멘트가 크다는 것은 그 만큼 회전하기가 힘들다는 것을 의미한다. 다리를 펴고 엉덩 관절만 굽힌 파이크 자세(ⓒ)의 관성모멘트는 $6.5\ kg·m^2$, 몸을 완전히 편 레이아웃 자세(㉠)의 관성모멘트는 $15.0\ kg·m^2$이다. 철봉에 매달리는 경우(ⓒ)의 관성모멘트는 레이아웃과 같은 자세임에도 불구하고 $83.0\ kg·m^2$이나 된다.
38	④	선운동에서의 관성은 질량이며, 각운동에서의 관성은 관성모멘트이다. 선운동에서의 가속도는 각운동에서는 각가속도에 해당되며, 선운동에서의 속도는 각운동에서는 각속도에 해당된다.
39	②	도약순간에는 다리와 양팔을 넓게 벌려 관성모멘트를 크게 해서 각운동량을 키워야 한다.
40	①	인체의 운동은 각 분절들의 회전운동에 의해서 이루어지고, A 분절의 각운동량을 B 분절로 전달할 수 있기 때문에 큰 각운동량을 얻기 위해서는 각운동량을 전달하는 분절의 운동순서(분절의 협응력)가 매우 중요하다. 포환을 던질 때 큰 운동량을 얻기 위해서는 분절의 회전운동 타이밍이 매우 중요하다. 즉, 하체와 상체, 그리고 팔과 손의 회전 속도가 순차적으로 전달이 되어야 기록이 향상된다.

문항	정답	해설
41	③	운동역학에서 일은 물체 또는 신체에 가한 힘과 움직인 거리의 곱으로서, 일상생활의 일과 놀이와는 다르다. 운동 상황에서는 힘을 가한 방향으로의 움직임이 있어야 일을 한 것이다. 예를 들어, 철봉에 매달려 버티기는 움직인 거리가 0이므로 일을 하지 않은 것이다.
42	①	장대높이뛰기는 도움닫기에서 형성된 운동에너지를 장대의 탄성에너지로 전환시켰다가 높이인 위치에너지로 전환시키는 운동이다.
43	②	역학적 에너지는 물체가 운동함으로써 결정되는 운동에너지와 물체의 위치에 따라 결정되는 위치에너지의 합으로 이루어지고, 이러한 운동하고 있는 물체의 위치에너지와 운동에너지는 서로 전환할 수 있으며, 외력이 작용하지 않는 한 서로 전환하여 그 합은 항상 일정하게 유지된다는 것이 '역학적 에너지 보존법칙'이다.
44	③	일률(Power) = 힘(F) × 속도(V) 일률 공식에서 살펴볼 수 있듯이 일률은 물체에 가해진 힘에 속도로 재표현될 수 있으므로 일률, 즉 파워를 늘리기 위해서는 힘과 속도 중 어느 하나만 크게 하면 된다. 그러나 많은 사람들이 파워를 힘과 혼동하여 사용하는 경우가 있는데, 파워는 힘과 속도의 의미를 모두 내포하고 있다.
45	④	역학적에너지는 운동에너지와 위치에너지의 합인데, 중력을 제외한 외부의 힘이 가해지지 않고 물체가 운동하는 도중 에너지 손실 요인이 없을 경우 운동에너지가 감소하면 위치에너지는 증가하게 되며, 그 합은 항상 일정하게 유지된다.
46	②	2차원 영상분석은 단일평면 상에서 일어나는 인체 움직임을 분석하는 방법으로서, 시상면에서 신전과 굴곡, 관상면에서 외전과 내전을 분석할 수 있다.
47	①	영상분석 과정은 2, 3차원에 관계없이 실험설계(계획)-실험(촬영)-자료처리-분석 단계로 구분할 수 있다.
48	③	사람이나 물체가 지면에 접촉하여 지면을 누르는 힘에 반하여 지면이 사람과 물체를 밀어내는 힘을 '지면반력(ground reaction force)'이라고 한다. 지면반력은 중력 반대 방향뿐만 아니라 전후좌우의 힘 그리고 각 방향의 회전력까지 측정한다. 골프 클럽과 야구 배트의 스윙 속도는 스피드 측정 기구나 영상분석을 통해 측정할 수 있다.
49	④	근전도(elexctromyogram, EMG)는 근 수축 시 발생하는 전위차를 관찰하여 그 신호를 통해 근육의 활성 정도, 활성 시점 그리고 근육의 피로 정도를 확인하는 방법을 의미한다. 근전도 측정기는 근육 수축 시 발생하는 미세 전류를 수집하는 전극, 이 미세 전류 신호를 눈으로 관찰하고 분석 가능한 크기로 증폭시켜주는 증폭기, 근전도 신호에 포함된 노이즈(noise)를 줄여주는 필터로 구성되어 있다.
50	②	운동역학 분석방법에 따른 분석변인에는 시간 변인, 운동 변인, 자세 변인 및 힘 변인이 있으며, 이 가운데 시간 변인, 운동 변인, 자세 변인은 운동학적(kinematic) 변인에 포함되기 때문에 이들 변인을 분석하는 것을 운동학적 분석이라 부르며, 이를 위해 가장 많이 사용되는 방법이 영상분석이다. 힘 변인은 운동 역학적(kinetic) 변인에 포함되며, 이에 대한 분석을 운동 역학적 분석이라 부르고, 지면반력 분석이 가장 많이 사용된다. 그리고 영상분석과 지면반력 분석은 운동 역학 분석에 가장 많이 사용되는 방법으로 이 두 방법을 결합하여 인체 관절에서 발생하는 순회전력과 파워 등을 계산한다.

스포츠교육학

스포츠교육학 — 2017년 기출문제 분석

출제기준

주요 항목	세부 항목
1. 스포츠교육의 배경과 개념	1. 스포츠교육의 역사
	2. 스포츠교육의 개념
	3. 스포츠교육의 현재
2. 스포츠교육의 정책과 제도	1. 학교체육
	2. 생활체육
	3. 전문체육
3. 스포츠교육의 참여자 이해론	1. 스포츠교육 지도자
	2. 스포츠교육 학습자
	3. 스포츠교육 행정가
4. 스포츠교육의 프로그램론	1. 학교체육 프로그램 개발 및 실천
	2. 생활체육 프로그램 개발 및 실천
	3. 전문체육 프로그램 개발 및 실천
5. 스포츠교육의 지도방법론	1. 스포츠지도를 위한 교육모형
	2. 스포츠지도를 위한 교수기법
	3. 세부지도목적에 따른 교수기법
6. 스포츠교육의 평가론	1. 평가의 이론적 측면
	2. 평가의 실천적 측면
7. 스포츠교육자의 전문적 성장	1. 스포츠교육전문인의 전문역량
	2. 장기적 전문인 성장 및 발달

[2급 생활스포츠지도사]

1. 〈보기〉의 학교체육진흥법의 내용 중 옳은 것을 모두 고른 것은?

   〈보기〉
   ㉠ 학생선수의 최저학력이 보장될 수 있도록 노력해야 한다.
   ㉡ 저체력 및 비만 판정을 받은 학생을 위한 건강체력교실을 운영해야 한다.
   ㉢ 학생들의 체육 활동 참여 기회 확대를 위해 학교스포츠클럽을 운영해야 한다.
   ㉣ 초등학교에서는 스포츠강사를 의무적으로 배치해야 한다.

① ㉠   ② ㉠, ㉡
③ ㉠, ㉡, ㉢   ④ ㉠, ㉡, ㉢, ㉣

정답	③	난이도	어려움
출제영역	2. 스포츠교육의 정책과 제도(1. 학교체육)		
해설	다음 학교체육진흥법 제13조의 내용에서 보듯이, 초등학교에 스포츠강사를 배치할 수 있다고 명시되어 있으나, 의무적으로 배치해야 한다는 조항은 포함되어 있지 않다. "학교체육진흥법 제13조(스포츠강사의 배치) ① 국가 및 지방자치단체는 학생의 체육수업 흥미 제고 및 체육활동 활성화를 위하여 「초·중등교육법」 제2조제2호에 따른 초등학교에 스포츠강사를 배치할 수 있다"		

2. 〈보기〉에서 설명하고 있는 체육 지도자가 갖추어야 할 지식은?

〈보기〉
체육 프로그램 참여자의 발달 단계에 적합한 내용과 프로그램에 대한 지식이다.

① 교육과정 지식   ② 지도방법 지식
③ 내용 지식   ④ 교육목적 지식

정답	①	난이도	보통
출제영역	3. 스포츠교육의 참여자 이해론(1. 스포츠 지도자)		
해설	교육과정 지식은 각 학년의 발달 단계에 적합한 내용과 프로그램에 대한 지식이며, 지도방법 지식은 모든 교과에 적용되는 지도법에 대한 지식이다. 내용 지식은 가르칠 교과내용에 대한 지식이며, 교육목적 지식은 목적, 목표 및 교육시스템의 구조에 관한 지식이다. 이외에도 내용교수법 지식, 교육환경지식, 학습자와 학습자 특정 지식이 있다. 내용교수법 지식은 특정 학생에게 어느 교과나 주제를 특정한 상황에서 지도할 수 있는 방법에 대한 지식이며, 교육환경지식은 수업 환경에 영향을 미치는 지식이다. 학습자와 학습자 특정 지식은 수업에 영향을 미치는 학습자에 관한 지식이다.		

3. 〈보기〉의 생활체육 프로그램 목표 설정 시 고려해야할 사항 중 옳은 것을 모두 고른 것은?

〈보기〉
㉠ 프로그램 전개 시 일관된 지침 역할을 하도록 설정한다.
㉡ 프로그램 시행 후 목표 달성 여부를 검토할 수 있도록 기술한다.
㉢ 프로그램을 통해 달성하고자 하는 상태 및 운동 능력을 명시한다.
㉣ 프로그램을 구성하는 스포츠 활동 내용을 구체적이고 세부적으로 기술한다.

① ㉠
② ㉠, ㉡
③ ㉠, ㉡, ㉢
④ ㉠, ㉡, ㉢, ㉣

정답 및 해설	정답	④	난이도	보통
	출제영역	4. 스포츠교육의 프로그램론(2. 생활체육 프로그램 개발 및 실천)		
	해설	생활체육 프로그램의 목표 설정은 첫째, 프로그램을 통해 달성하고자 하는 상태 및 운동 능력을 명시한다. 스포츠교실형 생활체육 프로그램을 제공하는 경우, 참여자의 참여 동기 및 운동 능력을 고려해서 적합한 목표를 설정할 수 있다. 둘째, 프로그램을 구성하는 스포츠 활동 내용을 구체적이고 세부적으로 서술한다. 프로그램을 추진하여 무엇을 달성할 것인지 구체적으로 서술하여야 프로그램 내용 설정을 할 수 있다. 셋째, 프로그램을 구성하는 스포츠 활동 내용을 구체적으로 세부적으로 서술한다. 프로그램을 추진하여 무엇을 달성할 것인지 구체적으로 서술하여야 프로그램 내용 설정을 할 수 있다. 넷째, 프로그램 전개에 있어서 일관된 지침 역할을 하도록 설정한다. 목표는 프로그램이 어떻게 진행되어야 하는지 길잡이 역할을 하기 때문에 일관성을 유지해야 한다. 이는 상황에 따라 목표 변경이 다소 발생할 수 있으나, 가급적이면 변동 없이 설정된 목표를 중심으로 프로그램이 진행되어야 한다는 것을 의미한다. 다섯째, 프로그램 시행 후에는 항상 평가를 통하여 목표 달성 여부를 검토한다. 기존의 프로그램이 다음에도 반복적으로 제공된다면 프로그램 참여자의 요구분석, 프로그램의 목적 및 목표 설정, 프로그램 설계 홍보, 예산 설정 등에 대한 폭넓은 평가를 통해 프로그램을 수정, 보완할 수 있다. 실행된 프로그램에 대한 평가는 기존의 프로그램뿐만 아니라 새로운 프로그램 개발에 매우 유용한 정보를 제공한다.		

4. 생활체육 프로그램의 요구 조사 및 분석에 관한 설명으로 옳지 <u>않은</u> 것은?

① 요구 조사에서는 연령, 성별, 선호도, 경제 수준 등을 고려해야 한다.
② 요구 조사에서는 생활체육 참여도, 기존 프로그램 만족도, 지도자에 대한 만족도 등을 질문한다.
③ 요구 분석 결과는 기존의 생활체육 프로그램을 개선하고 새로운 프로그램을 개발하는데 활용한다.
④ 요구 분석은 생활체육 프로그램을 추진하고자 하는 지역사회와 참여자에 대한 사후 분석 절차이다.

정답 및 해설	정답	④	난이도	보통
	출제영역	4. 스포츠교육의 프로그램론(2. 생활체육 프로그램 개발 및 실천)		
	해설	생활체육 프로그램의 요구 조사 및 분석은 생활체육 프로그램 기획의 두 번째 단계로서, 생활체육 프로그램을 추진하고자 하는 지역사회와 참여자에 대한 사전 분석이다.		

5. 지역 스포츠클럽 대회의 경기 운영 방식에 관한 설명으로 옳은 것은?

① 통합리그는 순위가 고착화될 가능성이 높다.
② 조별리그는 토너먼트 대회보다 빠르게 진행된다.
③ 녹다운 토너먼트는 우승팀 이외의 순위를 산정하기 쉽다.
④ 스플릿 토너먼트는 모든 팀에게 동일한 경기 수를 보장하지 않는다.

정답 및 해설	정답	①	난이도	어려움
	출제영역	4. 스포츠교육의 프로그램론(1. 학교체육 프로그램 개발 및 실천)		
	해설	- 통합리그는 참가팀의 경기수가 많아지는 장점이 있으나, 경기력 편차로 인해 순위가 고착화될 가능성이 높다. - 조별 리그는 참가팀을 제외한 상대방 팀과 한 번씩은 경기를 치러야 하므로, 토너먼트 대회보다 시간이 훨씬 많이 소요된다. - 녹다운 토너먼트는 짜여진 대진표에 따라 예선전부터 계속 이기면 결승까지 올라가지만, 한 번 지면 탈락하는 대전 방식을 말한다. - 스플릿 토너먼트는 모든 팀에게 동일한 경기수를 보장하기 위한 방식으로, 라운드 로빈 토너먼트의 리그전을 일정 횟수 이상 실시하여, 상위 클럽과 하위 클럽을 나눈 후 상위 클럽들과 하위클럽들끼리 별도의 경기를 치르는 방식이다.		

6. 〈보기〉에서 제시한 마튼스(R. Martens)의 전문 체육 프로그램 지도 개발 단계를 순서대로 바르게 연결한 것은?

〈보기〉

㉠ 선수에게 필요한 기술 파악
㉡ 지도 방법 선택
㉢ 상황 분석
㉣ 우선 순위 결정 및 목표 설정
㉤ 선수 이해
㉥ 연습 계획 수립

① ㉠ - ㉢ - ㉤ - ㉣ - ㉥ - ㉡
② ㉠ - ㉢ - ㉣ - ㉤ - ㉥ - ㉡
③ ㉠ - ㉤ - ㉣ - ㉢ - ㉡ - ㉥
④ ㉠ - ㉤ - ㉢ - ㉣ - ㉡ - ㉥

정답 및 해설	정답	④	난이도	어려움
	출제영역	4. 스포츠교육의 프로그램론(3. 전문체육 프로그램 개발 및 실천)		
	해설	전문체육 프로그램의 지도개발을 위한 Martens(2004)의 지도 계획 단계는 6단계로, 1단계 선수에게 필요한 기술파악, 2단계 선수이해, 3단계 상황분석, 4단계 우선순위 결정 및 목표 설정, 5단계 지도방법 선택, 6단계 연습계획 수립이다.		

7. 체육 활동에서 지도자와 학생 간 교수·학습의 주도성(directiveness)"을 결정하는 요인에 해당하지 <u>않는</u> 것은?

① 학습 목표
② 내용 선정
③ 수업 운영
④ 과제 전개

정답 및 해설	정답	①	난이도	쉬움
	출제영역	5. 스포츠교육의 지도방법론(1.스포츠지도를 위한 교육모형)		
	해설	수업의 주도성은 체육수업에서 교사와 학생간의 다양한 상호작용 유형을 의미한다. 수업의 주도성 요소는 내용선정, 수업운영, 과제 제시, 참여형태, 교수적 상호작용, 학습진도, 과제 전개라는 7가지 측면이 포함된다.		

8. 〈보기〉의 특성을 갖는 교육 모형의 주제는?

⎯〈보기〉⎯⎯⎯⎯⎯⎯⎯⎯⎯⎯⎯⎯⎯⎯⎯⎯⎯⎯⎯⎯⎯⎯⎯
• 적극적 교수(active teaching)로 불리기도 한다.
• 높은 비율의 학습 참여 기회(OTR)를 제공한다.
• 초기 학습 과제의 진도는 교사가, 이후 연습 단계의 학습 진도는 학생이 결정한다.

① 수업 진도는 학생이 결정한다.
② 교사가 수업 리더의 역할을 한다.
③ 서로를 위해 함께 배운다.
④ 유능하고 박식하며 열정적인 스포츠인으로 성장한다.

정답 및 해설	정답	②	난이도	쉬움
	출제영역	5. 스포츠교육의 지도방법론(1.스포츠지도를 위한 교육모형)		
	해설	보기의 모형은 직접교수모형으로, 이 모형의 주제는 교사가 수업의 리더 역할을 하는 것이다.		

9. 이해중심게임수업모형의 단계 중 괄호 안에 들어갈 용어는?

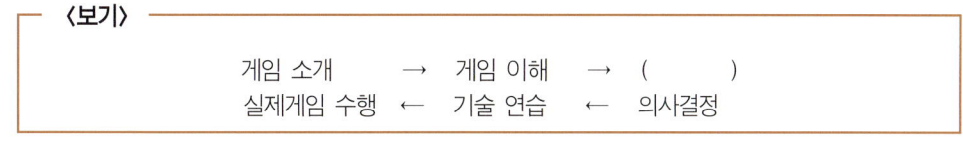

① 변형 게임
② 전술 인지
③ 초기 게임
④ 스크리미지

정답	②	난이도	쉬움
출제영역	5. 스포츠교육의 지도방법론(1.스포츠지도를 위한 교육모형)		

해설: 이해중심게임모형의 단계는 다음과 같이 6단계로, 시험 문항에서 빈칸에 들어갈 내용은 '전술인지'이다. 다음은 6단계로 이루어진 이해중심 게임모형의 단계이다.

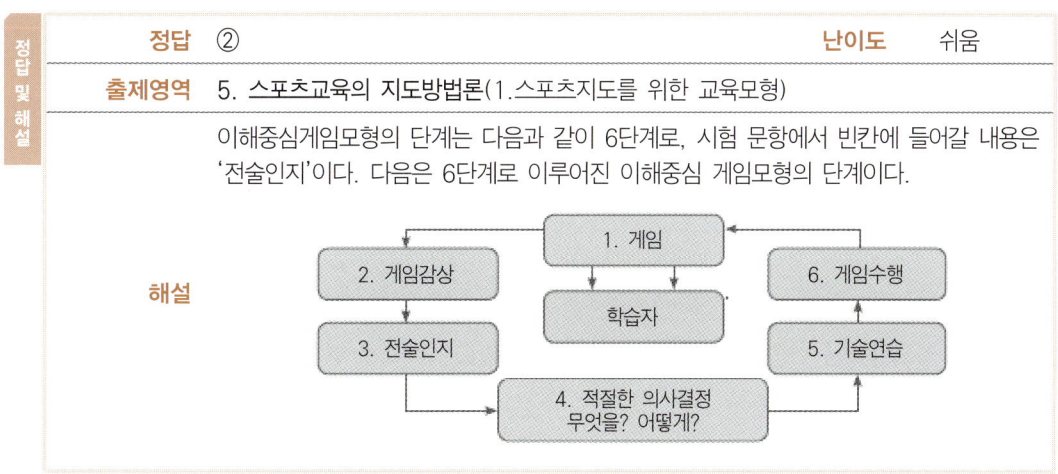

10. 동료교수모형에 관한 설명으로 옳은 것은?

① 개인교사는 교사에게 역할 수행을 위한 훈련을 받지 않는다.
② 교사는 개인교사, 학습자 모두와 상호작용을 한다.
③ 학생은 개인교사 역할과 학습자 역할을 번갈아가며 경험한다.
④ 학습 활동의 직접적인 참여 기회가 증가한다.

정답	③	난이도	보통
출제영역	5. 스포츠교육의 지도방법론(1.스포츠지도를 위한 교육모형)		

해설: 동료교수모형에서 개인교사는 교사에게 역할 수행을 위한 훈련을 받으며, 교사는 개인교사 하고만 상호작용을 하는 것이 바람직하다. 수업에서 학생은 개인교사와 학습자 역할을 번갈아가며 경험하기 때문에, 다른 모형과 비교할 때 학습활동의 직접적인 참여 기회가 감소할 가능성이 있다.

11. 〈보기〉의 내용 중 스포츠교육모형의 6가지 요소에 해당하는 것으로만 묶인 것은?

〈보기〉
- ㉠ 시즌
- ㉡ 결승전 행사
- ㉢ 기록 보존
- ㉣ 팀 소속
- ㉤ 학생-팀 성취 배분
- ㉥ 과제포스터

① ㉠, ㉡, ㉤
② ㉠, ㉢, ㉣
③ ㉡, ㉢, ㉥
④ ㉡, ㉤, ㉥

정답 및 해설	정답	②	난이도	쉬움
	출제영역	5. 스포츠교육의 지도방법론(1. 스포츠지도를 위한 교육모형)		
	해설	스포츠교육모형의 6가지 요소는 시즌, 팀소속, 공식 경기, 결승전 행사, 기록보존, 축제화가 해당된다.		

12. 탐구수업모형에서 학습 영역의 우선 순위를 순서대로 바르게 연결한 것은?

① 인지적 영역 → 심동적 영역 → 정의적 영역
② 인지적 영역 → 정의적 영역 → 심동적 영역
③ 심동적 영역 → 인지적 영역 → 정의적 영역
④ 심동적 영역 → 정의적 영역 → 인지적 영역

정답 및 해설	정답	①	난이도	쉬움
	출제영역	5. 스포츠교육의 지도방법론(1.스포츠지도를 위한 교육모형)		
	해설	탐구수업모형의 우선순위 영역의 순서는 인지적 영역, 심동적 영역, 정의적 영역이다.		

13. 개인적·사회적 책임감 지도모형에서 〈보기〉의 밑줄 친 내용에 해당하는 책임감 발달의 수준은?

〈보기〉

동민이는 축구 클럽 활동 초기에는 연습에 관심이 없었고, 친구들의 연습을 방해하기도 했다. 그러나 박 코치의 지속적인 관심과 지도로 점차 연습에 열심히 참여했고, <u>코치가 자리를 비운 상황에서도 스스로 목표를 세우고 과제를 완수할 수 있게 되었다.</u>

① 1단계 - 타인의 권리와 감정 존중 ② 2단계 - 참여와 노력
③ 3단계 - 자기 방향 설정 ④ 4단계 - 돌봄과 배려

정답	③	난이도	보통
출제영역	5. 스포츠교육의 지도방법론(1.스포츠지도를 위한 교육모형)		

해설

개인적, 사회적 책임감지도모형의 책임감 수준은 다음과 같이 6단계로 구성되어 있다. 보기의 내용처럼 코치가 자리를 비운 상황에서도 스스로 목표를 세우고 과제를 완수할 수 있는 것은 3단계 자기방향 설정이다.

〈개인적, 사회적 책임감 지도모형의 책임감 수준〉

수준	특징	의사결정과 행동의 사례	
5단계	전이	• 지역사회 환경에서 타인 가르치기 • 청소년스포츠코치로 지원하기	• 가정에서 개인적 체력 프로그램 실행하기 • 학교 밖에서 훌륭한 역할 본보기 되기
4단계	돌봄과 배려	• 먼저 단정하지 않고 경청하고 대응하기 • 거드름 피우지 않고 돕기	• 타인의 요구와 감정 인정
3단계	자기 방향 설정	• 교사 감독 없이 과제 완수 • 자기 목표 설정 가능	• 자기 평가 가능 • 부정적인 외부 영향에 대응 가능
2단계	참여와 노력	• 자기 동기 부여 있음 • 열심히 시도하는 학습(실패하는 것도 좋음)	• 의무감 없는 자발적 참여
1단계	타인의 권리와 감정 존중	• 다른 사람을 방해하지 않고 참여하기 • 타인을 고려하면서 안전하게 참여하기	• 자기 통제 보임(기질, 언어) • 평화로운 갈등 해결 시도
0단계	무책임감	• 참여 의지 없음 • 자기 통제 능력 없음	• 어떠한 수준의 책임과도 수용할 의사 없음 • 다른 사람들을 방해하는 시도

14. 하나로수업모형에서 〈보기〉의 내용이 의미하는 학습 활동은?

〈보기〉
• 스포츠의 심법적 차원(전통, 안목, 정신)을 가르친다.
• 스포츠를 잘 알 수 있도록 한다.
• 스포츠 문화에로의 입문을 도와준다.

① 기능 체험 ② 예술 체험
③ 직접 체험 ④ 간접 체험

정답	④	난이도	쉬움
출제영역	5. 스포츠교육의 지도방법론(1.스포츠지도를 위한 교육모형)		

해설

하나로 수업 모형은 직접 체험활동과 간접 체험활동으로 구분된다. 보기의 내용은 간접 체험활동으로, 이 활동은 스포츠를 잘 알 수 있도록 스포츠의 심법적 차원(전통, 안목, 정신)을 가르친다.

15. 〈보기〉에서 김 강사가 활용한 학습자 관리 기술은?

> 〈보기〉
>
> 김 강사는 야구를 지도하면서, 정민이가 야구 장비를 치우지 않는 일이 반복되자, 지도 후 장비를 치우는 행동을 여러 번 반복하게 했다. 이후 정민이가 장비를 함부로 다루거나 정리하지 않는 행동이 감소되었다.

① 삭제 훈련
② 적극적 연습
③ 보상 손실
④ 퇴장

정답	②	난이도	보통
출제영역	5. 스포츠교육의 지도방법론(2.스포츠지도를 위한 교수기법)		
해설	보기의 내용은 학습자 관리의 적극적 연습에 해당하는 것으로, 적극적 연습은 학습자가 부적절한 행동을 했을 때 적절한 행동을 일정 횟수로 반복시키는 것을 의미한다.		

16. 체육 지도자의 수업 중 간접기여행동의 예로 옳은 것은?

① 부상 학생의 처리
② 학부모와의 면담
③ 동작 설명과 시범
④ 학생 관찰 및 피드백

정답	①	난이도	보통
출제영역	5. 스포츠교육의 지도방법론(2.스포츠지도를 위한 교수기법)		
해설	운동을 연습할 때 지도사의 행동은 비기여행동, 간접기여행동, 직접기여행동이 있다. 간접기여행동은 학습과 관련은 있지만, 수업 내용 자체에 직접적으로 기여하지 않는 행동을 말한다. 예를 들면, 부상당한 학습자 처리행동, 과제 외 문제에 대한 토론에 참여하는 행동, 용변과 물 마시는 문제 처리와 관련된 행동, 학습활동에의 참여와 경기운영과 관련된 행동이 있다.		

17. 〈보기〉에서 이 감독이 고려하지 않은 평가의 양호도는?

> 〈보기〉
>
> 준혁: 서진아, 왜 이 감독님은 배구 스파이크를 평가할 때 공을 얼마나 멀리 보내는지를 가장 중요하게 평가하시는 걸까?
> 서진: 그러게 말이야. 스파이크는 멀리 보내는 것이 중요한 게 아니라 코트 안으로 얼마나 정확하고 강하게 때리느냐가 중요한 것 같은데.

① 신뢰도　　　　　　　　　　② 객관도
③ 타당도　　　　　　　　　　④ 실용도

정답	③	난이도	어려움
출제영역	6. 스포츠교육의 평가론(1. 평가의 이론적 측면)		
해설	평가의 양호도는 타당도와 신뢰도로 구성된다. 이 중, 이감독은 평가의 타당도를 소홀히 하고 있다. 타당도는 측정하고자 하는 것을 얼마나 정확하고 적합하게 측정하느냐에 관련된 사항이다. 따라서 스포츠지도사는 평가목적에 적절한 측정도구를 선택해서 활용해야 한다.		

18. 체육 활동 지도 초기에 참여자의 수준과 상태를 파악하고, 효과적인 교수·학습 전략을 수립하기 위해 실시하는 평가는?

① 진단평가　　　　　　　　　② 형성평가
③ 총괄평가　　　　　　　　　④ 수시평가

정답	①	난이도	보통
출제영역	6. 스포츠교육의 평가론 (1. 평가의 이론적 측면)		
해설	체육활동 지도 초기에 파악하는 평가는 진단평가라고 한다.		

평가기능	내용
진단평가	교육 프로그램 실시 이전에 참여자의 특성을 점검하는 평가활동으로, 학습자 또는 참여자의 정보를 수집하고 교육 방향을 설정·수정하며 학습장애의 원인과 정도를 파악하기 위한 기능
형성평가	교육 프로그램이나 지도방법의 개발단계에서 이루어지는 과정 중심의 평가활동으로, 지도방법과 과정, 결과의 향상과 효율을 증진시키는 방향으로 프로그램과 지도방법을 수정하기 위한 기능
총괄평가	교육 프로그램과 지도방법을 적용한 이후 학습자들의 성취도를 포함한 프로그램의 효과 및 효율성 등의 결과를 종합적으로 판단하기 위한 기능

19. 〈보기〉에서 최 코치가 추천한 스포츠 교육 전문인의 성장 방식은?

〈보기〉

민　수: 코치님, 어떻게 하면 저도 훌륭한 스포츠 교육 전문가가 될 수 있을까요?
최 코치: 여러 가지가 있겠지만, 나는 네가 선수 시절 경험을 정리해보거나, 코칭 관련 책과 잡지를 읽으면서 다양한 지식을 얻었으면 좋겠다.

① 경험적 성장 ② 비형식적 성장
③ 의도적 성장 ④ 무형식적 성장

정답	②	난이도	쉬움
출제영역	7. 스포츠교육자의 전문적 성장(2. 장기적 전문인으로서의 성장과 발달)		
해설	스포츠교육전문인의 성장은 형식적 성장, 무형식적 성장, 비형식적 성장으로 구분된다. 보기의 내용은 비형식적 성장이다. 비형식적 성장은 일상적인 경험으로부터 얻는 배움의 형식이다. 비형식적 학습은 과거의 선수경험, 비형식적인 멘토링, 실제적인 코칭, 동료 코치나 선수들과의 대화로부터 가능하다.		

20. 체육 활동의 학습자 관리 기술로 적절하지 <u>않은</u> 것은?

① 학습자 행동을 단계적으로 변화시킨다.
② 수반되는 행동 수정의 결과를 명시한다.
③ 다른 학습자에게 방해되지 않아도 부적절한 행동을 즉시 제지한다.
④ 학습자의 적절한 행동을 위한 대용보상체계를 마련한다.

정답	③	난이도	보통
출제영역	5. 스포츠교육의 지도방법론(2. 스포츠지도를 위한 교수기법)		
해설	다른 학습자에게 방해되지 않는 부적절한 행동은 즉시 제지하는 것이 아니라, 반드시 학습자가 부적절한 행동을 하는 이유가 있으므로, 이를 파악하는 자세가 우선적으로 필요하다.		

스포츠교육학 출제예상문제

1. 스포츠교육학의 범위에 해당되는 것을 〈보기〉에서 모두 고르면?

   〈보기〉
   ㉠ 학교체육   ㉡ 생활체육   ㉢ 전문체육

   ① ㉠   ② ㉡
   ③ ㉠, ㉡   ④ ㉠, ㉡, ㉢

2. 스포츠교육의 목적이 올바르게 변화된 것은?

   ① 신체의 교육 → 신체를 통한 교육
   ② 신체의 교육 → 신체에 의한 교육
   ③ 신체를 위한 교육 → 신체를 통한 교육
   ④ 신체에 의한 교육 → 신체를 위한 교육

3. 스포츠교육학의 가치 영역에 포함되지 <u>않는</u> 것은?

   ① 스포츠의 역사   ② 페어플레이
   ③ 스포츠 행정기관   ④ 스포츠 경기방법

4. 지도 계획안에 포함되어야 하는 것을 모두 고르면?

   〈보기〉
   ㉠ 목표   ㉡ 내용   ㉢ 지도방법   ㉣ 평가

   ① ㉠   ② ㉠, ㉡
   ③ ㉠, ㉡, ㉣   ④ ㉠, ㉡, ㉢, ㉣

5. 학교체육진흥법의 구성 내용에 해당되는 것을 〈보기〉에서 모두 고르면?

〈보기〉
㉠ 여학생의 체육활동 활성화
㉡ 학생건강체력평가(PAPS)
㉢ 유아 및 장애인의 체육활동 활성화
㉣ 학생선수의 학습권 보장 및 인권 보호

① ㉠
② ㉠, ㉡
③ ㉠, ㉡, ㉣
④ ㉠, ㉡, ㉢, ㉣

6. 공부하는 학생선수를 위해 제정된 제도는?
① 최저학력제
② 생활보장제
③ 학습진흥제
④ 학업성취제

7. 2014년 7월 국민체육진흥법 시행령에 제시된 생활스포츠지도사에 관한 변화 내용이 <u>아닌</u> 것은?
① 학력중심의 응시자격요건이 완화되었다.
② 다양한 스포츠종목의 자격을 취득하기 어려워졌다.
③ 체육지도자의 전문성과 특수성을 반영한 자격과 등급이 다양해졌다.
④ 생활체육 종목의 확대 수요를 반영한 생활체육 분야 종목이 추가되었다.

8. 우리나라 생활체육의 진흥을 위하여 제정된 법령의 명칭은?
① 학교체육진흥법
② 생활체육진흥법
③ 전문체육진흥법
④ 국민체육진흥법

9. 전문 스포츠지도사 자격취득에서 자격검정이나 연수과정의 일부 면제대상이 <u>아닌</u> 사람은?
① 학교체육교사
② 1급 생활스포츠지도사
③ 전·현역 국가대표선수
④ 문화체육관광부 장관이 지정한 프로스포츠단체 등록 선수

10. 다음과 같은 교육활동을 수행하는 스포츠교육자는?

   ┌─ 〈보기〉 ─────────────────────────────────┐
   │ ㉠ 학교스포츠클럽 지도   ㉡ 방과후 체육활동 지도 │
   │ ㉢ 체육수업진행 및 보조역할   │
   └───────────────────────────────────────┘

   ① 체육교사   ② 스포츠강사
   ③ 코치   ④ 감독

11. 학교 이외 기관에서 다음의 역할을 수행하는 스포츠교육자는?

   ┌─ 〈보기〉 ─────────────────────────────────┐
   │ ㉠ 스포츠활동 목표 설정   ㉡ 효율적인 지도 방법 개발 │
   │ ㉢ 지도자 간의 인간관계 유지   ㉣ 체육 프로그램 개발   │
   │ ㉤ 체육 관련 재정 관리   ㉥ 체육기구의 개발 및 운용 등 │
   └───────────────────────────────────────┘

   ① 체육교사   ② 스포츠강사
   ③ 생활스포츠지도사   ④ 전문스포츠지도사

12. 학교스포츠클럽 프로그램을 구성할 때 고려할 사항으로 거리가 먼 것은?

   ① 활동 시간을 지정해야 한다.
   ② 학생주도의 자발적 참여를 유도한다.
   ③ 스포츠인성 함양을 목적으로 설정한다.
   ④ 다양한 스포츠문화체험 기회를 제공한다.

13. 생활체육 프로그램의 설계 요소 중 (㉠, ㉡)에 해당하는 것은?

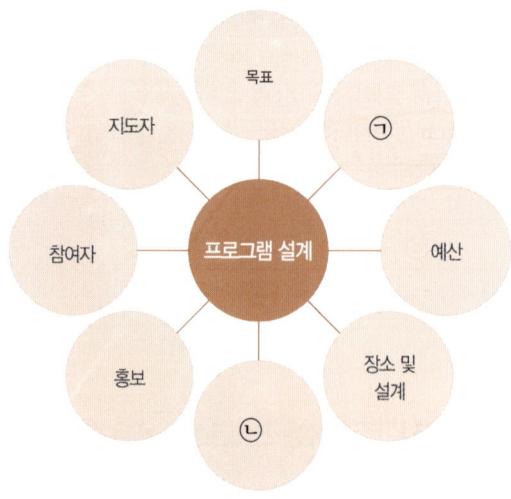

① 내용 – 용·기구 ② 교육철학 – 내용
③ 내용 – 시간대 ④ 교육철학 – 시간대

14. 다음 표에 제시된 유소년스포츠의 실행 유형으로 바르게 묶인 것은?

유형	프로그램
스포츠교실형	특별활동체육(어린이집과 유치원), 스포츠교실, 종목별 스포츠강습, 어린이체능교실
㉠	종목별 체육대회, 스포츠클럽 리그전 등
㉡	가족체육대회, 어린이체육대회, 뉴스포츠 체험 축제 등
개인운동	개별적 움직임 놀이, 개별적 운동동작 습득, 인라인스케이트, 수영 등
집단운동	그룹 놀이, 축구, 야구, 농구 등

① ㉠ 경기대회형 ㉡ 체험형
② ㉠ 클럽형 ㉡ 체험형
③ ㉠ 경기대회형 ㉡ 축제형
④ ㉠ 클럽형 ㉡ 축제형

15. 성인기 체육활동과 관련된 내용이 아닌 것은?

① 성인기는 20세에서 60세까지의 시기를 의미한다.
② 성인기는 나이가 많아짐에 따라 체력이 저하되는 시기이다.
③ 성인기는 운동부족, 스트레스 과다 등으로 성인병이 나타나는 시기이다.
④ 성인기는 웨이트 트레이닝 등의 무산소 운동을 중점적으로 수행해야 하는 시기이다.

16. 다음 전문체육 프로그램 지도개발을 위한 6단계 중 ㉠과 ㉡에 해당하는 내용으로 바르게 연결된 것은?

① 선수 요구 분석 – 지도 계획 수립　② 상황 분석 – 지도 계획 수립
③ 선수 요구 분석 – 기술 평가　　　④ 상황 분석 – 기술 평가

17. 전문체육관련 행정가의 역할로 가장 거리가 먼 것은?

① 조력자의 역할　② 전문가의 역할
③ 행정가의 역할　④ 관리자의 역할

18. 스포츠지도를 위한 교육모형의 주제가 잘못 연결된 것은?

① 전술 게임 모형 ⇒ 이해중심 게임 지도
② 협동 학습 모형 ⇒ 서로를 위해 함께 배우기
③ 탐구 수업 모형 ⇒ 문제 해결자로서의 학습자
④ 직접 교수 모형 ⇒ 수업 리더 역할자로서의 학습자

19. 스포츠를 지도할 때 사용되는 교육모형의 학습 영역 1순위가 바르게 연결된 것은?

① 직접교수모형 ⇒ 인지적 영역　② 개별화지도모형 ⇒ 심동적 영역
③ 탐구수업모형 ⇒ 정의적 영역　④ 스포츠교육모형 ⇒ 심동적 영역

20. 다음과 같은 특성을 가지고 있는 교육 모형은?

〈보기〉
㉠ 개인 교사　㉡ 2인 1조　㉢ 역할 교대　㉣ 학습자

① 동료교수모형　　② 탐구수업모형
③ 개별화지도모형　④ 스포츠교육모형

21. 다음과 같은 특성을 가지고 있는 교육 모형은?

> 〈보기〉
> ㉠ 시즌 ㉡ 팀소속 ㉢ 축제화 ㉣ 공식 경기 ㉤ 결승전 행사 ㉥ 기록 보존

① 협동학습모형 ② 탐구수업모형
③ 개별화지도모형 ④ 스포츠교육모형

22. 다음과 같은 수업 주도성 파일의 특징을 갖고 있는 교육 모형은?

① 협동학습 모형 ② 탐구수업모형
③ 개별화지도모형 ④ 스포츠교육모형

23. 전술게임 모형의 6단계 지도 과정에서 ㉠과 ㉡의 단계에 해당하는 내용은?

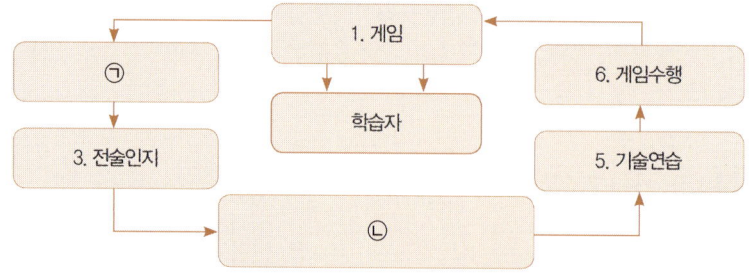

	㉠ 2단계	㉡ 4단계
①	게임 감상	적절한 의사 결정
②	전술 분석	게임 유형 설명
③	전술 분석	적절한 의사 결정
④	게임 감상	게임 유형 설명

24. 스포츠지도사가 작성해야 하는 지도계획안의 장점으로 거리가 **먼** 것은?

① 수업 진행 과정을 모니터링할 수 있다.
② 수업 시작 및 종료의 시기가 명료해진다.
③ 수업의 장·단기 의사결정에 도움이 된다.
④ 수업의 방해 요인을 과학적으로 분석할 수 있다.

25. 지도 내용의 발달적 분석에서 '확대' 다음의 (㉠)에 해당하는 것은?

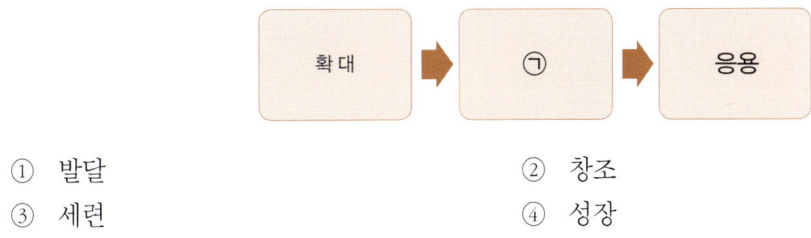

① 발달
② 창조
③ 세련
④ 성장

26. 다음 중 폐쇄 기술에 해당하는 스포츠로만 묶인 것은?

① 배구 - 사격
② 양궁 - 사격
③ 축구 - 배구
④ 야구 - 볼링

27. 다음 스포츠종목들의 갖고 있는 공통적 기술 특성은?

① 개방기술
② 폐쇄기술
③ 단순기술
④ 복합기술

28. 스포츠를 지도할 때 운동기술뿐만 아니라, 해당 운동에 관한 읽기, 토론하기, 감상하기 등의 활동을 활용하는 교수방향은?

① 창의인성을 지향하는 교수학습
② 개인차를 고려한 수준별 교수
③ 통합적 교수학습운영
④ 자기주도적 교수학습환경 조성

29. 다음은 스포츠지도사가 시행한 수영 수업의 관찰지이다. 이 중 ㉠~㉢에 해당하는 스포츠지도사의 행동 유형을 올바르게 제시한 것은?

스포츠지도사 수영 수업 관찰지					
수업 시간	10:00-10:50	장소	수영장	수강생	24명

- 10:00: 수업 시작 및 준비운동 실시함
- 10:10: 자유형 발차기 동작 설명함
- 10:15: ㉠ 발차기 동작 연습을 위한 발판 준비/2인 1조 팀별 조직함
  (중략)
- 10:25: ㉡ 발차기 연습 중 다리에 쥐가 난 학생을 조치함
- 10:30: ㉢ 수영장에 외부인이 나타나자 다가가 잠깐 동안 대화를 함
  (중략)

	㉠	㉡	㉢
①	직접 기여 행동	비기여 행동	간접 기여 행동
②	간접 기여 행동	직접 기여 행동	비기여 행동
③	직접 기여 행동	간접 기여 행동	비기여 행동
④	간접 기여 행동	비기여 행동	간접 기여 행동

30. 다음 〈보기〉에 해당하는 스포츠지도사의 행동 유형은?

〈보기〉
㉠ 수업 중 다리에 쥐가 난 학생을 조치함
㉡ 수업 중 땀을 많이 흘리는 학생들을 그늘에서 잠깐 휴식하도록 조치를 취함

① 직접기여행동
② 간접기여행동
③ 비기여행동
④ 준기여행동

31. 다음의 상황에서 스포츠지도사가 제공한 피드백의 유형은?

> ⟨스포츠지도사⟩ "지금까지 우리 모두가 5분 동안 농구 체스트패스를 연습했습니다. 선생님이 여러분을 관찰해 보니, 모두 열심히 참여해 주었습니다. ㉠ 거의 모든 학생들이 두팔을 앞으로 쭉 벋어 상대방의 가슴 높이로 농구공을 주라는 것을 잊지 않고 수행해 주었습니다. 그럼 지금부터 다시 2분 동안 상대방이 공을 잘 받을 수 있도록 연습을 해 봅시다. 실시!" (스포츠지도사는 전체를 관찰하다가 체스트패스에 어려움을 겪고 있는 영희와 민정이가 연습하는 곳으로 이동한다)
>
> ⟨스포츠지도사⟩ ㉡영희야! 민정이한테 패스할 때 네 팔이 앞으로 쭉 벋어지는지 확인해 보렴.

① ㉠집단 피드백   ㉡ 중립적 피드백
② ㉠전체 수업 피드백   ㉡ 개별적 피드백
③ ㉠ 집단 피드백   ㉡ 언어 피드백
④ ㉠ 전체 수업 피드백   ㉡ 즉각적 피드백

32. 다음 그림과 같이 스포츠지도사는 체육관에서 농구 과제를 운영하고 있다. 각 조는 제시된 과제를 수행하고 다음 조에 해당하는 과제를 수행하게 된다. 스포츠지도사가 사용하고 있는 교수 전략의 명칭은?

(1조) 벽 치기 농구 체스트 패스	(2조) 2인 농구 체스트 패스
(3조) 3인 농구 체스트 패스(수비수 없음)	(4조) 3인 농구 체스트 패스(수비수 1명 있음)

① 스테이션 교수   ② 동료 교수
③ 상호작용 교수   ④ 유도발견학습

33. 예방적 수업의 운영 방법에 해당하지 않는 것은?

① 수업 운영 시간을 늘릴 수 있다.
② 주의 집중에 필요한 신호를 가르칠 수 있다.
③ 긍정적인 상호작용을 활성화할 수 있다.
④ 높은 비율의 피드백을 제공할 수 있다.

34. 다음 중 효과적인 과제 제시 전략으로 옳지 않은 것은?

① 단서는 정확해야 한다.
② 단서의 수는 많을수록 좋다.
③ 단서는 간결해야 한다.
④ 단서는 학습자의 연령과 수준에 적합해야 한다.

35. 수업 중에 지속적으로 반복해서 나타나는 행동을 무엇이라고 하는가?

① 상규적 활동
② 피드백
③ 주의 환기
④ 상호작용

36. 스포츠지도사가 학습자가 이전에 경험하지 않은 문제의 해결에 필요한 질문을 한다면, 이 질문은 어떤 유형의 질문인가?

① 회상형 질문
② 수렴형 질문
③ 확산형 질문
④ 가치형 질문

37. 스포츠지도사가 개인차를 고려한 수준별 교수를 시행하는 이유와 거리가 먼 것은?

① 과제 참여의 유형을 다양화할 수 있다.
② 과제 참여의 질적 수준을 높일 수 있다.
③ 과제 참여의 공평한 기회를 제공할 수 있다.
④ 과제 수준에 따른 선의의 경쟁을 추구할 수 있다.

38. 다음 중 스포츠교육의 평가 목적으로 가장 거리가 먼 것은?

① 스포츠지도사의 교육활동 개선
② 학습자의 운동 수행 참여와 동기 촉진
③ 스포츠지도사의 근무 능력 및 근무 태도 개선
④ 교육 목표에 따른 학습 진행 상태 점검과 지도 활동 조정

39. 평가의 기능에 따른 분류에 해당하지 **않는** 것은?

① 진단 평가　　　　　　　② 절대 평가
③ 형성 평가　　　　　　　④ 총괄 평가

40. 평가의 양호도에서 다음 보기의 내용을 사용하는 개념은?

〈보기〉
　　㉠ 검사-재검사법　　㉡ 동형검사법　　㉢ 내적 일관성

① 신뢰도　　　　　　　　② 객관도
③ 타당도　　　　　　　　④ 활용도

41. 다음 평가의 기능 영역에서 ㉠과 ㉡에 들어갈 명칭은?

평가의 기능	내용 또는 특성
진단평가	■ 교육 프로그램 실시 이전, 참여자의 특성을 점검하는 평가 활동 ■ 학습자의 정보 수집, 교육방향 설정
(㉠)	■ 교육 프로그램 운영 중간에 이루어지는 과정중심의 평가활동 ■ 프로그램과 지도 방법의 수정 가능
총괄평가	■ 교육 프로그램 운영 이후 프로그램의 효과성 검증 ■ 교육 프로그램의 결과에 대한 종합적 판단

① 형성 평가　　　　　　　② 수시 평가
③ 준거 평가　　　　　　　④ 성과 평가

42. 다음은 학습자의 상체 근력 평가를 위해 스포츠지도사가 선택한 측정도구이다. 이 스포츠지도사가 간과하고 있는 평가의 양호도는?

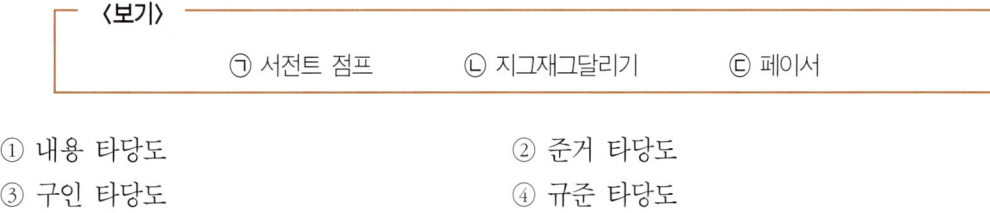

① 내용 타당도　　　　　　② 준거 타당도
③ 구인 타당도　　　　　　④ 규준 타당도

43. 다음의 표에서 사용한 스포츠교육의 평가 기준은?

평가 영역	성취 기준		수준		
			상	중	하
탁구	서비스	동작 연결	세부 동작의 연결이 자연스럽고 리듬감이 있다.	세부 동작의 연결이 자연스러우나 리듬감이 부족하다.	세부 동작의 연결이 자연스럽지 않고 리듬감이 없다.
		정확성	서비스 성공률이 70%이상이다.	서비스 성공률이 30-70%이다.	서비스 성공률이 30% 미만이다.

① 준거 지향 ② 규준 지향
③ 자기 지향 ④ 상대 지향

44. 다음과 같은 평가 기법의 장점이 <u>아닌</u> 것은?

운동기능	배드민턴의 백핸드 하이클리어
Y / N	백핸드 스트로크 시 타점이 적절한가?
Y / N	리스트 콕(wrist cock)을 하고 있는가?
Y / N	백핸드 스트로크 시 썸업(thumb up)을 하고 있는가?
Y / N	백핸드 스트로크 시 팔꿈치를 펴서 스트로크를 하는가?

① 제작과 활용이 용이하다.
② 평가의 시간을 단축할 수 있다.
③ 평가 항목의 수를 늘릴 수 있다.
④ 관찰도구나 질문지로 활용가능하다.

45. 학교체육전문인의 자질 중 수행 요소에 해당하는 것을 〈보기〉에서 모두 고르면?

〈보기〉
㉠ 학습자 이해   ㉡ 교육과정 운영 및 개발   ㉢ 학습 모니터 및 평가
㉣ 협력관계 구축   ㉤ 교직인성 및 사명감   ㉥ 전문성 개발

① ㉠, ㉡, ㉢   ② ㉡, ㉢, ㉣
③ ㉡, ㉢, ㉣, ㉤ ④ ㉡, ㉢, ㉣, ㉥

46. 생활체육전문인의 전문적 자질 3요소는?

① 인지적 자질, 기능적 자질, 인성적 자질
② 인문적 자질, 기능적 자질, 인성적 자질
③ 인격적 자질, 수행적 자질, 창의적 자질
④ 인지적 자질, 기능적 자질, 창의적 자질

47. 다음과 같은 생활체육전문인의 전문적 자질 개발 방법은?

- 지도자와 동료 상호간에 이루어지는 상호 배움의 과정
- 일대일 또는 다수 토론이나 세미나 참여
- 스포츠지도 상황에 대한 대화를 통한 문제점 및 해결 방안 탐색

① 현장 연구
② 스터디 그룹
③ 동료 코칭
④ 반성적 지도

48. 전문체육인의 발달 단계 순서로 적합한 것은?

① 입문 단계 ⇒ 개발 단계 ⇒ 고급 단계
② 초급 단계 ⇒ 중급 단계 ⇒ 고급 단계
③ 기초 단계 ⇒ 중급 단계 ⇒ 상급 단계
④ 입문 단계 ⇒ 중급 단계 ⇒ 고급 단계

49. 〈보기〉의 ㉠~㉢에 해당하는 스포츠교육 전문인의 성장 유형은?

〈보기〉
㉠ 코칭 콘퍼런스, 세미나, 워크숍, 클리닉
㉡ 대학의 코칭 자격 프로그램, 코칭 자격 인증제도
㉢ 과거 선수 경험, 비형식적 멘토링, 동료코치나 선수들과의 대화

	㉠	㉡	㉢
①	형식적 성장	무형식적 성장	비형식적 성장
②	비형식저 성장	형식적 성장	무형식적 성장
③	무형식적 성장	형식적 성장	비형식적 성장
④	무형식적 성장	비형식적 성장	형식적 성장

50. ⟨보기⟩의 ㉠~㉢에 해당하는 스포츠교육 전문인의 성장 유형은?

⟨보기⟩
㉠ 과거 선수의 경험에 의한 성장
㉡ 멘토링에 의한 성장
㉢ 동료코치나 선수들과의 대화를 통한 성장

① 무형식적 성장
② 준형식적 성장
③ 형식적 성장
④ 비형식적 성장

스포츠교육학 출제예상문제 정답 및 해설

문항	정답	해설
1	④	스포츠교육학의 범위는 학교체육에만 국한하지 않는다. 국내외적으로 스포츠교육학은 학교체육현장 뿐만 아니라 생활체육현장과 전문체육현장에서의 교육적 측면을 탐구 및 실천을 담당하고 있다.
2	①	스포츠교육의 목적은 신체의 교육(Education of the physical)에서 신체를 통한 교육(Education through the physical)으로 변화되었다. 신체의 교육은 신체 자체에 초점을 둔 교육의 방향을 의미하며, 신체를 통한 교육은 신체교육뿐만 아니라 지적, 도덕적, 정의적 등의 총체적인 교육 발달을 강조한다.
3	③	스포츠교육학의 가치 영역은 인지적 영역, 심동적 영역, 정의적 영역이 포함된다. 스포츠의 역사는 인지적 영역에 해당하고, 페어플레이는 정의적 영역, 스포츠경기방법은 심동적 영역에 해당한다.
4	④	지도계획안에는 지도목표(또는 학습목표), 내용(또는 학습내용), 지도방법(또는 교수학습방법), 평가(또는 형성평가)가 모두 포함되어야 한다.
5	④	학교체육진흥법에는 여학생의 체육활동 활성화, 학생건강 체력검사, 유아 및 장애인의 체육활동 활성화, 학생선수의 학습권 보장 및 인권보호가 모두 포함되어 있다. 이 밖에 체육교육과정 운영 충실 및 체육수업의 질 제고, 비만 판정을 받은 학생에 대한 대책, 학교스포츠클럽 및 학교운동부 운영, 학교체육행사의 정기적 개최, 학교 간 경기대회 등 체육교류 활동 활성화, 교원의 체육관련 직무연수 강화 및 장려 등이 포함되어 있다.
6	①	학생선수의 학습권 보장을 마련된 제도는 최저학력제이다.
7	②	2014년 7월 개정된 국민체육진흥법 시행령에서는 생활스포츠지도사의 자격 취득을 완화하였다. 즉 18세 이상이면 누구나 응시가 가능하도록 하였다.
8	④	현재는 국민체육진흥법에 생활체육의 진흥과 전문체육의 진흥이 모두 포함되어 있다
9	②	전문스포츠지도사 자격취득에서 자격검정이나 연수과정의 면제대상이 아닌 사람은 1급 생활스포츠지도사이다.
10	②	스포츠강사는 초중고에서 정규수업 외 학교스포츠클럽이나 방과후 체육활동을 지도하거나 정규체육수업의 보조 및 진행을 담당하는 체육지도자이다. 이들은 학생 안전관리, 체육교구 및 시설관리, 학생건강체력평가제 업무 지원, 체육대회 등 체육관련 행사 지원, 방학 기간 중 여름방학과 겨울방학 프로그램 운영 등의 다양한 업무를 수행하고 있다.

문항	정답	해설
11	③	생활스포츠지도사는 생활체육분야에서 보기에 제시되어 있는 6가지 업무를 포함하여 생활체육에 대한 연구활동도 수행한다.
12	①	학교스포츠클럽 프로그램을 구성할 때 고려할 사항은 활동 시간의 다양화, 학생주도의 자발적 참여, 스포츠인성 함양 목표, 스포츠문화체험의 기회 제공이다. 학교스포츠클럽의 운영 시간은 다양화되어야 하는데, 0교시, 점심시간, 방과후, 주말 등 다양하다. 따라서 시간을 지정하여 운영하는 것은 학생들의 클럽활동 범위와 활동 시간을 제약할 수 있어서 바람직하지 않다.
13	③	생활체육 프로그램의 설계 요소에는 목표, 내용, 예산, 장소 및 시설, 시간대, 홍보, 참여자, 지도자가 포함된다. 따라서 정답은 내용 및 시간대가 된다.
14	③	유소년스포츠의 실행 유형은 스포츠교실형, 경기대회형, 축제형, 개인운동, 집단운동이 포함된다. 이 중 ㉠은 경기대회형이며 ㉡은 축제형에 해당된다.
15	④	성인기의 체육활동은 무산소 운동뿐만 아니라 유산소 운동을 병행해야 하는 시기이다.
16	②	전문체육 프로그램에는 6단계의 지도단계가 있다. 1단계는 선수에게 필요한 기술 파악, 2단계 선수이해, 3단계 상황 분석, 4단계 우선순위 결정 및 목표설정, 5단계 지도계획 수립 그리고 6단계 연습계획 수립이 해당된다.
17	①	전문체육관련 행정가의 역할에서는 전문가의 역할, 행정가의 역할, 관리자의 역할이 강조된다. 조력자의 역할은 전문체육보다는 생활체육관련 행정가의 역할로 주로 인식되고 있다.
18	④	직접교수모형은 '수업 리더 역할자로서의 교사'라는 주제를 표방한다. 이는 수업의 전체 흐름을 교사가 모두 직접 주도하기 때문이다.
19	②	직접교수모형의 1순위는 심동적 영역이며, 탐구수업모형은 인지적 영역이고, 스포츠교육모형은 역할에 따라 1순위가 달라지므로 한 가지로 결정할 수 없다.
20	①	동료교수모형에서는 학습자가 2인1조로 구성이 되어, 1명은 개인교사역할을 담당하고 다른 1명은 학습자 역할을 한다. 일정 시간이 지나면 수업 안에서 학생들의 역할 교대가 이루어진다.
21	④	스포츠교육모형은 시즌, 팀소속, 축제화, 공식경기, 결승전 행사, 기록보존이라는 6가지 특성을 가지고 있다.
22	①	동료교수모형과 협동학습모형의 학습자 구성인원이 일반적으로 2-4명으로 구성되어 유사한 모형으로 오해가 있으나, 이 2개 모형의 본질은 전혀 다르다. 동료교수모형은 직접 교수모형에서 파생된 것으로, 학습자에게 교수자의 역할을 강조하는 모형이다. 반면에 협동학습모형은 학습자에게 교수자의 역할보다는 모둠형식의 학습자의 역할을 강조한다.
23	①	전술게임 모형은 6단계(1단계 게임, 2단계 게임감상, 3단계 전술인지, 4단계 적절한 의사결정, 5단계 기술연습, 6단계 게임수행)로 진행된다.
24	④	지도계획안의 장점은 여러 가지가 있을 수 있으나, 지도계획안 자체로는 수업 방해 요인을 과학적으로 분석하는데 무리가 있다.

문항	정답	해설
25	③	지도내용의 발달적 분석단계는 3단계로, 확대, 세련, 응용이다.
26	②	양궁, 볼링, 사격, 다트는 환경의 변화에 영향을 받지 않는 폐쇄기술이다.
27	②	보기의 스포츠(예: 양궁, 볼링, 사격, 다트)활동은 환경의 변화에 영향을 받지 않는 폐쇄기술이다.
28	③	통합적 교수학습운영은 직접 활동(예: 하기, 수행하기 등)과 간접활동(예: 읽기, 쓰기, 토론하기, 감상하기 등)을 모두 활용하는 교수방향이다.
29	③	학습자들이 연습활동에 임할 때 운동과제에 적극적으로 참여하는 시간을 증가하기 위해서는 교사의 비기여 행동을 없애고 간접기여 행동을 최소화하며 직접기여 행동을 높여야 한다. ㉠은 수영의 발차기 동작연습과 직접 관련이 있는 사항이므로 직접기여행동에 속하며, ㉡은 교사가 학생의 부상처리를 한 것이기 때문에 간접기여행동에 해당한다. 그리고 ㉢은 교사가 수업과 전혀 관계없는 외부인과 대화를 하는 사항이므로 비기여 행동에 해당한다.
30	②	학습자들이 연습활동에 임할 때 운동과제에 적극적으로 참여하는 시간을 증가하기 위해서는 교사의 비기여 행동을 없애고 간접기여 행동을 최소화하며 직접기여 행동을 높여야 한다. 보기처럼 수업 중 다리에 쥐가 난 학생을 조치하거나 수업 중 땀을 많이 흘리는 학생들을 그늘에서 잠깐 휴식하도록 조치한 것은 지도자의 간접기여행동에 해당한다. 간접기여행동은 학습과 관련은 있지만 수업내용 자체에 직접 기여하지는 않는 행동을 의미한다.
31	②	이 문제는 피드백의 대상에 관한 것으로, ㉠은 전체 학생을 대상으로 피드백을 주는 장면이므로 전체수업 피드백이며, ㉡은 영희라는 개별 학생에게 피드백을 주는 장면이므로 개별적 피드백에 해당한다.
32	①	스포츠지도사가 활용한 교수전략은 스테이션 교수이다. 이 전략의 경우 4개의 스테이션(1조, 2조, 3조, 4조)를 만들어 다양한 농구 체스트 패스 관련 과제를 계획하고 있다.
33	①	예방적 수업운영을 통해 수업 운영 시간을 늘리는 것이 아니라, 수업 시간을 엄수할 수 있어 오히려 수업 운영 시간을 줄일 수 있다.
34	②	효과적인 단서는 정확하고(단서의 정확성), 학습자가 수행해야 하는 과제에 중요한 부분을 담고 있어야 하며(단서의 요점과 간결성), 단서의 수가 많지 않으며(단서의 양적 적절성), 넷째, 학습자의 연령과 학습 단계에 적합해야 한다(학습자의 연령과 수준에 적합한 단어)
35	①	상규적 활동은 체육수업이나 스포츠지도 시간에 반복적으로 나타나는 행동을 말하며, 이 상규적 활동을 루틴으로 확립하여 학습자에게 적용해야 한다.
36	③	스포츠지도사가 수업 중에 활용할 수 있는 질문의 유형은 4가지이다. 먼저 회상형(회고적) 질문은 기억수준의 대답만 필요로 하는 질문이며, 수렴형(집중적) 질문은 이전에 경험했던 내용의 분석 및 통합에 필요한 질문이다. 확산형(분산적) 질문은 이전에 경험하지 않은 문제의 해결에 필요한 질문을 말하며, 가치형(가치적) 질문은 취사선택, 태도, 의견 등을 표현하는 데 필요한 질문으로 볼 수 있다.

문항	정답	해설
37	④	스포츠지도사가 개인차를 고려한 수준별 교수를 시행하는 이유는 과제 참여의 유형을 다양화하고, 과제 참여의 질적 수준을 높일 수 있으며, 과제 참여의 공평한 기회를 제공하기 위함이다. 수준별 교수는 선의의 경쟁을 추구하는 것이 아니라, 자신의 수준에 맞는 과제에 참여하기 때문에 다른 학생들과의 경쟁을 최소화할 수 있는 전략이다.
38	③	스포츠교육의 평가는 여러 가지 목적을 가지고 있다. 스포츠지도사의 교육활동을 개선하거나 교수학습의 효과성을 판단할 수 있으며, 학습자의 운동수행 참여 및 향상 동기를 촉진할 수 있다. 또한 학습자의 학습상태와 학습지도에 관한 정보를 제공하고, 학습지도 및 관리운영의 효율성을 위한 집단을 편성할 수 있다. 뿐만 아니라, 학습자 역량 판단을 위한 이수과정 선택 정보를 제공하고, 교육프로그램 또는 교육과정의 적합성과 적절성 확인, 교육목표에 따른 학습진행 상태 점검과 지도활동을 조정하기 위해 시행된다.
39	②	스포츠교육의 평가는 시기별로 진단평가, 형성평가, 총괄평가로 구분된다. 진단평가는 교육 프로그램 실시 이전에 시행되는 평가를 말하고, 형성평가는 교육 프로그램 운영 중간에 시행되는 평가를 말한다. 총괄평가는 교육 프로그램 이후에 진행되는 평가를 의미한다.
40	①	보기의 내용(검사-재검사법, 동형검사법, 내적 일관성)은 평가의 양호도에서 신뢰도를 검사하는 방법이다. 평가의 신뢰도는 스포츠지도사가 시공간에 관계없이 늘 일관된 행동이나 태도로 측정하는 개념이다.
41	①	교육 프로그램이나 지도방법의 개발단계에서 이루어지는 과정 중심의 평가활동을 형성평가라고 한다.
42	①	평가의 양호도는 타당도와 신뢰도로 구분된다. 특히 타당도는 평가 목적에 적절한 측정도구를 선택하고자 할 때 고려하는 사항이다. 이 중에서 내용타당도는 검사 문항이 측정하고자 하는 내용을 얼마나 잘 대표하고 있느냐를 나타내는 정도를 말한다. 이 문제의 경우 스포츠지도사가 학습자의 상체 근력을 평가하기 위한 도구로 서전트점프, 지그재그달리기, 페이서를 선택했다. 서전트점프, 지그재그달리기, 페이서는 근력보다는 순발력을 측정하는데 적합한 측정도구이며, 하체의 근력이 아닌 상체의 근력을 측정하는 데는 부적합하다.
43	①	표에 제시되어 있는 평가기법은 루브릭이다. 루브릭은 평가자에게 평가 시 활용할 수 있도록 각각의 수행 수준의 특징에 대한 정보를 명세화하여 제공할 수 있고, 학습자에게는 자신들이 어느 정도의 수준인지에 대해 알려주고 향후 수행능력 향상을 위해 무엇이 필요한지에 대한 분명한 피드백을 제공한다. 이런 맥락 속에서 루브릭은 준거지향 평가를 토대로 하고 있다. 준거지향 평가는 스포츠지도사가 설정한 행동 준거에 의거하여 학습자가 도달했을 때 교육목표가 달성되었다고 본다. 즉 준거지향 평가의 절대적 준거 적용은 학습자 집단의 검사 점수 분포를 고려하지 않고 개인의 성취도를 설정된 준거나 척도에 비교하여 평가결과를 해석한다.
44	③	해당 문제에 제시되어 있는 평가기법은 체크리스트이다. 체크리스트는 다른 평가 기법에 의해 제작과 활용이 용이하고, 평가 시간을 단축할 수 있는 장점이 있다. 또한 이 체크리스트는 관찰 도구나 질문지로 활용이 가능하다. 그러나 평가 항목의 수는 체크리스트를 포함하여 어떤 평가 기법이던지 평가 항목의 수를 무작정 늘리는 것은 바람직하지 않다.

문항	정답	해설
45	②	학교체육 전문인의 자질은 크게 지식, 수행, 태도로 구분된다. 이 중, 지식영역은 학습자 이해와 교과 지식이 포함되며, 수행 영역은 교육과정운영 및 개발, 수업 계획 및 운영, 학습 모니터 및 평가, 협력관계 구축이 해당된다. 태도 영역에서는 교직 인성 및 사명감과 전문성 개발이 포함된다.
46	①	생활체육 전문인의 전문적 자질은 인지적 자질, 기능적 자질, 인성적 자질로 구분된다.
47	③	보기에 제시되어 있는 생활체육 전문인의 전문적 자질 개발방법은 동료 코칭이다. 동료 코칭은 지도자와 동료 상호간에 코칭 개선을 목적으로 실시하는 상호 배움의 과정이다.
48	①	전문체육인의 발달 단계는 입문 단계, 개발 단계, 고급 단계로 진행된다.
49	③	스포츠교육 전문인의 성장은 3가지 방법(형식적 성장, 무형식적 성장, 비형식적 성장)으로 진행된다. 형식적 성장은 고도로 제도화되고 관료적이며 교육과정에 의하여 조직된 교육을 의미하며, 대학의 코칭 자격 프로그램, 코칭 자격 인증제도가 해당된다. 무형식적 성장은 공식화된 교육기관 밖에서 행해지는 조직적인 학습의 기회로서 비교적 단기간에 자발적으로 이루어진다. 그 예로 코칭 컨퍼런스, 세미나, 워크숍, 클리닉 등이 해당된다. 반면에 비형식적 성장은 일상적인 경험으로부터 얻어지는 배움의 형식으로, 과거 선수 경험, 비형식적 멘토링, 동료코치나 선수들과의 대화가 해당된다.
50	④	보기의 내용은 비형식적 성장에 해당된다.

스포츠윤리

스포츠윤리 2017년 기출문제 분석

출제기준

주요항목	세부항목
1. 스포츠와 윤리	1. 스포츠의 윤리적 기초
	2. 스포츠윤리의 이해
	3. 윤리이론
2. 경쟁과 페어플레이	1. 스포츠경기의 목적
	2. 스포츠맨십
	3. 페어플레이
3. 스포츠와 불평등	1. 성차별
	2. 인종차별
	3. 장애차별
4. 스포츠에서의 환경과 동물윤리	1. 스포츠와 환경윤리
	2. 스포츠와 동물윤리
5. 스포츠와 폭력	1. 스포츠와 폭력
	2. 선수 폭력
	3. 관중 폭력
6. 경기력 향상과 공정성	1. 도핑
	2. 유전자 조작
	3. 용기구와 생체 공학 기술 활용
7. 스포츠와 인권	1. 학생선수의 인권
	2. 스포츠지도자와 윤리
	3. 스포츠와 인성교육
8. 스포츠 조직과 윤리	1. 스포츠와 정책윤리
	2. 심판의 윤리
	3. 스포츠조직의 윤리경영

[2급 생활스포츠지도사]

1. 〈보기〉에서 B 선수의 판단과정에 영향을 준 윤리이론은?

〈보기〉

강등위기에 처한 프로축구팀 감독은 상대팀 주전 공격수인 A 선수를 거칠게 수비하라는 지시를 B 선수에게 내렸다. B 선수는 자신의 파울로 인한 결과가 유용하고 A 선수 한 사람에게 주는 피해보다 소속팀 전체에게 이익을 줄 수 있다면 자신의 행동은 옳을 것이라고 생각했다.

① 덕윤리
② 사회계약론
③ 의무론
④ 공리주의

정답 및 해설	정답	④	난이도	어려움
	출제영역	1. 스포츠와 윤리(3. 윤리이론)		
	해설	공리주의는 19세기 중반 영국에서 나타난 사회사상으로 가치 판단의 기준을 효용과 행복의 증진에 두어 '최대 다수의 최대 행복' 실현을 윤리적 행위의 목적으로 보았다. 공리주의는 공리성(utility)을 가치 판단의 기준으로 하는 사상으로, 어떤 행위의 옳고 그름은 그 행위가 '인간의 이익과 행복을 늘리는 데 얼마나 기여하는 가' 하는 유용성과 결과에 따라 결정된다고 본다.		

2. 스포츠맨십, 페어플레이와 같은 윤리적 품성의 실천과 습관화를 강조하는 교육은?

① 정서교육
② 인지교육
③ 덕교육
④ 지식교육

정답 및 해설	정답	③	난이도	쉬움
	출제영역	2. 경쟁과 페어플레이(2. 스포츠맨십, 3. 페어플레이)		
	해설	덕 교육은 개인주의를 넘어 공동체주의와의 조화를 모색하고 선택, 정념, 행동의 세 가지 측면과 관련된다. 덕 교육은 실천적 지혜, 도덕적 감성 계발, 도덕적 습관형성을 목표로 하고 사람의 성품에 관심을 두는 교육으로, 보편적 도덕원리를 중요시 하는 게 아니라, 각각의 상황에 무엇이 적절한지 파악하는 실천적 지혜를 강조하는 행위자 중심의 교육이다.		

3. 〈보기〉의 ㉠, ㉡에 들어갈 용어는?

─〈보기〉─
(㉠)은 실제 사건과 현상에 대한 진술이라면, (㉡)은 마땅히 그렇게 되어야 할 것을 지시하거나 어떤 기준, 규범에 따르는 것이어야 함을 나타낸다. 예를 들면 '박태환 선수는 아시아 선수권 수영대회에서 자유형 200m 대회신기록을 수립했다'는 (㉠)이고, '축구경기 중 넘어진 상대선수를 일으켜 준 박지성 선수의 행동은 매우 훌륭했다'는 (㉡)이다.

	㉠	㉡		㉠	㉡
①	사실판단	주관판단	②	객관판단	가치판단
③	사실판단	가치판단	④	객관판단	주관판단

정답 및 해설	정답	③		난이도	보통
	출제영역	1. 스포츠와 윤리(1. 스포츠의 윤리적 기초)			
	해설	사실판단은 있는 그대로의 사실에 대한 객관적 판단이다. 이에 반해 가치판단은 마땅히 그렇게 되어야 할 것을 지시하거나 어떤 기준, 표준 혹은 규범에 따르는 것이어야 함을 나타내는 것이다. 따라서 어떤 경기에서 기록을 수립하거나 메달을 땄다는 것은 있는 그대로의 사실에 대한 객관적인 진술이므로 사실판단에 속하고, '매우 훌륭했다'는 것은 개인의 기준 또는 규범에 따르는 것이므로 가치판단에 속한다.			

4. 〈보기〉에서 괄호 안에 들어갈 용어는?

─〈보기〉─
스포츠 선수의 ( )은/는 자신에게 주어진 모든 가능성을 최대한 활용하여 최고의 실력을 정당하게 발휘하고자 하는 마음가짐과 태도라고 할 수 있다.

① 로고스(Logos) ② 에토스(Ethos)
③ 아곤(Agon) ④ 아레테(Aretē)

정답 및 해설	정답	④		난이도	어려움
	출제영역	2. 경쟁과 페어플레이(1. 스포츠경기의 목적)			
	해설	아레테(Arete)는 인간을 인간답게 만들어 주는 자질을 의미하는 '덕'의 개념으로, 전사의 용기와 관련이 있지만 시대가 변화하면서 그 의미도 변화하여 논리적인 언변을 펼치는 수사학적 능력과도 동일시되었다. 또한 아레테는 어떤 것이 최적의 기능을 발휘할 수 있는 상태를 의미하기도 한다.			

5. 스포츠맨십에 대한 설명으로 옳지 않은 것은?

① 페어플레이에 비해 보다 구체적이고 상대적인 윤리규범이다.
② 일반적인 도덕규범을 통해 경쟁의 부정적인 요소를 억제하는 태도이다.
③ 경기에서 일반적인 윤리덕목을 지키고 강화하려는 정신이다.
④ 이상적인 신사(gentleman)의 인간상이 스포츠에 적용되면서 만들어진 가치이다.

정답 및 해설		
정답	①	난이도 보통
출제영역	2. 경쟁과 페어플레이(2. 스포츠맨십)	
해설	스포츠맨십이란 스포츠에 참가한 자(스포츠맨)라면 마땅히 따라야 할 준칙과 갖추어야 할 태도를 의미하는 것으로 스포츠의 가장 포괄적인 규범이다. 규칙의 준수, 아마추어리즘, 상대선수의 존중 등을 모두 스포츠맨십에 포함되는 하위요소들이다. 페어플레이는 공정 시합이라는 의미로, 스포츠맨십이 페어플레이에 비해 구체적이거나 상대적인 윤리규범은 아니다.	

6. 〈보기〉의 괄호 안에 들어갈 용어는?

〈보기〉

축구 경기 중 상대 선수가 부상으로 쓰러졌을 경우, 공을 밖으로 걷어내고 부상자를 돌보는 행위는 (　　　)을/를 준수한 것이다.

① 경기 규칙
② 스포츠 에토스
③ 규제적 규칙
④ 스포츠 법령

정답 및 해설		
정답	②	난이도 어려움
출제영역	1. 스포츠와 윤리(1. 스포츠의 윤리적 기초)	
해설	에토스란 호감, 신뢰감, 명성 등 말하는 사람의 인격적인 측면을 나타낸다. 이는 규칙이나 법령과는 다른 개인의 인격과 윤리적 성향에 따라 결정되는 것으로, 축구 경기 중 상대 선수가 부상으로 쓰러졌을 경우, 공을 밖으로 걷어내고 부상자를 돌보는 행위는 규칙이나 법령과는 다른 '스포츠 에토스'를 준수한 것이다.	

7. 〈보기〉에서 설명하고 있는 정의의 유형은?

> 〈보기〉
> 동등한 기회 보장을 강조하는 공정성의 원리는 바람이나 햇볕 같은 통제 불가능한 외적 요인으로 인해 실현되지 않을 수 있다. 이와 같은 불평등은 테니스에서 동전을 던져 코트를 결정하거나, 축구에서 전·후반 진영 교체와 같은 방법을 통해 해소될 수 있다.

① 절차적 정의
② 평균적 정의
③ 분배적 정의
④ 법률적 정의

정답	①	난이도	어려움
출제영역	3. 스포츠와 불평등		
해설	절차적 정의는 형식적 정의와 유의어로, 모두에게 공평한 기회를 보장하는 것이다. 이에 반해, 분배적 정의는 재화의 분배에 있어 어떤 기준에 따라 분배할 것인가를 의미하는 것으로, 예를 들어, '받을 만한 사람에게 받을 만한 것을 주는 것'이라고 하면 이는 분배적 정의에 해당한다. 또한, 테니스에서 동전을 던져 코트를 결정하는 등의 절차적 정의는 '완전 절차적 정의'로 모두에게 공정한 기준이 적용된다.		

8. 〈보기〉에서 K 선수의 의도적 반칙을 비난하는 근거로 옳은 것은?

> 〈보기〉
> 레드팀과 블루팀의 농구경기는 종료 2분을 남겨 두고 있다. 레드팀은 1점차로 지고 있고 팀파울에 걸려있다. 블루팀 P 선수가 공을 잡자 레드팀의 K 선수는 고의적으로 반칙을 하여 자유투를 허용하였다.

① 농구경기의 공유된 관습에 어긋난 행위이다.
② 비형식주의(non-formalism)에 어긋난 행위이다.
③ 구성적 규칙(constitutive rules)을 위반한 것은 아니지만, 규제적 규칙(regulative rules)에 어긋나는 행위이다.
④ 구성적 규칙(constitutive rules)과 규제적 규칙(regulative rules)에 모두 어긋나는 행위이다.

정답 및 해설	정답	③	난이도	보통
	출제영역	2. 경쟁과 페어플레이(3. 페어플레이)		
	해설	의도적 반칙이란 어떤 반칙을 실행하여 기대하는 결과를 발생시키고자 하는 의지적 계획을 가지고 실제로 이루어진 규칙위반 행위이다. 스포츠 규칙이 표준화되면서 규칙의 내용 상 그 성격을 구성적(constitute) 측면과 규제적(regulative) 측면의 모두를 수렴하면서 발전하기 시작했다. 규칙의 구성적인 측면은 결과를 달성하기 위해 필요한 공정한 경기를 규정하는 것이나 선수를 보호하는 성격의 규칙들을 말하고, 규제적인 측면은 경기장 크기, 복장, 승부의 방법 등 경기운영방식을 결정하는 문제를 다루는 규칙을 의미한다.		

9. 고통을 느낄 수 있는 존재는 모두 도덕적 고려의 대상이 되어야 한다고 주장함으로써, 동물 학대 가능성이 있는 스포츠 종목의 폐지 당위성을 제시한 윤리학자는?

① 싱어(P. Singer)
② 베르크(A. Berque)
③ 레오폴드(A. Leopold)
④ 패스모어(J. Passmore)

정답 및 해설	정답	①	난이도	어려움
	출제영역	4. 스포츠에서 환경과 동물윤리(1. 스포츠와 환경윤리)		
	해설	의무론, 공리주의, 덕 윤리와 관련된 여러 학자 중에 현대 공리주의를 대표하는 윤리학자는 싱어(P. Singer)이다. 의무론에는 칸트, 덕 윤리에는 아리스토텔레스, 그리고 현대 덕 윤리 사상가인 메킨 타이어가 있다. 또한 공리주의 중 질적 공리주의에는 밀, 양적 공리주의에는 벤담이 대표적인 윤리학자이다. 특히 싱어는, 동물학대의 가능성이 있는 스포츠 종목 폐지의 당위성을 주장한 대표적인 자연중심주의 윤리학자이다.		

10. 〈보기〉의 대화에서 ㉠, ㉡에 들어갈 용어는?

〈보기〉

재형: 스포츠에서 통제된 힘의 사용은 정당한 폭력이며, 스포츠에서는 이런 폭력을 (㉠) 이라고 불러.

해리: 난 스포츠에서 일어나는 폭력은 근본적으로 (㉡)이 있는 것 같아. 왜냐하면 스포츠는 폭력적인 성향의 분출을 자극하면서 동시에 감시하고 제어하잖아.

	㉠	㉡		㉠	㉡
①	용인된 폭력	특수성	②	본질적 폭력	이중성
③	자기 목적적	폭력 특수성	④	자기 목적적	폭력 이중성

정답	①,③,④	난이도	어려움
출제영역	5. 스포츠와 폭력(1. 스포츠폭력)		
해설	스포츠에서 보이는 인간의 공격성은 자신의 한계를 넘어서고자 하는 도전정신에서 비롯된 본능이며, 인간 자신의 탁월성을 위해 잠재된 능력을 드러내고자 하는 시도에서 발생된다고 할 수 있다. 스포츠에서 통제된 힘의 사용은 자기 목적적 폭력으로 정당한 폭력에 해당하고, 스포츠에서의 폭력은 스포츠 자체에서 폭력적인 성향을 자극시키고 동시에 감시 및 제어를 하는 이중성이 있다.		

11. 카이요와(R. Caillois)가 구분한 놀이의 요소 중 경쟁성을 기반으로 하는 스포츠와 관련 있는 것은?

① 아곤(Agon)
② 미미크리(Mimicry)
③ 알레아(Alea)
④ 일링크스(Ilinx)

정답	①	난이도	쉬움
출제영역	2. 경쟁과 페어플레이(1. 스포츠경기의 목적)		
해설	아곤은 그리스어로 희극에 등장하는 주요 인물들의 갈등을 가리키는 말로써, 경쟁을 의미한다. 여기서 경쟁은 경쟁이 이루어지는 모임이나 회합을 뜻하고, 경쟁의 실제적인 행위, 게임, 축제 자체를 지칭하기도 한다. 또한 아곤은 비극에서의 대화나 법정에서의 논쟁을 뜻하는 의미로까지 확대된다.		

12. 도핑을 방지하기 위한 방안으로 옳지 않은 것은?

① 윤리교육을 통한 의식 변화
② 도핑 검사의 강화
③ 적발 시 강력한 처벌
④ 승리에 대한 보상 강화

정답	④	난이도	쉬움
출제영역	6. 경기력 향상과 공정성(1. 도핑)		
해설	도핑이란, 선수 또는 동물에게 수행능력의 향상을 목적으로 약물을 사용하거나 특수한 이학적 처리를 하는 것으로, 사용행위를 은폐하는 것까지 포함한 총체적인 행위를 의미한다. 따라서 도핑은 공정한 경기를 위해 반드시 금지되어야 하는 것이다.		

13. <보기>에서 A 투수의 판단에 영향을 준 윤리이론의 난점에 대한 설명으로 옳은 것은?

> <보기>
> 보복성 빈볼을 지시받은 A 투수는 빈볼이 팀 전체에 이익을 줄 수는 있지만, 아무 잘못이 없는 상대 선수에게 위협을 가하거나 부상을 입히는 행위는 도덕적으로 옳지 않다고 판단했다.

① 결과에 의해 행위를 평가하는 까닭에 정의의 문제를 소홀히 다룰 수 있다.
② 도덕규칙 간의 갈등상황에서 실질적인 해결책을 제시하지 못할 수 있다.
③ 상식적이고 보편적인 도덕직관과 충돌하는 결론을 이끌어 낼 수 있다.
④ 자신의 쾌락추구가 선(善)이라고 해서 항상 전체의 쾌락추구도 선이라는 결론이 성립하지 않을 수 있다.

정답	②	난이도	보통
출제영역	1. 스포츠와 윤리(1. 스포츠의 윤리적 기초)		
해설	도덕이란 모든 인간이 지켜야 할 공통적인 규범과 도리를 의미한다. 보기에서 A투수는 아무 잘못이 없는 상대 선수에게 빈볼을 던져 위협을 가하거나 부상을 입히는 행위는 도덕적으로 옳지 못하다고 판단하였지만, 보복성 빈볼을 지시받은 것에 대해서 갈등상황에서 실질적인 해결책을 찾지 못할 수도 있다.		

14. 스포츠의 성차별에 관한 설명 중 옳지 않은 것은?

① 여성의 스포츠 참여 기회와 권리를 제한하거나 불이익을 주는 제반 행위를 말한다.
② 성역할 고정관념은 스포츠의 제반 영역에서 여성의 참여를 제한하는 논리로 기능해왔다.
③ 미국의 Title IX은 여성의 스포츠 참여를 활성화하는 계기가 되었다.
④ 근대 올림픽의 창시자인 쿠베르탱(P. Coubertin)은 여성의 올림픽 참여를 권장하였다.

정답	④	난이도	쉬움
출제영역	3. 스포츠와 불평등(1. 성차별)		
해설	쿠베르탱(P. Coubertin)은 근대 올림픽을 창시하였지만, 근대 올림픽의 부활에서도 여성들의 참여는 제한적이었다. 여성의 스포츠 참여는 미국의 Title IX의 제정 이후 활발히 진행되었으며, 그러한 현상은 올림픽에서도 동일한 양상을 보였다.		

15. 〈보기〉에서 제헌이가 주장하는 윤리이론에 대한 설명으로 옳지 않은 것은?

> 〈보기〉
> 유리: 스포츠윤리는 선수들이 규칙과 도덕적 원리만 따르면 확립되는 거 아니야?
> 제헌: 아니. 난 윤리에서 중요한 것은 행위자의 도덕적 원리가 아니라 행위자의 내면적 품성에 대한 판단이며, 도덕적 행위의 실천이라고 생각해.

① 행위의 주체보다는 행위 자체에 초점을 맞추고 있다.
② 행위자의 인성을 중시한다.
③ '무엇을 해야만 하는가'가 아니라 '어떻게 살아야 하는가'가 근본적인 질문이다.
④ 감정을 도덕적 동기로 인정한다.

정답 및 해설	정답	①	난이도	어려움
	출제영역	1. 스포츠와 윤리(3. 윤리이론)		
	해설	스포츠에서의 행위는 단순히 개인윤리적인 문제가 아니라 공적기준에 의해 판단하는 윤리 문제로 이슈화되기도 한다. 보기에서 예로 든 윤리이론은 의무론적 윤리체계로, 어떤 행위를 옳거나 그른 것으로 만드는 기준이 행위에 대한 결과의 좋고 나쁨이 아니라, 그 행위가 도덕규칙에 따르느냐 혹은 위반하느냐가 판단의 기준이 된다.		

16. 장애인의 스포츠권에 대한 설명으로 옳지 않은 것은?

① 스포츠에서 장애차별이란 장애로 인해 스포츠 참여의 권리와 기회를 비장애인과 동등하게 누리지 못하는 불평등을 말한다.
② 우리나라에서는 장애인이 체육에 참여할 권리에 관한 규정이 아직 마련되어 있지 않다.
③ 장애인의 스포츠권은 장애인의 기본적인 권리의 충족 이후가 아니라 동시에 보장되어야 한다.
④ 장애를 이유로 스포츠 참여를 원하는 장애인에 대한 제한, 배제, 분리, 거부는 기본권의 침해에 해당한다.

정답 및 해설	정답	②	난이도	쉬움
	출제영역	3. 스포츠와 불평등(3. 장애차별)		
	해설	우리나라는 1988년 서울장애인올림픽을 계기로 장애인 스포츠 분야의 획기적인 발전을 이뤄왔다. 1989년에 보건복지부 산하 장애인복지체육회가 장애인체육을 위한 행정조직으로 설립되었고, 2005년에는 장애인 체육 분야가 보건복지부에서 문화관광부(현 문화체육관광부)로 업무가 이관되었으며, 그 해 11월에는 대한장애인체육회가 설립되었다.		

17. 심판의 도덕적 조건 중 개인윤리 측면이 <u>아닌</u> 것은?

① 외부의 지시나 간섭을 단호히 뿌리칠 수 있는 자율성을 지녀야 한다.
② 심판평가제를 도입하여 오심 누적 시 자격을 박탈하는 등 엄격히 대처해야 한다.
③ 성품과 행실이 바르고 탐욕이 없는 청렴성을 지녀야 한다.
④ 심판의 도덕신념이 본인의 이익을 위한 것이라면 도덕적이라 할 수 없다.

정답 및 해설		
정답	②	난이도 쉬움
출제영역	8. 스포츠조직과 윤리(2. 심판의 윤리)	
해설	심판이 갖추어야 할 윤리기준은 공정성과 청렴성을 갖고 편견과 차별성을 배제하는 것이다. 심판평가제를 도입하여 오심 누적 시 자격을 박탈하는 등의 엄격한 대처는 제도적으로 심판의 역기능인 오심과 편파판정을 막을 수는 있지만 근본적인 도덕적 문제는 해결할 수 없다.	

18. 스포츠 상황에서 도덕적 가치가 충돌할 때 바람직한 판단 방법으로 적절하지 <u>않은</u> 것은?

① 주어진 윤리적 상황을 다각도로 분석하는 것이 필요하다.
② 주어진 상황에 적용할 수 있는 다양한 윤리이론을 고려해본다.
③ 윤리적 상황에 직면한 행위자의 관점이 아니라 재판자의 관점에서만 판단하는 것이 바람직하다.
④ 윤리적 상황에 적용되는 도덕규칙과 결과의 공리성을 비교·분석하여 최선의 방안을 찾으려는 노력이 필요하다.

정답 및 해설		
정답	③	난이도 쉬움
출제영역	1. 스포츠와 윤리(1. 스포츠의 윤리적 기초)	
해설	스포츠 상황에서 도덕적 가치가 충돌할 때에는 주어진 윤리적 상황을 다각도로 분석하고, 주어진 상황에 적용할 수 있는 다양한 윤리이론을 고려하는 것이 중요하다. 또한 윤리적 상황에 적용되는 도덕규칙과 결과의 공리성을 비교 및 분석하여 최선의 방안을 찾는 노력이 필요하다. 행위자의 관점이 아닌 재판자의 관점에서 판단하는 것은 결과에 대한 법률적 판단은 가능하지만, 근본적인 도덕적 가치에 대한 분석은 못할 수도 있다.	

19. 부올레(P. Vuolle)는 스포츠와 자연의 관계를 기준으로 스포츠환경을 순수환경, 개발환경, 시설환경으로 구분하였다. 이 중 개발환경에 해당하는 스포츠는?

① 카누, 등산, 요트
② 역도, 유도, 탁구
③ 골프, 야구, 테니스
④ 윈드서핑, 스키, 체조

정답	③	난이도	어려움
출제영역	4. 스포츠에서의 환경과 동물윤리(1. 스포츠와 환경윤리)		
해설	부올레는 스포츠를 위한 환경을 3가지 범주, 즉 순수(genuine)환경, 개발(developed)환경, 시설(built)환경으로 나누었다. 순수환경은 원해의 야생지로서 공원이나 보전구역 등이 해당되고, 개발환경은 트레인, 슬로프, 스포츠 필드, 실외 수영장 같은 시설을 지어야 활동을 할 수 있도록 한 곳이다. 시설환경은 실내체육관, 경기장, 아이스링크 같은 완전한 실내 스포츠 공간이다. 따라서 개발환경에 해당되는 스포츠는 골프, 야구, 테니스이다.		

20. 스포츠의 공정성을 실현하는 방법 중 형식주의(formalism)에 관한 설명으로 옳은 것은?

① 공정성은 스포츠 경기의 공유된 관습을 지키는 것이다.
② 공정성은 구성적 규칙과 규제적 규칙을 모두 준수하면 실현된다.
③ 경기규칙의 준수보다 더 포괄적인 적용과 정당화가 가능한 견해이다.
④ 경기의 관습뿐만 아니라 문서화된 경기규칙을 지켜야 한다.

정답	②	난이도	보통
출제영역	6. 경기력 향상과 공정성		
해설	규칙의 구성적(constitute)인 측면은 결과를 달성하기 위해 필요한 공정한 경기를 규정하는 것이나 선수를 보호하는 성격의 규칙들을 말하고, 규제적(regulative)인 측면은 경기장 크기, 복장, 승부의 방법 등 경기운영방식을 결정하는 문제를 다루는 규칙을 의미한다. 따라서 구성적 규칙과 규제적 규칙을 모두 준수할 때 공정성이 실현된다.		

스포츠윤리 출제예상문제

1. 스포츠경영자의 윤리적 리더십에 대한 옳은 설명이 <u>아닌</u> 것은?

   ① 스포츠의 글로벌화는 스포츠경영자로 하여금 국제적 수준의 윤리적 기준을 따르도록 요구하고 있다.
   ② 윤리적 리더십을 위해서는 타인에 대한 존중이 무엇보다 필요하다.
   ③ 윤리적 경영을 추진하기 위해서는 성문화된 행동지침보다는 구두로 전달되는 지침이 유용하다.
   ④ 경영자의 윤리적 리더십은 조직원들의 회사에 대한 긍지를 심어주기도 한다.

2. 심판의 역할에는 순기능과 역기능이 존재한다. 다음 순기능과 역기능 중에서 (㉠)과 (㉡)에 해당하는 것은?

   〈보기〉

   심판의 순기능으로서, 심판의 판정행위는 경기 중에 행해진 선수의 기술에 대한 정확한 판정에 우렁찬 소리 혹은 호각 등으로 관중이나 선수들에게 외형적으로 드러나는 모습이 있는데, 이것이 바로 (㉠).
   심판이 혈연·지연·학연·성별·사제지간·파벌주의·인종 등을 이유로 편견을 가지거나 차별을 하게 되는 데 이것이 심판의 역기능인 (㉡)이다.

   ① ㉠ 심판의 절제   ㉡ 심판의
   ② ㉠ 심판의 인성   ㉡ 심판의 오심
   ③ ㉠ 심판의 절제   ㉡ 심판의 편파판정
   ④ ㉠ 심판의 인성   ㉡ 심판의 편파판정

3. 심판이 가져야 할 윤리적 기준에 대한 설명에서 괄호 안에 들어갈 적절한 단어를 고르시오.

   〈보기〉

   (㉠)이란 치우침이 없고 고른 마음상태를 말한다.
   (㉡)이란 성품이 고결하고 탐욕이 없는 마음을 의미한다.
   위의 두 가지 성품과 더불어 심판은 혈연, 지연, 학연, 사제지간, 파벌주의, 인종 등을 이유로 (㉢)을 가지거나 차별을 하면 안된다.

   ① ㉠ 편견   ㉡ 공정성   ㉢ 청렴성
   ② ㉠ 공정성   ㉡ 청렴성   ㉢ 편견
   ③ ㉠ 청렴성   ㉡ 공정성   ㉢ 편견
   ④ ㉠ 청렴성   ㉡ 편견   ㉢ 공정성

4. 다음 보기에서 설명하는 내용은 어떤 정책분석가에 해당하는 내용인지를 고르시오.

〈보기〉
㉠ 정책결정자에 대한 봉사로 간주
㉡ 정책결정자에 대한 이익을 극대화하는데 관심이 있음
㉢ 공공부문의 정책보다는 사적부문의 정책에 더 유용할 수 있음

① 객관적 기술자 모형
② 고객 옹호자 모형
③ 쟁점 옹호자 모형
④ 정답 없음

5. 다음 보기에서 열거하고 있는 스포츠의 사회적 기능은 어떤 이론적 근거를 바탕으로 설명된 것은?

〈보기〉
㉠ 체제유지와 긴장처리   ㉡ 사회통합   ㉢ 목표성취   ㉣ 적응기제 강화

① 갈등이론
② 구조기능주의 이론
③ 사회정체성 이론
④ 성역할 이론

6. 새로운 학교문화를 위한 스포츠의 역할을 나열한 것 중, 가장 적절하게 나열된 것은?

〈보기〉
㉠ 인성교육의 장으로서의 역할   ㉡ 학교폭력의 예방과 해결책으로서의 역할
㉢ 학교공동체를 형성하는 도구적 역할

① ㉠ + ㉡
② ㉡ + ㉢
③ ㉢ + ㉣
④ ㉠ + ㉡ + ㉢

7. 스포츠의 인성교육적 가치에 대한 설명 중 **틀린** 설명은?
① 스포츠를 통한 인성발달의 효과는 과학적으로 모두 충분히 증명이 되어있는 상태이다.
② 스포츠활동은 주의력, 집중력 등 지적 기능 발달에 도움을 준다.
③ 스포츠활동은 일탈방지, 친사회적 행동을 발달시킨다.
④ 스포츠활동은 부정적 정서를 감소시키고 긍정적 정서를 증진시킨다.

8. 어린이 운동선수의 보호 방안들 중 가장 적절한 조합은?

〈보기〉
㉠ 너무 무리한 훈련을 시키지 않는다.
㉡ 기초기술보다는 이기는 것을 위주로 훈련을 하는 것이 필요하다.
㉢ 승리보다는 스포츠 자체의 즐거움과 재미를 위주로 훈련하는 것이 필요하다.
㉣ 공부와 운동을 병행할 수 있게 한다.
㉤ 필요한 경우 체벌을 가할 필요가 있다.

① ㉠ + ㉡ + ㉢
② ㉠ + ㉡ + ㉣
③ ㉡ + ㉢ + ㉤
④ ㉠ + ㉢ + ㉣

9. 코치와 감독이 지도자로서뿐만 아니라 교육자로서 지켜줘야 할 학생선수들의 권리 중 가장 적절하지 않은 것은?

① 학습권
② 인권
③ 투표권
④ 생활권

10. 선수에 대한 성폭력의 해결방안을 기술한 내용이다. 괄호 안에 들어갈 수 있는 단어의 조합으로 가장 적절한 것은?

〈보기〉
스포츠 성폭력을 예방하기 위해서는 이에 대한 (㉠)이 운동선수, 지도자를 대상으로 이루어져야 한다. 성폭력이 발생하였을 경우에는 (㉡)이(가) 신속하게 이루어져야 이를 통한 예방적 효과를 거둘 수 있다. 성폭력이 발생한 후에는 성폭력 피해자에 대한 (㉢)이(가) 이루어져야 한다.

① ㉠ 법적처벌, ㉡ 예방교육, ㉢ 치료
② ㉠ 예방교육, ㉡ 상담, ㉢ 법적처벌
③ ㉠ 예방교육, ㉡ 법적처벌, ㉢ 상담
④ ㉠ 상담, ㉡ 예방교육, ㉢ 치료

11. 다음 괄호 안에 들어갈 수 있는 단어 중 가장 적합한 답은?

> 〈보기〉
> 스포츠 폭력은 운동선수, 감독, 심판, 단체임원, 흥행주 등의 스포츠관계인이나 관중 등의 일반인이 단독으로 또는 다수인이 운동경기나 훈련과정 중이나 스포츠와 관련하여 고의나 과실로 (　　) 폭력행위를 저지르는 경우를 말한다.
> ㉠ 신체적　　㉡ 언어적　　㉢ 성적　　㉣ 정신적

① ㉠　　　　　　　　　　　　② ㉠ + ㉡
③ ㉠ + ㉡ + ㉢　　　　　　　④ ㉠ + ㉡ + ㉢ + ㉣

12. 다음의 괄호 안에 들어갈 가장 적절하지 않은 단어는?

> 〈보기〉
> 스포츠지도자의 선수에 대한 폭력이 가능한 이유는 무엇보다 지도자들이 가지고 있는 무소불위의 (　　)이(가) 있기 때문이다.

① 권력　　　　　　　　　　② 결정권
③ 자비　　　　　　　　　　④ 영향력

13. 현재의 체육특기자 진학과 입시제도의 틀을 만든 제도적 장치는 무엇인가?

> 〈보기〉
> ㉠ 생활체육진흥법　㉡ 학교체육강화방안　㉢ 학교체육진흥법　㉣ 동일계진학

① ㉠, ㉡　　　　　　　　　② ㉡, ㉢
③ ㉡, ㉣　　　　　　　　　④ ㉢, ㉣

14. '공부하는 학생선수 만들기'와 관련된 설명 중 틀린 것은?

① 운동만 하는 학생선수에서 공부도 하는 학생선수로의 변화를 의미한다.
② 공부도 잘하고 운동도 잘하는 것을 목표로 하는 것이다.
③ 공부와 운동을 병행함으로써 다양한 진로를 선택할 수 있는 기회를 주기 위하여 만들어졌다.
④ 중도탈락이나 은퇴 후, 사회생활에 적응하는데 필요한 사회적 기초에 해당하는 일정한 수준의 교양, 논리수준 등을 갖추게 하는 것이다.

15. 다음은 학생선수들의 학습권보장제에 관한 기사의 일부 내용이다. 기사 내용 중 **틀린** 내용을 고르면?

〈보기〉

학교체육의 새문화 조성: 공부하는 학생선수만들기
교육부에서는 공부하는 학생선수를 만들기 위해 최저학력제를 내년부터 시행하기로 결정했다. 향후 학생선수들 중 최저학력제에 도달하지 못한 경우 ㉠ 선수로서의 활동에 불이익을 당할 수 있다. 최저학력제는 해당학년의 매 학기말을 기준으로 ㉡ 전국 평균성적 대비 기준 성적을 넘기면 최저수준에 도달한 것으로 인정된다. 최저학력을 평가하는 ㉢ 기준은 초등학교의 경우 하위 30%, 중학교는 하위 40%, 고등학교의 경우는 하위 50%를 넘기면 최저학력을 만족한 것으로 본다. 학교의 장은 학생선수가 일정 수준의 학력기준에 도달하지 못한 경우 별도의 ㉣ 기초학력보장 프로그램을 운영해야 한다. (이하 생략)

○ ○ 일보. 2015년 1월 1일

① ㉠, ㉡
② ㉡, ㉢
③ ㉢, ㉣
④ ㉠, ㉣

16. 학교운동부가 인권의 사각지대에 놓이게 된 주요한 요인으로 거론될 수 **없는** 것은 무엇인가?

① 학생선수들 스스로 인권에 대한 지각이 부족
② 엘리트스포츠정책에 의한 승리지상주의
③ 인권에 대한 인식이 부족한 지도자의 파행적인 운동부 운영
④ 승리와 명예를 위한 학생선수의 도구화

17. 의족 장애선수의 일반경기 참가에 대한 설명으로 옳은 것은?

① 장애선수의 의족이 비장애선수의 기능에 비해 우월한 성능을 발휘한다는 증거가 있을 경우 참가를 불허하는 것이 옳다.
② 장애선수의 의족이 비장애선수의 기능에 비해 우월한 성능을 발휘한다는 증가가 없는 경우에도 일반경기 참가는 불허하는 것이 옳다.
③ 장애선수가 일반경기에 참가한다는 그 도전정신을 받아들여 어떠한 경우에도 참가를 허락하는 것이 옳다.
④ 어떠한 경우에도 장애선수는 일반 경기에 참여하는 것이 허락되어서는 안 된다.

18. 최첨단 전신수영복 착용을 금지하는 이유로 적당한 설명은?

① 최첨단 전신 수영복의 착용은 도핑과 같은 측면에서 평가될 수는 없다.
② 시합에 참가한 모든 선수들이 공평하게 기술의 혜택을 받지 못할 경우, 최첨단 전신 수영복의 착용은 공정성의 문제를 야기할 수 있다.
③ 최첨단 전신 수영복이 고가인 이유로 모든 선수가 착용을 할 수 없기 때문에 금지되어야 한다는 것은 비논리적이다.
④ 최첨단 전신수영복의 착용은 공정성의 문제를 야기할 수 없다.

19. 다음 글상자의 내용은 유전자치료의 선구자인 스위니 교수가 유전자 조작을 통해 "슈와제네거 쥐"를 만드는데 성공한 후 언론과 했던 인터뷰 내용 중 일부이다. 이 글을 읽고 스포츠에서 유전자 조작 방지를 위한 대책으로 적당하지 <u>않다고</u> 생각하는 것을 고르시오.

> 〈보기〉
> "우리는 수많은 운동선수뿐만 아니라 심지어 코치들에게서도 연락을 받았습니다. 그들은 유전자 처치가 인간에게 사용하기에 아직 초기 단계라는 것을 이해하지 못했습니다.
> - BBC News Magazine 2014년 1월 12일

① 유전자조작을 적발할 수 있도록 지속적인 연구가 필요하다.
② 신뢰성 있는 도핑테스트가 개발될 필요가 있다.
③ 선수들의 자율적 윤리에 맡기는 문화가 정착되어야 한다.
④ 선수와 코치의 윤리교육이 충분히 이루어져야 한다.

20. 스포츠에서 유전자조작을 반대해야만 하는 이유로 가장 적당하지 <u>않은</u> 것은?

① 인간의 존엄성에 대한 침해가 가능하다.
② 종의 정체성에 대한 혼란을 가져올 수 있다.
③ 위험성이 존재한다.
④ 과학이 스포츠에 관여해서는 안 되기 때문이다.

21. 유전자 도핑에 대한 설명으로 옳지 <u>않은</u> 것은?

① 유전자 변형을 통해 운동수행능력을 증가시키는 행위를 의미한다.
② 세계반도핑기구(WADA)는 유전자 도핑을 도핑의 한 형태로 규정하고 있지 않다.
③ 스포츠에서 유전자 도핑의 사례가 명확하게 드러난 사례는 아직 존재하지 않는다.
④ 유전자 도핑은 소변이나 혈액검사를 통해 적발할 수 없다.

22. 효과적인 도핑 금지 방안으로 가장 적절하지 <u>않은</u> 것은?

① 적발시 강한 처벌을 부과해야 한다.
② 선수 개인의 양심에 맡기는 정책이 시행되어야 한다.
③ 도핑검사에 대한 강화가 이루어져야 한다.
④ 도핑에 대한 윤리교육을 강화해야 한다.

23. 도핑을 금지해야 하는 이유로 적절하게 짝지어진 것은?

〈보기〉
㉠ 재정적 지출을 막기 위해
㉡ 공정성을 확립하기 위해
㉢ 선수들 건강상의 부작용을 막기 위해
㉣ 선수들이 어린이들의 긍정적인 역할모형이 될 수 있도록
㉤ 강요에 의해서 약물을 사용하는 경우가 많기 때문에

① ㉠, ㉡, ㉢, ㉤
② ㉠, ㉡, ㉣, ㉤
③ ㉠, ㉢, ㉣, ㉤
④ ㉡, ㉢, ㉣, ㉤

24. 도핑의 약물에 관한 설명 중 <u>틀린</u> 설명은?

① 세계반도핑기구(WADA)에서는 선수의 건강에 위협이 될 수 있거나 경기력이 향상될 수 있는 약물을 선정하여 매년 발표한다.
② 세계반도핑기구(WADA)에서는 금지 약물을 투약한 사실 그 자체만을 도핑방지규정 위반으로 규정하고 있다.
③ 치료를 위해 어쩔 수 없이 사용해야 하는 약물의 경우에는 "치료목적 사용면책"이라는 제도를 도입하여 부상을 입은 선수들이 불이익을 당하지 않도록 하고 있다.
④ 금지약물은 상시금지 약물, 경기기간 중 금지약물, 특정스포츠 금지약물로 나뉜다.

25. 도핑의 의미로 올바르지 않은 설명은?
   ① 사람에게 수행능력의 향상을 목적으로 약물을 사용하는 행위
   ② 사용행위를 은폐하는 행위도 도핑에 포함된다.
   ③ 도프(dope)라는 말은 아프리카의 부족이 사기를 고양시키기 위한 목적으로 마시는 술이나 음료를 의미하였다.
   ④ 동물에게 수행능력의 향상을 목적으로 약물을 사용하는 행위는 도핑에 포함되지 않는다.

26. 다음 중 훌리거니즘에 대한 내용으로 올바르지 않은 것은?
   ① 훌리건들은 자기들이 응원하는 팀을 빌미로 광적인 행동으로 폭력을 조장한다.
   ② '군중'과 '팬의 무질서'을 합친 뜻이다.
   ③ 훌리건들은 오직 경기가 있는 날에만 폭력적인 행동을 보인다.
   ④ 자기팀에 대한 과도한 충성심으로 인해 자기팀의 우승을 무조건적으로 바라는 심리상태에서 발생되는 폭력행위이다.

27. 다음 중, 경기 중 관중 폭력의 결정요인으로 볼 수 없는 것은 무엇인가?
   ① 편파적인 판정
   ② 사회적 안전장치의 미흡
   ③ 과격한 선수들의 행동
   ④ 관중의 나이

28. 선수의 심판에 대한 폭력은 폭력을 설명하는 이론 중 어떤 이론이 적용될 수 있는가?
   ① 아리스토텔레스 - 분노
   ② 푸코 - 규율과 권력
   ③ 한나 아렌트 - 악의 평범성
   ④ 칸트 - 정언명령

29. 다음 예시 중, 선수에 대한 폭력행위에 포함되지 않는 것은?
   ① 선수의 행복을 저해하는 것
   ② 선수를 어느 장소에 감금하는 것
   ③ 선수의 물건이나 돈을 빼앗는 것
   ④ 선수를 대상으로 구타하거나 상처 나게 하는 것

30. 운동부에서 발견될 수 있는 폭력을 위계질서 상황으로 설명하는 이론가와 그의 이론이 맞게 짝지어진 것은?

① 아리스토텔레스 - 분노
② 푸코 - 규율과 권력
③ 한나 아렌트 - 악의 평범성
④ 칸트 - 정언명령

31. 격투스포츠의 윤리적 논쟁에 대한 설명 중 **틀린** 것은?

① 격투스포츠는 선수들 간의 폭력성과 더불어 관중들의 폭력성도 증가시킬 수 있다.
② 현대의 격투스포츠는 인간수양의 도구가 아닌 싸움과 돈벌이의 수단이 되어가고 있다.
③ 격투스포츠는 윤리적인 이유로 절대 스포츠의 영역 안에 들어올 수 없다.
④ 규칙을 바탕으로 인간의 공격성을 정화시킨다는 긍정적 판단도 가능하다.

32. 스포츠에서 나타나는 인간의 폭력성에 대한 설명 중 **틀린** 것은?

① 스포츠에서 보이는 인간의 공격성은 한계를 넘어서고자 하는 도전정신에서 비롯된 본능이다.
② 스포츠고유의 공격성은 인간의 원초적인 욕망의 표출로 볼 수 있다.
③ 스포츠상황에서는 모의적인 폭력이 관습적으로 인정받는 영역이다.
④ 스포츠의 근본적인 목적을 달성하기 위해서는 폭력성이 무조건적으로 인정되어야 할 필요가 있다.

33. 스포츠에서 발견되는 종차별주의에 대한 설명으로 **틀린** 것은?

① 종차별주의는 인간중심적인 견해에서 비롯된 것으로 볼 수 있다.
② 종차별주의는 과거나 현재에도 만연되어있는 풍토이다.
③ 소싸움, 투우, 개싸움 등은 종차별주의의 산물이라고 볼 수 있다.
④ 소싸움과 투우는 공식적으로 인정받은 스포츠 종목이기 때문에 종차별로 보기는 어렵다.

34. 지속가능한 스포츠의 발전을 위해 준수해야 할 3가지의 계율에 포함되지 **않는** 것은?

① 확장성의 계율
② 다양성의 계율
③ 역사성의 계율
④ 필요성의 계율

35. 스포츠에 적용 가능한 환경윤리학의 이론들을 정립하고 발전시킨 학자들 중, 같은 학파에 속하지 <u>않는</u> 학자는 누구인가?

① 데카르트 ② 토마스 아퀴나스
③ 한스 요나스 ④ 베이컨

36. 장애인들이 스포츠상황에서 경험하는 (성)폭력에 대한 설명 중 옳지 <u>않은</u> 것을 고르시오.

① 최근 장애인 선수들에 대한 (성)폭력 문제는 현저히 줄어들고 있는 실정이다.
② 장애인 선수들은 피해에 대한 의사표현에 한계가 있기 때문에 (성)폭력이 더 많이 일어날 수 있는 가능성이 존재한다.
③ 장애인 선수들에 대한 (성)폭력을 방지해줄 안전장치가 현저하게 부족한 실정이다.
④ 여성 장애인 선수의 경우 성폭력의 위험에 더 많이 노출되어있는 것이 현실이다.

37. 장애인의 스포츠권에 대한 설명 중 <u>틀린</u> 것은?

① 우리나라 장애인 스포츠의 발전은 1988년 서울장애인올림픽이 큰 계기가 되었다.
② 장애인 스포츠 시작부터 현재까지 보건복지부가 담당하고 있다.
③ 장애인체육의 발전에는 법적 뒷받침에 근거한 조직기반의 확대가 큰 역할을 하였다.
④ 최초의 장애인체육 행정기관은 장애인복지체육회이다.

38. 스포츠에서의 인종차별에 대한 설명 중 맞지 <u>않는</u> 것은?

① 현재에도 스포츠에서의 인종차별은 존재하고 있다.
② 미국 역사에서 경제적으로 하층에 있던 흑인들의 참여를 막기 위해 골프, 테니스, 승마 등의 귀족 스포츠가 발생하였다.
③ 흑인선수들의 뛰어난 성과를 노력이 아닌 선천적인 재능에서 얻어진 것으로 설명하는 것도 인종 차별의 한 방법이다.
④ 상업화가 이루어진 프로스포츠에서는 인종차별이 존재할 수 없다.

39. 성전환 선수의 여성 스포츠경기 참가에 대한 판단에서 가장 중요한 원칙은 무엇인가?
   ① 공평성
   ② 공정성
   ③ 예술성
   ④ 독립성

40. 여성이 스포츠에서 차별을 받게 되었던 이유에 대한 설명 중 **틀린** 것은?
   ① 스포츠에 참여하면 여자들이 갖고 있는 여성성을 잃게 된다고 생각을 했다.
   ② 스포츠는 여성의 신체에 적합한 활동이 아니라고 생각을 했다.
   ③ 스포츠가 가지고 있는 공격성, 경쟁적 요소들이 여성과 어울리지 않는다고 생각을 했다.
   ④ 여성들의 신체적 우월성이 드러나는 것이 두려웠던 남성들이 여성의 스포츠참여를 제한하였다.

41. 과거 스포츠 역사에서 여성에 대한 차별이 급속히 줄어들었던 시기는 언제인가?

㉠ 그리스시대	㉡ 중세시대	㉢ 근대 올림픽	㉣ Title IX

   ① ㉠
   ② ㉡
   ③ ㉢
   ④ ㉣

42. 다음은 페어플레이에 대한 설명이다. 괄호 안의 단어로 알맞은 조합을 고르시오.

   〈보기〉
   조건의 동일화를 의미하는 (㉠)은(는) 윤리적 행위준거인 '페어'의 의미를 충실하게 담기에는 한계가 있어 보인다. 따라서 페어플레이에 대한 번역으로는 (㉡)시합이 적당하다. (㉢)에 의하면 성문화된 규칙을 준수하는 것으로 페어플레이의 조건이 만족되었다고 본다. 하지만 (㉣)에서는 문자로 표현된 규칙의 준수보다 더 포괄적인 적용과 정당화가 가능하도록 경기에서의 공정의 개념을 확장하여 제안한다.

   ① ㉠ 공정, ㉡ 공평, ㉢ 형식주의, ㉣ 비형식주의
   ② ㉠ 공정, ㉡ 공평, ㉢ 비형식주의, ㉣ 형식주의
   ③ ㉠ 공평, ㉡ 공정, ㉢ 형식주의, ㉣ 비형식주의
   ④ ㉠ 공평, ㉡ 공정, ㉢ 비형식주의, ㉣ 형식주의

43. 스포츠맨십에 대한 내용 중, 적절하지 않은 것은?

① 스포츠에 참가한 자라면 마땅히 따라야할 준칙을 의미한다.
② 스포츠맨들이 가져야 할 태도를 의미한다.
③ 외적인 강제력을 갖는 법과 같은 것이다.
④ 페어플레이, 상대편에 대한 존중을 의미한다.

44. 다음은 아곤보다는 아레테가 스포츠에서 더 중요시되어야 하는 이유를 설명한 것이다. 이 중 잘못된 것은?

① 아레테는 항상 아곤을 포함하고 있지만 아곤이 항상 아라테를 포함하는 것은 아니기 때문이다.
② 아레테는 스포츠의 긍정적 의미를 보여줄 수 있기 때문이다.
③ 아곤은 현대사회 스포츠에서 승부조작, 도핑 등의 다양한 병폐를 조장하곤 하였기 때문이다.
④ 아곤은 스포츠의 긍정적인 의미를 보여줄 수 있기 때문이다.

45. 다음 보기 중 제대로 짝이 이루어진 것은?

〈보기〉
㉠ 경쟁을 의미함
㉡ 법정에서의 논쟁을 뜻하는 의미로까지 확장될 수 있음
㉢ 인간을 인간답게 만들어 주는 자질을 의미함
㉣ 목표가 승리 그 자체임
㉤ 최적의 기능을 발휘할 수 있는 상태를 의미

① ㉠ 아곤 ㉡ 아레테 ㉢ 아곤   ㉣ 아레테 ㉤ 아곤
② ㉠ 아곤 ㉡ 아곤   ㉢ 아레테 ㉣ 아곤   ㉤ 아레테
③ ㉠ 아곤 ㉡ 아곤   ㉢ 아곤   ㉣ 아레테 ㉤ 아곤
④ ㉠ 아곤 ㉡ 아곤   ㉢ 아곤   ㉣ 아레테 ㉤ 아레테

46. 서로 충돌하는 윤리적 가치들 사이에서 도덕적 판단을 해야 하는 상황을 만났을 때 **하지 말아야 할 행동**은?

① 중요도 측면에서 더 높은 도덕적 순위를 가지고 있는 가치를 우선시한다.
② 하나의 주어진 상황에서는 될 수 있는 한 하나의 윤리이론을 적용하여 해결한다.
③ 주어진 윤리상황을 다각도로 분석한다.
④ 윤리적 상황에 대한 정확한 이해를 한다.

47. 다음 윤리체계에 대한 설명 중, 알맞게 짝지어진 것은?

〈보기〉

(㉠)는 도덕적 강조점을 행위 그 자체보다 행위의 결과에 둔다.
(㉡)는 어떤 행위를 옳거나 그른 것으로 만드는 기준이 그 행위가 도덕규칙을 따르느냐 혹은 위반하느냐가 판단기준이 된다.
(㉢)는 대체로 개인윤리에 해당하는 것처럼 보여 스포츠에서 제기되는 윤리문제에 적용하기에는 적합하지 않을 수도 있다.

① ㉠ 결과론적 윤리체계 - ㉡ 결과론적 윤리체계 - ㉢ 덕론적 윤리체계
② ㉠ 결과론적 윤리체계 - ㉡ 의무론적 윤리체계 - ㉢ 덕론적 윤리체계
③ ㉠ 의무론적 윤리체계 - ㉡ 덕론적 윤리체계 - ㉢ 결과론적 윤리체계
④ ㉠ 덕론적 윤리체계 - ㉡ 의무론적 윤리체계 - ㉢ 결과론적 윤리체계

48. 스포츠윤리학의 필요성이 대두되어진 이유로 적합하지 **않은** 것은?

① 승부조작
② 금지약물의 복용
③ 높은 페어플레이정신
④ 스포츠산업화

49. 사실판단과 가치판단에 대한 보기의 내용이 적절하게 짝지어진 것은?

〈보기〉

㉠ 체육지도자는 모든 학생을 공정하게 평가해야 한다.
㉡ 스포츠 시합이 끝난 후 상대 선수에게 인사를 하는 것은 옳은 행위이다.
㉢ 이 체육관에는 4개의 배드민턴 코드가 있다.

① ㉠ 가치판단, ㉡ 사실판단, ㉢ 가치판단
② ㉠ 사실판단, ㉡ 가치판단, ㉢ 가치판단
③ ㉠ 가치판단, ㉡ 가치판단, ㉢ 사실판단
④ ㉠ 사실판단, ㉡ 사실판단, ㉢ 가치판단

50. 특정 사회나 직업에서 지키는 도덕을 뜻하는 것은?
① 도덕　　　　　　　② 윤리
③ 선　　　　　　　　④ 도덕과 윤리

스포츠윤리 출제예상문제 정답 및 해설

문항	정답	해설
1	③	스포츠현상에서 성공적인 윤리경영 추진을 위하여 경영자는 성문화된 행동지침으로서의 윤리규범, 윤리경영 전담부서, 일상적이고 지속 가능한 교육을 할 수 있는 기업윤리교육훈련 등의 체계적인 윤리경영시스템을 도입하여야 한다.
2	③	심판의 사회적 역할에는 순기능과 역기능이 존재함. 순기능에는 윤리적가치의 발현, 판단의 공정성, 심판의 절제가 있고 역기능에는 심판의 오심과 편파판정이 포함됨.
3	②	심판이 가져야 할 윤리적 기준은 공정성, 청렴성, 그리고 편견과 차별을 갖지 않는 것임.
4	②	고객 옹호자 모형은 정책분석가를 자기 고객(주인)인 정책결정자에 대한 봉사로 간주한다. 이 모형은 정책결정자의 이익을 극대화시킬 수 있는 정책대안의 개발에 더 많은 관심을 가진다. 이 모형에서 정책분석가의 역할은 공공부문의 정책보다는 사적부문의 정책에 더 유용할 것으로 간주된다.
5	②	구조기능주의 이론은 사회란 본질적으로 상호 관련되고 의존적인 제도로 구성되어 있으며, 스포츠는 전체 사회의 균형과 안정에 기여한다는 기본가정에 그 기반을 두고 있다. 스포츠의 사회적 기능으로 첫째, 체제유지와 긴장처리, 둘째, 사회통합, 셋째, 목표성취, 넷째 적응기제 강화 등을 들 수 있다.
6	④	새로운 학교문화를 위한 스포츠의 역할에는 인성교육의 장으로서의 역할, 학교폭력의 예방과 해결책으로서의 역할, 그리고 학교공동체를 형성하는 도구적 역할이 포함될 수 있다.
7	①	스포츠를 통한 인성발달의 효과에 대한 검증은 아직 미진하며 부정적인 영향도 대두되고 있다.
8	④	어린이 운동선수의 보호를 위해서는 너무 무리한 훈련을 시키지 않는 것이 필요하다. 이기는 것보다는 기초기술을 위주로 훈련을 하는 것이 필요하며, 승리보다는 스포츠 자체의 즐거움과 재미를 위주로 훈련하는 것이 필요하며, 공부와 운동을 병행할 수 있게 한다. 또한 어떠한 일이 있어도 체벌을 가하면 안 된다.
9	③	코치와 감독이 지도자로서뿐만 아니라 교육자로서 지켜줘야 할 학생선수들의 권리는 학습권, 인권, 생활권임.
10	③	스포츠 성폭력을 예방하기 위해서는 이에 대한 예방교육이 운동선수, 지도자를 대상으로 이루어져야 한다. 성폭력이 발생하였을 경우에는 법적조치가 신속하게 이루어져야 이를 통한 예방적 효과를 거둘 수 있다. 성폭력이 발생한 후에는 성폭력 피해자에 대한 상담과 치료가 이루어져야 한다.

문항	정답	해설
11	④	스포츠 폭력은 운동선수, 감독, 심판, 단체임원, 흥행주 등의 스포츠관계인이나 관중 등의 일반인이 단독으로 또는 다수인이 운동경기나 훈련과정 중이나 스포츠와 관련하여 고의나 과실로 신체적, 언어적, 성적, 정신적 폭력행위를 저지르는 경우를 말한다.
12	③	지도자에 의한 폭력이 가능한 이유는 무엇보다 지도자들이 무소불위의 권력을 가지고 있기 때문임. 지도자들은 팀의 운영에 대한 의사결정권, 전략을 결정할 권리, 선수들의 진로와 연봉에 대한 영향력, 선수들의 경기출전권을 갖고 있기 때문에 이를 바탕으로 폭력이 가능한 것임.
13	③	현재 진행되고 있는 체육특기자 진학과 관련된 제도는 학교체육강화방안과 1972년에 제정된 교육법시행령(대통령령 제 6377호) 그리고 2000년부터 시행된 동일계진학에 의한 것임.
14	②	'공부하는 학생선수 만들기'란 운동중단 후에도 사회인으로 살아갈 수 있는 기본적인 소양을 갖출 수 있게 하는 것임.
15	②	최저학력제의 특징은 첫째, 최저학력제는 해당 학년의 1, 2학기 기말고사의 전교생 평균성적을 기준으로 하여 학생선수의 학력이 초등학교의 경우 하위 50%, 중학교는 하위 40%, 고등학교는 하위 30% 수준에 도달하면 최저학력을 넘은 것으로 판단한다. 만약, 이 기준에 도달하지 못하면 경기에 출전하지 못할 수도 있다는 조건을 달아 학생선수의 학습권을 보장하려고 하고 있다. 둘째, 초등학교와 중학교는 국어, 영어, 수학, 과학, 사회교과의 기말고사 성적으로, 그리고 고등학교는 국어, 영어, 수학교과의 기말고사 성적으로 전교생의 평균점수를 구하고 이 점수를 기준으로 하위 50%(초), 40%(중), 30%(고)의 기준을 넘어서도록 설정하고 있다.
16	①	학생선수들이 자신들의 인권에 대한 지각이 있었음에도 불구하고 지도자들의 권위에 가려 그 목소리를 내지 못하였다.
17	①	의족 장애선수의 의족이 비장애선수와 비교해 우월한 성능을 발휘할 수 있게 된다면 이 또한 공정성의 문제를 야기할 수 있다.
18	②	최첨단 전신 수영복이 착용을 금지한 것은 시합에 참가하는 모든 선수가 평등하게 기술의 혜택을 받지 못할 경우, 최첨단 전신 수영복의 착용은 공정성의 문제를 야기할 수 있기 때문이다.
19	③	스포츠에서 유전자 조작 방지대책으로는 지속적 연구의 필요성, 신뢰성 있는 도핑테스트개발, 선수들의 도핑 테스트 의무화, 선수 및 지도자의 윤리교육 실시가 포함된다.
20	④	스포츠에서 유전자 도핑을 반대해야 하는 이유에는 인간의 존엄성 침해, 종의 정체성 혼란, 스포츠 사회의 무질서 초래, 위험성이 포함된다.
21	②	세계반도핑기구에서는 치료목적이 아닌 세포나 유전인자의 사용 혹은 유전자 조작을 통해 운동수행능력을 향상시키려는 것을 유전자 도핑으로 정의하고 있음.
22	②	효과적인 도핑금지 방안으로는 강한 처벌, 도핑에 대한 검사 강화, 윤리교육의 강화가 포함된다.
23	④	도핑을 금지해야 하는 이유는 공정성, 역할모형, 건강상의 부작용, 강요 4가지로 설명될 수 있다.
24	②	도핑방지규정위반에는 약물의 투여, 약물 사용의 은폐, 약물의 부정거래 등을 모두 포함하며 그러한 행위를 시도하는 것까지 포함하고 있음.

문항	정답	해설
25	④	도핑은 사람이나 동물에게 수행능력의 향상을 목적으로 약물을 사용하는 행위로 규정됨.
26	③	훌리건들은 경기 전후, 직후, 경기 도중, 장소를 불문하고 어디서든지 간에 우연히 상대방 팀을 응원하는 사람을 만나면 싸움을 벌인다. 심지어 경기가 없는 날에도 폭동이 발생하고 있음.
27	④	관중 폭력의 요인으로는 심판들의 편파적이고 무능력한 판정, 긴장을 촉발시킬 수 있는 비중 있는 경기, 과격한 선수 행동, 사회적 통제 및 안전장치의 미흡 등이 존재함.
28	①	선수의 심판에 대한 폭력은 판정에 대한 불만으로 인한 분노에 의한 것이기 때문에 이는 아리스토텔레스의 분노에 대한 설명을 적용할 수 있다.
29	①	선수에 대한 폭력행위에는 "선수를 대상으로 구타하거나 상처를 나게 하는 것, 어느 장소에 가두어두는 것, 겁을 먹게 하는 것, 강요하는 것, 물건이나 돈을 빼앗는 것, 사실이 아닌 일로 인격이나 마음에 상처를 주는 것, 남들 앞에서 창피를 주는 것, 계속해서 반복하여 따돌리는 것 등을 말한다.
30	②	아리스토텔레스 – 분노: 분노는 자제력이 없음을 말하며, 욕망으로부터 나오는 인간의 행위 푸코 – 규율과 권력: 스포츠 현장에서 지도자와 선수, 선후배 간의 위계질서는 일방통행으로 흐르는 권력행사로 나타날 수 있음. 한나 아렌트 – 악의 평범성: 잘못된 관행에 복종하는 데 익숙해져서 잘못을 수정하기는커녕 잘못된 관행을 지속시키는 데 더 익숙해짐.
31	③	격투스포츠는 제도와 규칙의 틀 안에서 행해지는 스포츠경기로 볼 수 있으며 페어플레이가 지켜지기만 한다면 도덕성의 논란을 이겨낼 수 있다.
32	④	스포츠에서의 폭력성은 정해진 규칙 안에서 제한 될 경우에만 윤리적으로 인정될 수 있음.
33	④	공식적으로 인정을 받은 스포츠도 동물에 대한 학대가 존재하는 한 종차별주의의 산물로 볼 수 있으며 이에 대한 개선의 여지가 존재한다.
34	①	지속가능한 스포츠의 발전을 위해 준수해야 할 계율은 필요성의 계율, 역사성의 계율, 그리고 다양성의 계율임.
35	③	데카르트, 토마스 아퀴나스, 베이컨은 모두 인간중심주의 환경윤리학 이론과 관련이 있는 인물이며 한스 요나스 만이 자연중심주의와 관련이 있는 인물임.
36	①	장애인 선수들에 대한 (성)폭력 건수는 해마다 증가하고 있는 추세에 있음. 이는 장애인 선수들이 (성)폭력에 대한 인지능력이 부족하고, 의사표현의 한계가 있기 때문에 일반인에 비해 더 높은 위험에 노출되어 있음.
37	②	장애인스포츠에 대한 행정기구는 초기에 보건복지부가 담당을 하였지만 2005년부터는 문화체육관광부로 이관되었음.
38	④	프로스포츠가 발달한 미국에서도 인종차별은 다양한 형태로 존재하고 있다. 특히 흑인선수들의 뛰어난 경기력을 발생학적, 생리학적 원인으로 설명하는 것도 인종차별의 한 방법이다.

문항	정답	해설
39	②	성전환 수술을 통해 생물학적으로 또는 사회적으로 여성이 된다고 하여도 신체적으로 모두 여성이 될 수는 없기 때문에 이들의 여성경기 참여에 대한 명확한 기준이 필요하며 기준의 설정에 있어서 가장 중요시되는 원칙은 공정성이다.
40	④	스포츠와 여성이 가지고 있는 신체적/정서적 성질이 적합하지 않다는 전통적인 남성중심의 성역할의 고착화가 여성의 참여를 제한하게 되었다.
41	④	스포츠에서의 성차별은 근대올림픽이 부활될 때에도 상당히 많이 존재를 하였다. 여성의 스포츠 참가가 확대되기 시작한 결정적인 계기는 1972년 미국에서 Title IX 이 통과되면서부터라고 할 수 있다.
42	③	공평은 어떤 상황이나 조건이 동일하기만 하면 된다는 의미임. 따라서 페어(fair)에 대한 적절한 번역은 공평보다는 공정이 더 적절함. 공정한 시합이라는 것은 형식주의 입장에서는 성문화된 규칙을 준수하는 것으로 해석될 수 있다. 비형식주의에서는 문자로 표현된 규칙의 준수보다 더 포괄적인 적용과 정당화가 가능하도록 경기에서의 공정의 개념을 확장하여 제안한다.
43	③	스포츠맨십은 법과 같은 외적인 강제력을 갖고 있는 것이 아니라 스포츠 내에서 스포츠인들이 지켜야 할 도덕과 같은 준칙을 의미함.
44	④	스포츠의 긍정적인 의미를 보여줄 수 있는 것은 경쟁에서의 승리가 아니라 최상의 기능을 발휘하는 의미의 아레테임.
45	②	아곤은 경쟁을 의미하며 그 뜻이 법정에서의 논쟁을 의미하는 것까지도 확장이 가능하며 승리가 그 목적임. 아레테는 인간을 인간답게 만들어주는 자질을 의미하며 최적의 기능을 발휘할 수 있는 상태를 의미함.
46	②	서로 충돌하는 윤리적 가치들 사이에서 도덕적 판단을 해야 하는 상황을 만났을 때는 가능한 다양한 윤리이론을 적용하여 해결하는 것이 합당하다.
47	②	도덕적 강조점을 행위의 결과에 두는 윤리체계는 결과론적 윤리체계임. 행위의 옳고 그름을 정하는 기준이 그 행위가 도덕 규칙을 따르느냐 혹은 위반하느냐인 윤리체계는 의무론적 윤리체계임. 대체로 개인윤리에 해당하는 것처럼 보여 스포츠에서 제기되는 윤리문제에 적용하기에는 어려운 윤리체계는 덕론적 윤리체계임.
48	③	현대 사회의 스포츠에서 나타나는 여러 가지 부정적인 현상들로 인해 스포츠윤리학의 필요성이 대두되고 있음.
49	③	"이 체육관에는 4개의 배드민턴 코트가 있다."라는 판단은 있는 그대로의 객관적 사실에 대하여 진술하는 것이지만 ㉠과 ㉡은 마땅히 그렇게 되어야 할 것을 지시하거나 어떤 기준, 표준 혹은 규범에 따르는 것이어야 함을 나타내는 가치판단임.
50	②	특정 사회나 직업에서 지키는 도덕을 윤리라고 한다.

한국체육사

한국체육사 — 2017년 기출문제 분석

출제기준	
주요항목	세부항목
1. 체육사의 의의	1. 체육사 연구 분야
2. 선사·삼국시대	1. 선사 및 부족국가시대의 체육
	2. 삼국 및 통일신라시대의 체육
3. 고려·조선시대	1. 고려시대의 체육
	2. 조선시대의 체육
4. 한국 근·현대	1. 개화기의 체육
	2. 일제강점기의 체육
	3. 광복 이후의 체육

[2급 생활스포츠지도사]

1. 체육사에 대한 설명으로 옳지 않은 것은?

   ① 체육과 스포츠를 역사적 방법으로 연구하는 학문이다.
   ② 체육사상사, 스포츠문화사, 스포츠종목사 등의 연구내용을 포함한다.
   ③ 스포츠행위의 옳고 그름에 대한 판단 기준을 제시하는 학문이다.
   ④ 연구 대상으로는 시간, 인간, 공간이 고려된다.

정답 및 해설	정답	③		난이도	보통
	출제영역	1. 체육사의 의의(1. 체육사연구 분야)			
	해설	스포츠행위의 옳고 그름에 대한 판단 기준을 제시하는 학문은 체육사가 아니라 스포츠윤리학이나 체육철학에서 다룬다.			

2. 부족국가 시대의 신체활동에 대한 설명으로 옳지 않은 것은?

   ① 제천행사와 민속놀이가 있었다.
   ② 교육적 신체활동으로 궁술과 기마술이 있었다.
   ③ 생존과 연관된 사냥 활동이 있었다.
   ④ 신체미 숭배사상이 제천의식의 목적이었다.

정답	②, ④	난이도	어려움
출제영역	2. 선사·삼국시대(1. 선사 및 부족국가시대의 체육)		
해설	부족국가 시대의 신체활동으로서 제천의식의 목적은 하늘과 태양을 숭배하는 광명사상을 실현하는데 있었다.		

3. 〈보기〉의 괄호 안에 들어갈 공통된 용어는?

〈보기〉

삼국시대에는 무사훈련을 위해 기마술과 (　　)을/를 매우 중요시하였다. 고구려의 경당에서는 (　　)을/를 교육하였으며, 백제 또한 (　　)을/를 임금이나 백성이 갖추어야 할 중요한 자질의 하나로 취급하였다.

① 검술　　　　　　　　　　　　② 축국
③ 활쏘기　　　　　　　　　　　④ 각저

정답	③	난이도	보통
출제영역	2. 선사·삼국시대(2. 삼국 및 통일신라시대의 체육)		
해설	삼국시대에는 무사훈련을 위해 기마술과 활쏘기를 매우 중요시하였다. 특히 고구려 경당에서 활쏘기를 교육했으며 백제에서도 활쏘기를 임금이나 백성이 갖추어야 할 중요한 자질의 하나로 취급하였다.		

4. 화랑도(花郞徒)에 대한 설명으로 옳지 않은 것은?

① 원효(元曉)의 세속오계(世俗伍戒)를 기본 정신으로 하고 있다.
② 단체생활을 통해 심신을 연마하였다.
③ 편력(遍歷)이라는 야외교육활동을 수행하였다.
④ 풍류도(風流徒), 국선도(國仙徒), 원화도(源花徒)라고도 하였다.

정답	①	난이도	보통
출제영역	2. 선사·삼국시대(2. 삼국 및 통일신라시대의 체육)		
해설	삼국시대 고구려의 대표적 무예는 기마술과 궁술이며, 경당에서는 궁술이 행해졌다.		

5. 삼국시대 민속스포츠에 대한 설명으로 옳은 것은?

① 쌍륙(雙六) - 공을 발로 차던 공차기 놀이임
② 축국(蹴鞠) - 변전, 편전, 편쌈이라고도 함
③ 각저(角抵) - 말을 타고 숟가락처럼 생긴 막대기로 공을 쳐서 상대방의 문에 넣는 놀이임
④ 마상재(馬上才) - 말 위에서 여러 동작을 보이는 것으로 곡마, 말놀음, 말광대라고도 함

정답 및 해설	정답	④	난이도	어려움
	출제영역	2. 선사·삼국시대(2. 삼국 및 통일신라시대의 체육)		
	해설	쌍륙은 서른 개의 두 개의 주사위를 가지고 승부를 겨루는 놀이였고, 축국은 공을 발로 차던 공차기 놀이였다. 각저는 두 사람이 서로 맞잡고 힘을 겨루는 경기였다.		

6. 〈보기〉에서 제시한 고려시대 수박(手搏)에 대한 설명 중 바르게 묶인 것은?

〈보기〉
㉠ 맨손으로 허리를 잡고 발을 이용하는 격투기이다.
㉡ 인재선발을 위한 기준이 되었다.
㉢ 썰렘(SSulrem), 쎄기유(SSegiyu), 삼보(Sambo)라고도 한다.
㉣ 수박희는 무신 반란의 주요 원인 중 하나였다.

① ㉠, ㉡
② ㉠, ㉣
③ ㉡, ㉢
④ ㉡, ㉣

정답 및 해설	정답	④	난이도	보통
	출제영역	3. 고려·조선시대(1. 고려시대의 체육)		
	해설	고려시대의 수박은 인재선발을 위한 기준이 되었으며 무신반란의 주요 원인 중의 하나였다. 맨손으로 허리를 잡고 발을 이용하는 격투기와 썰렘, 쎄기유, 삼보는 우리나라의 각저(씨름)에 해당된다.		

7. 고려시대 귀족의 민속놀이를 모두 고른 것은?

〈보기〉
㉠ 격구(擊毬)
㉡ 투호(投壺)
㉢ 방응(放鷹)
㉣ 풍연(風鳶)

① ㉠　　　　　　　　　　　　　② ㉠, ㉡
③ ㉠, ㉡, ㉢　　　　　　　　　④ ㉠, ㉡, ㉢, ㉣

정답 및 해설	정답	③		난이도	보통
	출제영역	3. 고려·조선시대(1. 고려시대의 체육)			
	해설	고려시대 귀족의 민속놀이는 격구, 투호, 방응이었고 풍연은 서민의 민속놀이였다.			

8. 〈보기〉에서 설명하는 조선시대의 고등교육기관은?

〈보기〉
- 교육목표 중 덕의 함양을 위해 활쏘기를 실시하였다.
- 육일각(六一閣)에서 대사례를 거행하였다.
- 대사례에서 사용된 궁은 예궁(禮弓) 또는 각궁(角弓)이었다.

① 향교(鄉校)　　　　　　　　② 성균관(成均館)
③ 대학(大學)　　　　　　　　④ 국학(國學)

정답 및 해설	정답	②		난이도	보통
	출제영역	3. 고려·조선시대(2. 조선시대의 체육)			
	해설	조선시대의 고등교육기관은 성균관이었고, 향교는 중등학교 수준의 교육기관이었다. 대학은 오늘날의 고등교육기관이고 국학은 고려시대의 교육기관이었다.			

9. 조선시대 체육활동에 대한 설명으로 옳은 것은?

① 방응(放鷹) - 타구, 방희 등으로 혼용하여 사용되었다.
② 편사(便射) - 단체전으로 경기적인 궁술대회를 의미한다.
③ 석전(石戰) - 오늘날 폴로(Polo)와 유사한 형태이다.
④ 활인심방(活人心方) - 중국의 주권이 저술한 책을 율곡 이이가 도입하였다.

정답 및 해설	정답	②		난이도	어려움
	출제영역	3. 고려·조선시대(2. 조선시대의 체육)			
	해설	조선시대 체육활동 중 방응은 길들인 매를 이용해 들짐승을 잡는 사냥법이었고, 석전은 젊은 남성들이 양편으로 나누어 서로 마주보고 돌을 던지는 놀이였다. 활인심방은 중국의 주권이 저술한 책을 퇴계 이황이 필사하였다.			

10. 조선시대의 민속놀이와 오락에 대한 설명으로 옳은 것은?

① 기풍의례(祈豊儀禮)로써 장치기, 바둑, 장기 등을 행하였다.
② 세시풍속은 농경문화를 반영하고 있어 농경의례라고도 한다.
③ 정초 새해 길흉을 점치기 위한 놀이로 줄다리기를 행하였다.
④ 도판희(跳板戲)와 추천(鞦韆)은 남성중심의 민속놀이였다.

정답 및 해설	정답	②, ③		난이도	보통
	출제영역	3. 고려·조선시대(2. 조선시대의 체육)			
	해설	조선시대의 민속놀이와 오락으로서 기풍의례는 농사가 잘 되기를 기원한 것이었으며, 정초 새해 길흉을 점치기 위한 놀이는 윷놀이였다. 도판희와 추천은 여성중심의 민속놀이였다.			

11. 고종(高宗)이 반포한 교육입국조서(敎育立國詔書)와 관련된 내용으로 옳지 <u>않은</u> 것은?

① 교육입국조서는 1895년에 반포되었다.
② 소학교 및 고등과정에 체조가 정식과목으로 채택되는 데 영향을 주었다.
③ 교육의 기회가 전 국민적으로 확대되는데 기여하였다.
④ 덕양(德養), 지양(智養)보다 체양(體養)을 강조하였다.

정답 및 해설	정답	④		난이도	보통
	출제영역	4. 한국 근·현대(1. 개화기의 체육)			
	해설	고종이 반포한 교육입국조서에는 덕양, 체양, 지양 중 어느 것에 편중되지 않고 삼양에 힘쓰라고 되어 있다.			

12. 개화기 운동회에 대한 설명으로 옳지 <u>않은</u> 것은?

① 초창기 운동회에서 실시된 종목은 주로 구기종목이었다.
② 영어학교나 기독교계 학교를 중심으로 운동회가 확산되었다.
③ 학생대항, 마을대항과 같은 단체전 중심이었다.
④ 우리나라 최초의 운동회는 화류회(花柳會)이다.

정답 및 해설	정답	①		난이도	보통
	출제영역	4. 한국 근·현대(1. 개화기의 체육)			
	해설	개화기의 초창기 운동회에서 실시된 종목은 주로 육상경기 중심이었다.			

13. 근대식 학교인 원산학사에 대한 설명으로 옳은 것은?

① 1885년 아펜젤러가 설립하였다.
② 조선의 신교육을 위하여 일본인들이 설립한 학교이다.
③ 동래 무예학교의 영향을 받았으며 무사양성 교육에 힘썼다.
④ 오늘날 경신중·고등학교의 전신으로 '오락'이라는 체조시간이 배정되었다.

정답 및 해설	정답	③	난이도	어려움
	출제영역	4. 한국 근·현대(1. 개화기의 체육)		
	해설	병자수호조약 체결이후 부산, 원산, 인천을 개항하면서 근대적인 학교가 설립되었는데 부산에 동래무예학교가 가장 빨리 세워졌으며 원산학사의 설립에 영향을 미쳤다.		

14. YMCA가 우리나라 체육에 끼친 영향으로 옳지 않은 것은?

① 전통스포츠의 보급 및 확산을 통한 민족의식 고양에 힘썼다.
② 야구, 농구, 배구 등과 같은 서구 스포츠를 우리나라에 소개했다.
③ YMCA의 조직망을 통해 스포츠를 전국으로 확산시키는 데 기여했다.
④ 많은 스포츠 종목의 지도자를 배출하였다.

정답 및 해설	정답	①	난이도	보통
	출제영역	4. 한국 근·현대(2. 일제강점기의 체육)		
	해설	YMCA는 전통스포츠가 아니라 서구의 근대스포츠를 보급, 발전시키는데 많은 영향을 미쳤다.		

15. 민족말살기(1931~1945) 학교체육에 대한 내용으로 옳은 것은?

① 보통체조와 병식체조 중심에서 스웨덴체조로 전환되었다.
② 경쟁유희, 발표동작유희, 행진유희 등 일본식 유희가 도입되었다.
③ 일본에 의해 황국신민체조가 도입되었다.
④ 제2차 조선교육령을 통해 스포츠와 유희를 중심으로 전개되었다.

정답	③	난이도	어려움
출제영역	4. 한국 근·현대(2. 일제강점기의 체육)		
해설	황국신민체조는 일본에 의해 도입된 것이 아니라 조선총독부에서 우리민족의 정체성을 부정하고 일본에 동화시켜 민족말살을 위해 실시한 것이었다. 이 황국신민체조는 나중에 역으로 일본에 도입되었다.		

16. 일제강점기 근대 스포츠 도입에 대한 설명으로 옳은 것은?

① 스키는 조선철도국에 의해 소개되었다.
② 배구는 YMCA 체육부에 의해 소개되었다.
③ 럭비는 일본인 체육교사 나카무라에 의해 소개되었다.
④ 골프는 서상천에 의해 소개되었다.

정답	②	난이도	보통보통
출제영역	4. 한국 근·현대(2. 일제강점기의 체육)		
해설	1921년 원산중학교 교사인 나카무라에 의해 도입되었다. 럭비는 럭비구락부에 의해 소개되었으나 지도보급의 결실을 못보고 1927년 조선철도국을 중심으로 경성럭비연맹이 설립되면서 보급되었다. 골프는 1921년 조선철도국의 안도가 조선철도국장의 양해와 조선호텔의 지배인의 협력을 얻어 효창원골프코스를 만들면서 시작되었다.		

17. 광복 이후 개최된 올림픽경기대회에서 최초로 금메달을 획득한 선수와 종목이 바르게 연결된 것은?

① 김원기 - 레슬링
② 양정모 - 레슬링
③ 김성집 - 역도
④ 서윤복 - 마라톤

정답	②	난이도	쉬움
출제영역	4. 한국 근·현대(3. 광복 이후의 체육)		
해설	광복 이후 올림픽에서 우리나라 최초의 금메달리스트는 양정모이고 종목은 레슬링이었다.		

18. 1970년대 실시한 체력장 제도에 대한 설명으로 옳지 **않은** 것은?

① 국민체력검사표준위원회에서 기준과 종목을 선정하였다.
② 체력증진이라는 교육 목적으로 전국적으로 실시되었다.
③ 입시과열 현상 등 부작용이 발생하였다.
④ 기본운동과 구기운동 종목으로 구성되었다.

정답 및 해설	정답	④	난이도	어려움
	출제영역	4. 한국 근·현대(3. 광복 이후의 체육)		
	해설	1970년대에 실시한 체력장은 기본운동과 구기종목이 아니라 기초체력 증강을 위해 실시되었으며 종목은 윗몸 앞으로 굽히기, 윗몸일으키기, 왕복달리기, 턱걸이, 던지기, 멀리뛰기, 100m달리기, 오래달리기(남: 1,000m, 여: 800m) 등 8개 종목이었다. 그러나 1979년부터 100m달리기, 제자리멀리뛰기, 던지기, 윗몸일으키기, 오래달리기, 턱걸이(남), 매달리기(여) 등 6개 종목으로 하였다.		

19. 오늘날 전국체육대회의 효시는?

① 전조선축구대회
② 전조선야구대회
③ 전조선육상대회
④ 전조선정구대회

정답 및 해설	정답	②	난이도	쉬움
	출제영역	4. 한국 근·현대(3. 광복 이후의 체육)		
	해설	오늘날 전국체육대회는 1920년 7월 조선체육회가 설립되고 나서 그해 11월에 개최된 제1회 전 조선야구대회를 효시로 하고 있다.		

20. 〈보기〉의 내용이 연대순으로 바르게 연결된 것은?

〈보기〉
㉠ 서울하계올림픽경기대회 개최   ㉡ 국민체육진흥법 공포
㉢ 한국프로야구 출범   ㉣ 태릉선수촌 건립

① ㄴ-ㄹ-ㄷ-ㄱ   ② ㄷ-ㄴ-ㄹ-ㄱ
③ ㄹ-ㄴ-ㄷ-ㄱ   ④ ㄹ-ㄷ-ㄴ-ㄱ

정답 및 해설	정답	①		난이도	어려움
	출제영역	4. 한국 근·현대(3. 광복 이후의 체육)			
	해설	국민체육진흥법의 공포는 1962년, 태릉선수촌 건립은 1966년, 한국프로야구 출범은 1982년, 서울하계올림픽경기대회 개최는 1988년이었다.			

한국체육사 　출제예상문제

1. 다음 중 체육사의 이해에 대한 설명으로 적합하지 <u>않은</u> 것은?

    ① 과거의 체육적 사실에 대해 정확하게 설명하고 해석하는 비판적 탐구과정이다.
    ② 체육과 스포츠를 역사적 방법으로 연구하는 학문이다.
    ③ 체육사는 연구대상으로 시간, 인간, 지역을 고려할 필요가 없다.
    ④ 체육사는 분야별로 지성사, 과학사, 사회경제사, 문화사 등으로 나눌 수 있다.

2. 다음 중 전통체육의 내용과 맞지 <u>않는</u> 것은?

    ① 화랑과 같은 청소년 집단의 다양한 무예와 군사훈련, 무예정신이 중요한 내용이었다.
    ② 귀족층의 여가시간에 적합한 사냥이나 놀이중심의 유희가 주요 내용이었다.
    ③ 서민층의 일과 명절 같은 세시풍속으로서 놀이와 오락 등이 주요 내용이었다.
    ④ 무사들의 무예와 서민들의 유희와 오락은 체계적으로 이루어졌다.

3. 다음 중 우리나라에서 처음으로 체육이라는 용어를 사용한 인물은?

    ① 원응상　　　　　　　　　　② 박병호
    ③ 유길준　　　　　　　　　　④ 윤치호

4. 다음 중 선사 및 부족국가시대의 체육 중 제천의식 축제가 지역에 따라 행해졌는데 그 연결이 <u>잘못된</u> 것은?

    ① 부여-영고　　　　　　　　② 동예-동맹
    ③ 마한-10월제　　　　　　　④ 신라-가배

5. 다음 중 선사 및 부족국가시대의 체육활동이 <u>아닌</u> 것은?

    ① 수렵활동　　　　　　　　　② 군사활동
    ③ 축제활동　　　　　　　　　④ 사회활동

6. 다음은 삼국시대 체육에서 신라에 대한 설명으로 맞지 <u>않는</u> 것은?

① 화랑도는 국선도, 풍류도, 원화도라고도 불렸으며 체계화 된 것은 진흥왕시대이다.
② 화랑도의 교육내용은 군사적인 수련과 심신수련을 실시하였다.
③ 화랑도는 명산대천의 산신을 숭상하는 신앙적 순례와 국토애를 실천하기 위한 주행천하를 하였다.
④ 국학에서는 유학의 교수 및 연구와 관리양성을 목표로 했는데 교육대상자는 서민 자제들이었다.

7. 다음 중 삼국시대의 민속놀이와 오락을 모두 고르시오?

〈보기〉

㉠ 각저   ㉡ 격구
㉢ 축국   ㉣ 마상재

① ㉠, ㉡, ㉢, ㉣   ② ㉠, ㉡, ㉢
③ ㉠, ㉡   ④ ㉠

8. 다음의 고려시대 교육기관 중 관학이 <u>아닌</u> 것은?

① 국자감   ② 향교
③ 학당   ④ 12도

9. 다음의 (   )안에 들어갈 공통된 용어는?

〈보기〉

(   )는/은 고려시대 무인들에게 적극 권장되었으며 명종 때에는 (   )를/을 겨루게 하여 승자에게 벼슬을 주었다. 고려의 인재 등용을 위해 무과가 설치된 것은 말기의 일이며 그 이전에는 특별채용 형식을 통해 무인을 등용했고 그 과정에서 (   )는/은 중요한 과목이었다.

① 격구   ② 궁술
③ 마술   ④ 수박

10. 페르시아의 폴로(polo)에서 기원을 둔 것으로 알려져 있다. 고려시대 때 군사훈련과 귀족의 오락 및 여가활동으로 행해진 민속놀이는?

   ① 격구   ② 방응
   ③ 축국   ④ 석전

11. 다음 중 고려시대 석전의 성격이 <u>아닌</u> 것은?

   ① 단오나 명절에 행하던 민속놀이의 성격을 지니고 있었다.
   ② 풍년을 기원하는 성격을 지니고 있었다.
   ③ 군사훈련의 성격을 지니고 있었다.
   ④ 왕이나 양반들에게 구경거리를 제공하는 관중스포츠로서의 성격을 지니고 있었다.

12. 조선후기의 기록인 『동국세시기』에 따르면 "최영 장군이 탐라를 토벌하려 할 때 생겨 나라의 풍속으로 지금에 이르기까지 행하는 것이다"라고 되어 있는 서민의 민속놀이는?

   ① 축국   ② 씨름
   ③ 추천(그네뛰기)   ④ 풍연(연날리기)

13. 다음의 ( )안에 들어갈 공통된 용어는?

   〈보기〉

   고려시대 무신정변의 직접적인 계기가 된 것은 ( ) 행사였다. 1170년 의종이 무신들을 위로하기 위해 보현원으로 가던 중 오문전에서 좌우를 둘러보고 군사훈련을 시키기에 오문전이 좋다며 무신에게 명하여 ( )를/을 하도록 하였다.

   ① 마상재   ② 궁술
   ③ 오병수박희   ④ 격구

14. 다음 중 조선시대 식년무과 시험의 나열이 올바른 것은?

   ① 초시-전시-복시   ② 초시-복시-전시
   ③ 전시-초시-복시   ④ 복시-초시-전시

15. 다음 중 조선시대 무과의 시취과목이 <u>아닌</u> 것은?
    ① 기사　　　　　　　　　　② 기창
    ③ 격구　　　　　　　　　　④ 수박

16. 다음 중 조선시대 정조의 명에 따라 이덕무, 박제가, 백동수 등이 편찬한 무예서는?
    ① 기효신서　　　　　　　　② 무예도보통지
    ③ 무예신보　　　　　　　　④ 무예제보

17. 다음 중 명나라의 주권이 저술한 도가류의 의서를 활인심방이라는 이름으로 필사한 인물은?
    ① 서유구　　　　　　　　　② 이순신
    ③ 이이　　　　　　　　　　④ 이황

18. 조선시대 민속놀이인 윷놀이의 윷가락은 우리의 생활과 친밀한 가축과 밀접한 관계가 있는데 그 연결이 <u>잘못</u>된 것은?
    ① 도-돼지　　　　　　　　② 걸-닭
    ③ 윷-소　　　　　　　　　④ 모-말

19. 임진왜란 때 이순신의 활쏘기 가치로서 설명이 <u>잘못</u>된 것은?
    ① 군사적 목적에 국한된 신체활동에서 벗어나 사회적 친교의 수단이었다.
    ② 특정한 일과가 없을 때는 공무 중에 행해졌다.
    ③ 장수들의 덕 함양은 물론평가의 수단으로 사용되었다.
    ④ 이순신은 적으로부터 빼앗은 물건을 나누어주거나 향각궁 등을 상품으로 주며 활쏘기 시합을 실시하였다.

20. 다음 중 개화기 학교체육의 설명으로 올바르지 <u>않은</u> 것은?
    ① 원산학사는 무사양성을 위해 무예반 200명을 선발하고 병서와 사격을 교육내용으로 하였다.
    ② 1886년 선교사 스크랜턴에 의해 설립된 이화학당에는 정규수업으로 체조가 채택되지 않았다.

③ 1895년 고종이 교육조서를 공포하고 체조를 정식과목으로 채택하였다.
④ 관립외국어학교에는 체조를 정식과목으로 채택되지 못하였다.

21. 다음 중 국권회복운동의 수단으로 군사훈련의 성격을 가지고 체육을 실시한 학교는?

① 오산학교　　　　　　　　② 원산학사
③ 경신학교　　　　　　　　④ 배재학당

22. 다음 중 개화기 운동회의 성격과 기능이 아닌 것은?

① 주민들의 공동체 의식과 연대감을 강화시키는 역할을 하였다.
② 민족주의 운동의 성격을 갖고 애국심을 고취시키는 역할을 하였다.
③ 스포츠를 체계적으로 발달시키는 역할을 하였다.
④ 사회체육의 발달을 촉진시키는 역할을 하였다.

23. 다음 중 개화기 우리나라 최초의 체육단체는?

① 대한국민체육회　　　　　② 대동체육구락부
③ 무도기계체육부　　　　　④ 대한체육구락부

24. 다음의 설명에 해당하는 체육단체는?

〈보기〉
1903년 10월에 발족했으며 1906년 4월 조직 내에 운동부를 결성하였다. 개화기에 결성된 단체 중 가장 왕성한 체육활동을 했던 단체였다. 1906년 6월 흥천사에서 운동회를 개최했는데 1등 상으로 은장 상패를 수여하였다.

① 회동구락부　　　　　　　② 황성기독교청년회운동부
③ 체조연구회　　　　　　　④ 청강체육부

25. 다음 중 개화기에 도입된 스포츠를 모두 고르시오?

> 〈보기〉
> ㉠ 축구   ㉡ 야구   ㉢ 유도   ㉣ 연식정구

① ㉠
② ㉠, ㉡
③ ㉠, ㉡, ㉢
④ ㉠, ㉡, ㉢, ㉣

26. 다음 중 개화기 체육의 역사적 의미가 <u>아닌</u> 것은?

① 체육의 개념 및 가치에 대한 근대적 각성이 이루어짐
② 심신이원론의 사상이 강조
③ 교육체계 속에서 체육의 위상 정립
④ 근대적인 체육 및 스포츠문화의 창출

27. 다음 중 조선총독부에서 제정한 학교체조교수요목의 내용이 <u>아닌</u> 것은?

① 체조과의 교재는 체조, 교련, 유희로 구성되었다.
② 학교교육 체계에서 체조는 선택화 되었다.
③ 학생의 심신발달에 따라 운동의 성질을 고려해 교재를 적절히 배당하였다.
④ 교수시간 외에는 격검, 유술, 유희 이외에 궁술, 등산, 야구 등을 행하도록 하였다.

28. 다음 중 일제강점기에 도입된 스포츠를 모두 고르시오?

> 〈보기〉
> ㉠ 권투   ㉡ 탁구   ㉢ 스키   ㉣ 럭비

① ㉠
② ㉠, ㉡
③ ㉠, ㉡, ㉢
④ ㉠, ㉡, ㉢, ㉣

29. 다음의 (   )안에 들어갈 공통된 용어는?

〈보기〉

(   )는/은 1926년 11월 일본체육회 체조학교를 졸업한 서상천에 의해 도입되었는데 그해 조선체력증진법연구회의 설립을 통해 학교와 일반사회에 보급되었다. 원래 (   )는/은 일본과 서양의 것과 구별하기 위해 서상천이 창안한 것으로 동서양의 철학을 통해 인간으로서 갖추어야 할 기본정신과 생활의 도를 구한다는 의미를 가지고 있었다.

① 역도
② 씨름
③ 권투
④ 골프

30. 다음 중 조선체육회에서 개최한 경기대회가 아닌 것은?

① 전 조선종합경기대회
② 조선신궁경기대회
③ 전 조선빙상경기대회
④ 전 조선농구선수권대회

31. 다음의 설명에 해당하는 체육단체는?

〈보기〉

1920년 7월 13일 일본유학생, 국내운동가, 동아일보사의 후원으로 조선스포츠계를 대표하는 체육단체가 설립되었다.

① 조선체육협회
② 조선체육연구회
③ 조선체육회
④ 조선체육진흥회

32. 일제강점기 민족주의적 체육운동의 결실이 아닌 것은?

① 근대스포츠의 보급과 확산
② 민족스포츠의 계승 발전
③ 민중스포츠의 쇠퇴
④ 체육의 민족주의적 경향 강화

33. 일제강점기 YMCA가 한국체육에 미친 영향이 <u>아닌</u> 것은?
   ① 스포츠문화의 선진화 도모
   ② 스포츠 붐 조성의 역할
   ③ 스포츠지도자의 배출에 기여
   ④ 야구, 농구, 배구 등의 스포츠 도입

34. 다음 중 1936년 베를린올림픽과 관련이 <u>없는</u> 인물은?
   ① 김은배
   ② 손기정
   ③ 남승룡
   ④ 이길용

35. 광복 후 미군정기 때 체육교과의 명칭은?
   ① 체육
   ② 체조
   ③ 체육·보건
   ④ 체조·보건

36. 다음 중 오늘날 전국체육대회의 효시가 되는 대회는?
   ① 제1회 전 조선야구대회
   ② 제1회 전 조선축구대회
   ③ 제1회 전 조선육상경기대회
   ④ 제1회 전 조선정구대회

37. 광복 후 KOREA라는 명칭으로 처음 태극기를 들고 참가한 동계올림픽은?
   ① 런던올림픽
   ② 삿포로올림픽
   ③ 생모리츠올림픽
   ④ 캘거리올림픽

38. 2018년 동계올림픽이 개최되는 도시는?
   ① 소치
   ② 평창
   ③ 안시
   ④ 잘츠부르크

39. 남북이 올림픽 개막식에서 처음으로 동반 입장한 대회는?
   ① 베이징올림픽
   ② 아테네올림픽
   ③ 시드니올림픽
   ④ 애틀랜타올림픽

40. 대한민국 국기인 태권도가 올림픽 정식종목으로 채택된 대회는?

① 서울올림픽 ② 바르셀로나올림픽
③ 애틀랜타올림픽 ④ 시드니올림픽

41. 우리나라가 처음으로 참가한 하계 아시아경기대회는?

① 제1회 뉴델리대회 ② 제2회 마닐라대회
③ 제3회 도쿄대회 ④ 제4회 자카르타대회

42. 아시아경기대회에서 처음으로 금메달을 획득한 선수와 종목이 바르게 연결된 것은?

① 최윤칠-육상 ② 이창훈-육상
③ 정신조-복싱 ④ 조오련-수영

43. 광복 이후 우리나라 체육의 전개내용 중 맞지 <u>않는</u> 것은?

〈보기〉
㉠ 1947년 조선올림픽위원회는 국제올림픽위원회에 가입하였다.
㉡ 1950년 서윤복 선수는 보스턴마라톤대회에서 우승하였다.
㉢ 1966년 태릉선수촌이 완공되었다.
㉣ 우리나라의 프로스포츠는 1982년에 프로야구, 1983년에 프로축구와 프로씨름이 각각 출범하였다.

① ㉠ ② ㉠, ㉡
③ ㉠, ㉡, ㉢ ④ ㉠, ㉡, ㉢, ㉣

44. 다음 중 우리나라에서 처음으로 만들어진 체육관련 법은?

① 국민체육진흥법 ② 학교체육진흥법
③ 전통무예진흥법 ④ 스포츠산업진흥법

45. 다음 중 제5공화국이 엘리트스포츠에 사활을 걸고 투자한 이유가 <u>아닌</u> 것은?
    ① 국위선양
    ② 사회의 민주화
    ③ 국민통합
    ④ 체제의 우월성

46. 다음 중 남북체육교류의 순기능이 <u>아닌</u> 것은?
    ① 상호 이해증진과 불신의 해소
    ② 남북 관계개선에 이바지
    ③ 관중을 통한 화해 분위기 조성
    ④ 선수나 관전하는 청중을 통한 정치적 선전 공세

47. 한국과 북한이 남자축구에서 공동우승한 아시아경기대회는?
    ① 제6회 방콕대회
    ② 제7회 테헤란대회
    ③ 제8회 방콕대회
    ④ 제9회 뉴델리대회

48. 다음 중 남북단일팀이 구성되어 처음으로 참가한 국제대회는?
    ① 제11회 베이징아시아경기대회
    ② 제6회 세계청소년축구대회
    ③ 제41회 지바세계탁구선수권대회
    ④ 제14회 부산아시아경기대회

49. 다음 중 남북스포츠 친선교류대회가 <u>아닌</u> 것은?
    ① 남북통일농구대회
    ② 남북통일배구대회
    ③ 남북통일축구대회
    ④ 남북통일탁구대회

50. 다음의 내용이 연대순으로 바르게 연결된 것은?

    〈보기〉
    ㉠ 남북체육교류의 법적 근거인 남북교류협력에 관한 법률
    ㉡ 북한은 부산아시아경기대회에 대규모 선수단과 응원단을 이끌고 참가
    ㉢ 코리아민족의 체육발전을 위한 학술토론회 개최
    ㉣ 남북통일탁구대회가 평양 실내체육관에서 개최

    ① ㉠ - ㉣ - ㉡ - ㉢
    ② ㉡ - ㉢ - ㉠ - ㉣
    ③ ㉢ - ㉠ - ㉣ - ㉡
    ④ ㉣ - ㉡ - ㉢ - ㉣

한국체육사 — 출제예상문제 정답 및 해설

문항	정답	해설
1	③	체육사는 연구대상으로 시간, 인간, 지역을 고려해야 한다.
2	④	무사들은 어느 정도 체계적이었지만 서민들은 체계적이기보다는 세습적으로 이어져 내려오는 자발적인 활동으로 이루어졌다.
3	①	체육이라는 명칭은 1897년 9월 일본유학생들의 친목회 회보에 원응상이 "교육에 대한 국민의 애국 상상"이라는 글에서 체육론을 주장하면서 정신교육과 대조적인 의미로 신체교육으로서 체육을 말하고 있다.
4	②	동예의 제천의식 축제는 무천이었다.
5	④	선사 및 부족국가시대의 체육활동은 수렵활동, 군사활동, 축제활동, 주술활동, 성년의식 등이 있었으며 사회활동은 근대이후에 나타났다.
6	④	국학에서는 유학의 교수 및 연구와 관리양성을 목표로 했는데 교육대상자는 서민 자제들이 아니고 귀족 자제들이었다.
7	①	삼국시대의 민속놀이와 오락은 각저, 격구, 축국, 마상재이다.
8	④	고려시대의 교육기관 중 관학에는 국자감, 향교, 학당이 있었고, 사학에는 12도, 서당이 있었다.
9	④	고려시대 수박은 무인들에게 적극 권장되었으며 무과 이전에는 특별채용으로 인재를 등용하는 중요한 과목이었다.
10	①	격구는 페르시아의 폴로에서 유래되어 우리나라에 소개되었는데 고려시대에는 민속놀이로서 군사훈련과 귀족의 오락과 여가활동으로 행해졌다.
11	②	고려시대의 석전은 국속으로서 민속놀이의 성격, 무로서 군사훈련의 성격, 볼거리를 제공하는 관중스포츠로서의 성격을 가지고 있었으나 풍년을 기원하는 성격은 지니고 있지 않았다.
12	④	풍연(연날리기)은 동국세시기에 최영 장군이 탐라를 토벌할 때 생겨 지금에 이르고 있는데 삼국시대에서 고려시대로 전승되었다.
13	③	대장군 이소응이 얼굴이 마르고 힘도 약해 한 사람과 수박을 하였으나 이기지 못하고 달아나자 한뢰가 갑자기 나서며 이소응의 뺨을 때렸다. 이처럼 무신정변의 직접적인 계기가 된 것은 오병수박희 행사 때였다.
14	②	조선시대의 무과시험인 식년무과는 초시-복시-전시의 3단계로 되어 있었다.

문항	정답	해설
15	④	조선시대의 무과의 시취과목은 초시와 복시에 목전, 철전, 편전, 기사, 기창, 격구가 있었고 전시에 기격구, 보격가 있었다. 수박은 시취과목에 포함되지 않았다.
16	②	조선시대 정조 때 편찬된 무예서는 무예도보통지이다. 기효신서는 명나라의 척계광, 무예신보는 사도세자, 무예제보는 선조 때 각각 편찬되었다.
17	④	이황은 명나라의 주권이 저술한 활인심을 구입해 직접 필사하고 활인심방이라는 이름을 붙였다.
18	②	윷놀이의 윷가락은 도가 돼지, 개가 개, 걸이 양, 윷이 소, 모가 말이었다.
19	②	임진왜란 때 활쏘기는 특정한 일과가 없을 때는 모든 공무를 마친 후에 행하였다.
20	②	1886년에 선교사 스크랜턴에 의해 설립된 이화학당에는 정규수업으로 체조가 채택되어 실시되었다.
21	①	개화기 국권회복운동의 수단으로 오산학교를 비롯한 대성학교 등은 군사훈련의 성격으로 체육을 실시하였다.
22	③	스포츠를 체계적으로 발달시키는 역할은 광복 이후에 이루어졌다.
23	④	대한국민체육회는 1907년 10월, 대동체육구락부는 1908년 8월, 무도기계체육부는 1908년 9월, 대한체육구락부는 1906년 3월에 설립되었다.
24	②	황성기독교청년회는 1903년 10월에 발족했으며 1906년 4월 황성기독교청년회운동부를 결성하였다. 개화기에 결성된 단체 중 가장 왕성한 활동을 하였으며 우리나라 근대스포츠의 발달에 큰 역할을 하였다.
25	④	개화기에 도입된 스포츠는 축구, 야구, 유도, 연식정구, 육상, 농구 등이다.
26	②	개화기 체육은 심신일원론의 사상이 강조되었다.
27	②	학교체조교수요목의 내용을 보면 체조는 선택이 아닌 필수였다.
28	④	일제강점기에 도입된 스포츠는 권투, 탁구, 배구, 스키, 골프, 럭비, 역도 등이다.
29	①	역도는 일본유학 출신자인 서상천이 1926년 조선체력증진법연구회를 설립하고 학교와 일반사회에 보급하였다.
30	②	조선신궁경기대회는 일본인에 의해 설립된 조선체육협회에서 개최한 대회였다.
31	③	대한체육회의 전신으로서 1920년 7월 조선스포츠계를 대표하는 조선체육회가 설립되었다.
32	③	일제강점기 민족주의적 체육운동의 결실로는 근대스포츠의 보급과 확산, 민족스포츠의 계승 발전, 민중스포츠의 발달, 체육의 민족주의적 경향 강화 등을 들 수 있다.
33	①	일제강점기 YMCA는 스포츠의 도입, 스포츠 붐 조성의 역할, 스포츠지도자의 배출 등 한국스포츠의 발전에 많은 영향을 미쳤다. 그러나 스포츠문화의 선진화를 도모한 것은 아니었다.

문항	정답	해설
34	①	김은배는 1932년 로스앤젤레스올림픽 마라톤에 출전하였다. 손기정과 남승룡은 1936년 베를린 올림픽 마라톤에 출전해서 각각 금메달과 동메달을 획득하였다. 이길용은 시상대 위에 있는 손기정 가슴의 일장기를 지워 일장기말소사건을 일으킨 장본인이었다.
35	③	광복 후 미군정기 때 체육교과의 명칭은 체육·보건이었다.
36	①	제1회 전 조선야구대회는 조선체육회가 설립되고 나서 처음으로 개최한 행사였다. 그래서 이 대회를 오늘날 전국체육대회 제1회 대회로 하고 있으며 그 효시가 되고 있다.
37	③	광복 후 우리나라가 처음으로 참가한 동계올림픽은 1948년에 개최된 스위스의 생모리츠올림픽이었다.
38	②	2018년 동계올림픽은 우리나라 평창에서 개최된다.
39	③	남북한이 올림픽 개막식에서 처음으로 동반 입장한 대회는 2000년 시드니올림픽이었다.
40	④	대한민국 국기인 태권도는 1988년 서울올림픽부터 1996년 애틀랜타올림픽까지 시범종목이었고 2000년 시드니올림픽 때 정식종목으로 채택되었다.
41	②	우리나라는 1950년 6·25전쟁으로 1951년에 개최된 제1회 뉴델리아시아경기대회에 불참하였고 1954년 제2회 마닐라아시아경기대회 때 처음으로 참가하였다.
42	①	1954년 제2회 마닐라아시아경기대회에 처음으로 참가한 우리나라는 육상 1,500m에서 최윤칠이 우승하였는데 이것이 첫 금메달이었다.
43	①	서윤복 선수는 1947년 보스턴마라톤대회에서 우승하였다.
44	①	국민체육진흥법은 1962년 9월 제정, 공포된 우리나라 첫 체육관련 법규이다.
45	②	제5공화국은 엘리트스포츠의 발전을 위해 국위선양, 국민통합, 체제의 우월성, 업적위주에 목적을 두었고 사회의 민주화는 도모하지 않았다.
46	④	선수나 관전하는 청중을 통한 정치적 선전 공세는 순기능이 아니라 역기능이다.
47	③	한국이 아시아경기대회 남자축구에서 북한과 공동우승을 차지한 대회는 1978년 제8회 방콕대회였다.
48	③	남북단일팀이 처음으로 구성되어 참가한 국제대회는 1991년 4월 일본 지바에서 개최된 제41회 세계탁구선수권대회였다.
49	②	남북스포츠 친선교류대회에서 남북통일배구대회는 개최되지 않았다.
50	①	남북체육교류의 법적 근거인 남북교류협력에 관한 법률은 1990년에 공포되었고, 남북통일탁구대회가 평양 실내체육관에서 개최된 것은 2000년이었고, 북한이 부산아시아경기대회에 대규모 선수단과 응원단을 이끌고 참가한 것은 2002년이었고, 코리아민족의 체육발전을 위한 학술토론회 개최는 2005년이었다.

특수체육론

특수체육론 — 2017년 기출문제 분석

출제기준

주요 항목	세부 항목
1. 특수체육의 개요	1. 특수체육의 의미
	2. 특수체육에서 사용하는 사정과 특정도구
	3. 특수체육 지도전략
2. 장애유형별 체육지도 전략	1. 지적장애, 정서장애, 자폐성장애 등의 특성과 지도 전략
	2. 시각장애 특성과 지도 전략
	3. 청각장애 특성과 지도 전략
	4. 지체장애, 뇌병변장애의 특성과 지도 전략

[2급 장애인스포츠지도사]

1. 시각장애, 지적장애, 지체장애와 같이 장애조건에 따라 장애인을 분류하여 지도하는 접근방법은?

① 범주적 접근방법(categorical approach)
② 비범주적 접근방법(non-categorical approach)
③ 기능론적 접근방법(functional approach)
④ 발달론적 접근방법(developmental approach)

정답 및 해설		
정답	①	난이도 보통
출제영역	1. 특수체육의 개요(3. 특수체육 지도전략)	
해설	범주적 접근방법(categorical approach)은 장애유형별에 따르는 접근방법이고, 비범주적 접근방법은 교육적 판단으로서 경도, 중등도, 중도 장애로 접근하는 방법을 의미한다.	

2. 최소제한환경(Least Restrictive Environment:LRE)에 관한 설명으로 옳은 것은?

① 완전통합(full inclusion)의 개념을 포함한다.
② 장애인에게는 무조건 편의를 제공해야 한다.
③ 장애인의 개인적 요구에 따라 서비스를 제공한다.
④ 장애인은 비장애인과 함께 신체활동을 할 수 없다.

정답 및 해설	정답	③	난이도	보통
	출제영역	1. 특수체육의 개요(1. 특수체육의 의미)		
	해설	최소제한환경(LRE)은 제한환경의 최소화라고도 쓰이며 장애인들이 비장애인들과 함께 할 수 있는 범위를 고려하여 개개인 별로 이에 해당하는 환경 및 여건을 최적화 하는 것을 의미한다. 완전통합의 개념은 정상화(normalization)의 실현이며 최소제한환경은 정상화를 실천하기 위한 방법이다.		

3. 임파워먼트(empowerment)의 속성으로 장애인 스스로가 스포츠 활동을 선택하고 참여한다는 개념은?

① 자신감(self-confidence)
② 자결성(self-determination)
③ 사회적 참여(social engagement)
④ 개인적 유능감(personal competence)

정답 및 해설	정답	②	난이도	보통
	출제영역	1. 특수체육의 개요(3. 특수체육 지도전략)		
	해설	자결성(self-determination)은 스스로 자신의 행동을 결정할 권리가 있음을 의미하는 것이다. 자신감(self-confidence)은 어떠한 것을 할 수 있다거나 경기에서 이길 수 있다 혹은 경기를 잘 할 수 있다는 등에 대한 자신의 느낌이다. 개인적 유능감(personal competence)은 어떤 행동이나 활동을 성공적으로 수행할 수 있는 자신의 능력에 대한 신념을 의미한다.		

4. 특수체육의 측정평가에 관한 설명으로 틀린 것은?

① 검사(test)도구나 방법을 선택할 때 타당도와 신뢰도를 고려한다.
② 표준화검사(standardized test)에는 측정 순서, 형식, 대상자, 해석방법 등이 정해져 있다.
③ 규준지향검사(norm-referenced test)는 운동수행 능력을 시간, 횟수, 거리 등과 같은 객관적인 수치로 나타낸다.
④ 준거지향검사(criterion-referenced test)는 장애인의 운동수행 능력을 준거집단의 능력과 비교한다.

정답 및 해설	정답	④	난이도	보통
	출제영역	1. 특수체육의 개요(2. 특수체육에서 사용하는 사정과 측정도구)		
	해설	준거지향검사(criterion-referenced test)는 흔히 절대평가로 예를 들며, 상대평가에 치중하지 않으므로 현재의 성취수준의 도달 정도를 알아보는 평가방법이며 과정중심의 검사과정이다.		

5. 브락포트 체력검사(Brockport Physical Fitness Test: BPFT)의 설명으로 옳은 것은?

① 대근운동기술을 측정한다.
② 동일 체력요인을 장애유형에 따라 다른 검사로 측정할 수 있다.
③ 건강체력과 운동기술체력을 동시에 검사한다.
④ 통합체육 상황에서는 적용할 수 없다.

정답 및 해설	정답	②	난이도	보통
	출제영역	1. 특수체육의 개요(2. 특수체육에서 사용하는 사정과 측정도구)		
	해설	BPFT는 준거지향적 검사도구로서 건강체력을 측정하며 각각의 체력요인에 대하여 장애 유형별 특성을 고려하여 각기 다른 종목으로 측정할 수 있다. 대근운동기술은 TGMD (Test of Gross Motor Development) 검사를 통하여 측정한다.		

6. 기능적 움직임의 생태학적 과제분석 모형 4단계가 순서대로 연결된 것은?

① 과제목표의 확인 → 선택 → 조작 → 지도
② 과제목표의 확인 → 선택 → 지도 → 조작
③ 과제목표의 확인 → 지도 → 조작 → 선택
④ 과제목표의 확인 → 조작 → 선택 → 지도

정답 및 해설	정답	①	난이도	어려움
	출제영역	1. 특수체육의 개요(3. 특수체육 지도전략)		
	해설	과제분석(Task Analysis)은 지도내용을 세분화함으로써 단계적인 지도를 용이하게 한다. 기능적 움직임에서의 과제분석 모형 4단계는 과제목표의 확인 – 선택 – 조작 – 지도의 단계를 따른다.		

7. 촉각적 추구성향을 보이는 발달장애인의 행동 특성이 <u>아닌</u> 것은?

① 부드럽고 편안한 촉각적 경험을 좋아한다.
② 손톱을 물어뜯거나 극단적으로 매운 음식을 찾는다.
③ 허리띠나 넥타이를 꽉 조여 맨다.
④ 등을 쓰다듬어 주는 촉각적 칭찬에 몸이 경직된다.

정답 및 해설	정답	④	난이도	쉬움
	출제영역	2. 장애유형별 체육지도 전략(1. 지적장애, 정서장애, 자폐성장애 등의 특성과 지도전략)		
	해설	촉각적 추구성향을 보이는 발달장애인들은 부드러운 촉각적 경험을 좋아하는 동시에 보다 강한 촉각자극(손톱 물어뜯기, 허리띠 꽉 조여매기)을 성향을 나타내는 경우가 있다.		

8. 〈보기〉에서 사용하는 행동관리 기법은?

> 〈보기〉
> 처음에는 두 손으로 보조를 하다가 한 손으로 보조를 하거나, 언어적 보조를 하다가 언어적 보조를 점차적으로 제거한다.

① 칭찬(praise)
② 용암(fading)
③ 토큰 강화(token economy)
④ 프리맥의 원리(Premack principle)

정답 및 해설	정답	②	난이도	보통
	출제영역	1. 특수체육의 개요(3. 특수체육 지도전략)		
	해설	용암(fading) 기법은 지도를 시작할 때 주었던 강화를 점점 줄여서 나중에는 강화 없이도 수행할 수 있도록 실시하는 행동관리 기법이다. 프리맥의 원리는 좋아하는 행동으로 회피하는 행동을 강화시키는 행동관리 기법으로서 예를 들면 운동장을 두 바퀴 달리면(싫어하는 행동) 트램펄린을 시도하게 하는 기법이다.		

9. 다음의 특수체육 검사 도구 중에서 측정영역이 다른 것은?

① 장애학생 건강체력 검사(PAPS-D)
② 운동발달 체크리스트(Motor Development Checklist : MDC)
③ 대근운동발달 검사(Test of Gross Motor Development : TGMD)
④ 피바디운동발달 검사(Peabody Developmental Motor Scale : PDMC)

정답 및 해설	정답	①	난이도	보통
	출제영역	1. 특수체육의 개요(2. 특수체육에서 사용하는 사정과 측정도구)		
	해설	장애학생 건강체력 검사(PAPS-D)는 건강체력(심폐기능, 근기능, 유연성, 순발력, 신체구성)등을 측정하는 검사이고, MDD, TGMD, PDMC는 대근육 및 소근육의 발달정도를 측정하는 검사도구이다.		

10. 최근 장애인복지법에서 규정하고 있는 청각장애의 판정 기준으로 **틀린** 것은?

① 두 귀의 청력 손실이 각각 40데시벨(dB) 이상
② 한 귀의 청력 손실이 80데시벨(dB) 이상이며 다른 한 귀의 청력 손실이 40데시벨(dB) 이상
③ 두 귀에 들리는 보통 말소리의 명료도가 50% 이하
④ 평형기능의 상당한 장애가 있는 경우

정답 및 해설	정답	①	난이도	쉬움
	출제영역	2. 장애유형별 체육지도 전략(3. 청각장애 특성과 지도전략)		
	해설	두 귀의 청력 손실이 각각 90dB 이상인 사람은 청각장애 2급으로 구분된다.		

11. 〈보기〉에서 지적장애인의 스포츠 지도전략으로 옳은 것은?

〈보기〉
㉠ 지적장애인의 개인별 선호도와 선택권을 존중한다.
㉡ 피아제(J. Piaget)의 인지발달 단계에서 전조작기에 해당하는 지적장애인은 전술 위주의 프로그램에 참여시킨다.
㉢ 지적장애인의 운동수행 능력은 비장애인보다 현저하게 낮기 때문에 통합 스포츠 참여를 제한한다.
㉣ 장애 정도에 따라 규칙이나 기술을 변형한다.
㉤ 지도자의 설명을 이해하지 못하면 시범을 보이며 설명한다.

① ㉠-㉡-㉢
② ㉡-㉢-㉣
③ ㉠-㉣-㉤
④ ㉡-㉣-㉤

정답 및 해설	정답	③	난이도	쉬움
	출제영역	2. 장애유형별 체육지도 전략(1. 지적장애, 정서장애, 자폐성장애 등의 특성과 지도전략)		
	해설	지적장애인들은 전술 위주의 스포츠 프로그램보다는 반복적 스포츠 프로그램(수영, 탁구, 육상)에 참여함으로써 경기력 및 참여율을 높이는데 효과적이다. 또한 지적장애인 참여시 운동과제 수행이 명확히 어려울 경우에는 운동규칙, 장비 등의 변형을 통하여 스포츠 활동에서의 소외를 방지해야 한다.		

12. 자폐성장애인의 스포츠 지도전략으로 **틀린** 것은?

① 언어적 지도와 비언어적 지도를 병행한다.
② 지도자가 학습자의 행동을 말로 표현해 준다.
③ 사회적 관계형성을 익히도록 한다.
④ 환경적 단서(cue)보다 언어적 단서가 효과적이다.

정답 및 해설	정답	④		난이도	보통
	출제영역	2. 장애유형별 체육지도 전략(1. 지적장애, 정서장애, 자폐성장애 등의 특성과 지도전략)			
	해설	지적장애인의 스포츠 지도시 언어자체를 이해하는데 어려움이 있을 수 있으므로 언어적 자극만으로 쉽게 이해하기 어려울 경우가 있다. 따라서 환경적 단서를 통하여 관심을 유도한 뒤 언어적 지도를 사용하는 것이 바람직하다.			

13. 백내장으로 인한 양안의 교정시력이 0.02인 시각장애인에게 농구를 지도하기 위한 전략으로 옳은 것은?

〈보기〉
㉠ 농구공은 바닥의 색과 대비되도록 한다.
㉡ 시각의 사용을 줄여서 시력 감퇴를 예방한다.
㉢ 시각 자료는 확대하고 촉각 자료도 활용한다.
㉣ 충돌에 의한 부상의 위험이 있으므로 시합에는 참여시키지 않는다.

① ㉠, ㉢
② ㉠, ㉣
③ ㉡, ㉢
④ ㉢, ㉣

정답 및 해설	정답	①		난이도	보통
	출제영역	2. 장애유형별 체육지도 전략(2. 시각장애의 특성과 지도전략)			
	해설	시각장애는 맹과 저시력으로 구분 할 수 있으며 저시력의 경우 잔존시력을 최대한 활용한 환경을 구성하여야 한다.			

14. 척수장애인의 산소소비량이 적은 이유는?

① 인대의 위축
② 염색체의 기능 이상
③ 신경계의 기능 이상
④ 적은 근육량

정답	④	난이도	보통
출제영역	2. 장애유형별 체육지도 전략(4. 지체장애, 뇌병변장애의 특성과 지도전략)		
해설	척수장애인이 운동시 산소소비량이 낮은 다양한 원인 중 신체 일부의 마비로 인한 근육량 감소가 하나의 원인일 수 있다.		

15. 좌측 발목 절단장애인을 위한 스포츠 지도전략으로 **틀린** 것은?

① 상하지의 균형적 발달을 위한 활동을 하게 한다.
② 좌측 다리의 근육을 강화시켜 우측 다리와 균형을 이루도록 한다.
③ 보행 보조기구는 하지의 근력이 강해진 후에 사용하도록 한다.
④ 비만 예방을 위한 스포츠 프로그램에 규칙적으로 참여시킨다.

정답	③	난이도	보통
출제영역	2. 장애유형별 체육지도 전략(4. 지체장애, 뇌병변장애의 특성과 지도전략)		
해설	절단장애인들의 보행 보조기구는 근력과 비례하여 지속적으로 사용하도록 하여야 한다.		

16. 〈보기〉의 지체장애인을 위한 스포츠 지도전략으로 옳은 것은?

> 〈보기〉
> 민수는 교통사고에 의한 흉추 6번의 손상으로 병원에서 수술과 재활을 받고 척수손상에 의한 지체장애 판정을 받았다. 의사는 민수에게 스포츠 참여를 제안하였다.

① 사지를 사용할 수 없기 때문에 보치아에 참여시킨다.
② 상지를 사용할 수 있기 때문에 휠체어 스포츠에 참여시킨다.
③ 하지를 사용할 수 있기 때문에 축구의 규칙을 변형하여 참여시킨다.
④ 사지를 사용할 수 있기 때문에 본인의 희망 종목에 참여시킨다.

정답	②	난이도	보통
출제영역	2. 장애유형별 체육지도 전략(4. 지체장애, 뇌병변장애의 특성과 지도전략)		
해설	흉추 6번의 손상으로 인한 대부분의 척수손상 장애인의 경우 하지보다는 상지를 사용할 수 있기 때문에 상지를 사용하는 스포츠에 참여하는 것이 바람직하다.		

17. 근지구력이 약한 지체장애인에게 휠체어농구를 지도하기 위한 전략으로 적합하지 <u>않은</u> 것은?

① 인터벌 트레이닝으로 근지구력을 향상시킨다.
② 휴식시간을 자주 준다.
③ 경기 시간의 단축을 위해 선수교체를 하지 않는다.
④ 체력소모를 줄이기 위해 농구 코트의 크기를 작게 한다.

정답 및 해설	정답	③		난이도	보통
	출제영역	2. 장애유형별 체육지도 전략(4. 지체장애, 뇌병변장애의 특성과 지도전략)			
	해설	근지구력 향상을 위해서는 적절한 트레이닝을 실시해야 한다. 한편으로는 근지구력이 약한 지체장애인들의 스포츠 참여시 적절한 휴식시간과 규칙의 변형 등을 통하여 스포츠 참여를 촉진할 수 있는 방법을 모색하여야 한다.			

18. 〈보기〉의 괄호 안에 들어갈 내용으로 옳은 것은?

〈보기〉
무정위형 뇌성마비(athetosis cerebral palsy)는 (㉠)의 손상으로 인해 발생하며 사지의 (㉡) 움직임을 나타낸다.

	㉠	㉡
①	대뇌 기저핵	수의적
②	대뇌 기저핵	불수의적
③	전두엽 운동피질	수의적
④	전두엽 운동피질	불수의적

정답 및 해설	정답	②		난이도	보통
	출제영역	2. 장애유형별 체육지도 전략(4. 지체장애, 뇌병변장애의 특성과 지도전략)			
	해설	무정위형 뇌성마비 장애인은 대뇌 기저핵의 손상으로 인해 발생하며 사지의 불수의적 움직임을 나타낸다.			

19. 정서장애인의 스포츠 지도전략으로 옳은 것은?

① 반항적인 행동은 체벌을 통해서 지도한다.
② 긍정적 피드백을 통해서 바람직한 스포츠 참여행동을 지도한다.
③ 품행장애인은 폭력적이기 때문에 단체 스포츠에 참여시키지 않는다.
④ 주의력 결핍 과잉행동장애인은 휠체어에 결박하여 참여시킨다.

정답 및 해설	정답	②	난이도	보통
	출제영역	2. 장애유형별 체육지도 전략(1. 지적장애, 정서장애, 자폐성장애 등의 특성과 지도전략)		
	해설	정서장애인의 스포츠 참여시 반항적이거나 폭력적인 행동에 대하여 긍정적인 피드백을 통하여 바람직하게 스포츠에 참여하도록 지도한다.		

20. 다운증후군 지적장애인의 신체활동 지도전략으로 옳은 것은?

① 고관절의 과신전에 의한 부상에 주의한다.
② 손가락이 짧기 때문에 테니스와 같은 라켓 종목에는 참여시키지 않는다.
③ 팔의 근력이 약하기 때문에 머리를 바닥에 대고 물구나무서기를 하게 한다.
④ 심폐지구력의 강화를 위하여 달리기의 운동 강도를 90% 이상으로 유지한다.

정답 및 해설	정답	①	난이도	보통
	출제영역	2. 장애유형별 체육지도 전략(1. 지적장애, 정서장애, 자폐성장애 등의 특성과 지도전략)		
	해설	장애인의 신체활동 지도시 장비 및 규칙을 적절히 변화하여 스포츠 참여에서 소외되는 현상이 발생하지 않도록 지도해야 한다. 다운증후군의 경우 과신전으로 인한 부상에 주의해야 하고 다운증후군 중 환축추 불안정이 있는 경우에는 목을 과도하게 사용하는 동작에 주의해야 한다.		

특수체육론 출제예상문제

1. 현재 지적장애인이 참가할 수 있는 올림픽의 예로 가장 알맞은 것은?

   〈보기〉
   ㉠ 패럴림픽(Paralympics)   ㉡ 데플림픽(Deaflympics)
   ㉢ 스페셜올림픽(Special Olympics)   ㉣ 올림픽(Olympics)

   ① ㉠ + ㉡ + ㉢ + ㉣
   ② ㉠ + ㉡ + ㉢
   ③ ㉠ + ㉢
   ④ ㉠

2. 우리나라는 국민체육진흥법의 개정을 통하여 장애인의 체육활동 권리를 명시하고 대한장애인체육회를 설립하였다. 대한장애인체육회가 설립된 연도는?

   ① 1990년
   ② 1995년
   ③ 2000년
   ④ 2005년

3. 다음 중 정상화의 원칙으로 가장 알맞게 설명한 것은?

   ① 사회에서 격리하여 복지시설에 수용하는 것
   ② 장애인들의 요구와 능력에 맞는 배치를 통하여 필요한 서비스를 제공하는 것
   ③ 장애를 원인으로 사회와 구분, 분리되지 않고 적절한 서비스를 통한 일상생활에서 동일한 조건과 삶을 누릴 수 있도록 하는 것
   ④ 신체활동에 불편을 겪는 사람들의 건강과 복지 측면을 고려하여 재활시설을 설치하는 것

4. 패럴림픽(Paralympics)에 참가하는 장애유형이 아닌 것은?

   ① 지체장애
   ② 청각장애
   ③ 시각장애
   ④ 지적장애

5. 다음 보기 중 스페셜올림픽에 대한 설명으로 옳은 것을 모두 고른 것은?

〈보기〉
㉠ 동계 스페셜올림픽은 위험성으로 인하여 개최하지 않고 하계 스페셜올림픽만 개최된다.
㉡ 경쟁을 통한 메달획득 보다는 참가에 의의가 있다.
㉢ 지적장애인을 대상으로 하는 올림픽경기대회이다.
㉣ 지적장애의 특성상 개인종목만 이루어진다.

① ㉠ + ㉡ + ㉢ + ㉣
② ㉡ + ㉢ + ㉣
③ ㉡ + ㉢
④ ㉢ + ㉣

6. 데플림픽(Deaflympics)에 참가하는 장애유형은?
① 지체장애
② 청각장애
③ 시각장애
④ 지적장애

7. 다음 중 특수체육에서 사정(assessment)의 설명으로 가장 알맞은 것은?
① 효율적이고 경제적인 평가를 통하여 좀 더 심층적인 평가에 의뢰할 것인가를 결정하는 과정
② 어떤 상태의 특성과 원인을 파악하는 과정
③ 물리적 대상을 자나 저울과 같은 도구를 사용하여 양을 수량화하는 일련의 과정
④ 평가와 측정의 중간개념으로 측정활동을 통하여 특정목적을 달성하기 위한 근거자료를 수집하는 과정

8. 장애인에게 신체활동을 수행할 때에는 효과적인 지도 순환체계 단계가 있다. ㉠, ㉡, ㉢에 들어갈 알맞은 것은?

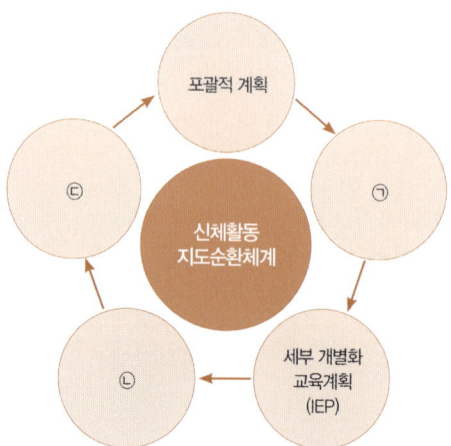

① ㉠: 사정 및 배치, ㉡: 지도 및 상담, ㉢ 평가
② ㉠: 평가, ㉡: 지도 및 상담, ㉢ 사정과 배치
③ ㉠: 지도 및 상담, ㉡: 사정과 배치, ㉢ 평가
④ ㉠: 지도 및 상담, ㉡: 평가, ㉢ 사정 및 배치

9. PAPS-D에서 건강을 유지하는데 필요한 체력관리요인으로 구성된 항목으로 바르지 **않은** 것은?

① 근골격계
② 이동기술
③ 호흡순환계
④ 신체구성

10. 검사 및 평가 도구 유형 중 ㉠과 ㉡에 알맞은 것은?

㉠	㉡	내용지향검사
기술 통계 표준 사용 (예: 백분위)	해석이 필요한 임의적 서열척도 측정치 (예: 등급, 수준, 점수)인 외적 표준 사용	내용지향 자료 또는 원자료 (예: "할 수 있다", "할 수 없다" 또는 횟수)만을 사용
통계적 척도로 운동수행을 측정하는 항목들 포함	설명(해석) 가능한 의도된 목표 성취를 측정하는 항목들 포함	성취 연속선상에서 수행을 측정하는 항목들 포함. 점수에 대한 해석은 불필요함

① ㉠: 포트폴리오검사, ㉡: 준거지향검사
② ㉠: 규준지향검사, ㉡: 준거지향검사
③ ㉠: 준거지향검사, ㉡: 규준지향검사
④ ㉠: 규준지향검사, ㉡: 포트폴리오검사

11. 대근운동 검사도구인 TGMD-2의 이동기술 검사항목에 속하지 **않은** 것은?

① 달리기
② 갤롭
③ 홉
④ 걷기

12. TGMD-2의 대근 운동 발달의 분류 중 ㉠과 ㉡에 들어갈 말은?

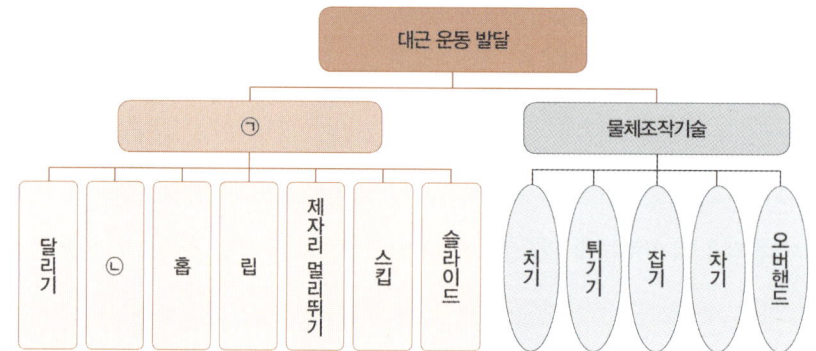

① ㉠ : 운동기술, ㉡ : 걷기
② ㉠ : 이동기술, ㉡ : 치기
③ ㉠ : 운동기술, ㉡ : 차기
④ ㉠ : 이동기술, ㉡ : 겔롭

13. 우리나라에서 2013년도에 장애학생들의 건강체력 수준을 파악하고 관리하기 위해 개발된 체력검사 도구는?

① TGMD-2
② PAPS-D
③ BPFT
④ KPDS

14. 개별화교육계획(Individualized Education Plan)의 개발 절차 순서로 알맞은 것은?

① 진단 및 평가-의뢰-사정-통보-실행-재검토
② 의뢰-진단 및 평가-사정-통보-실행-재검토
③ 사정-진단 및 평가-의뢰-통보-실행-재검토
④ 통보-진단 및 평가-사정-실행-재검토

15. 스포츠지도자의 역할과 지원수준에서 빈칸에 알맞은 것은?

지원 수준	설명	스포츠지도자의 역할
간헐적	• 단기간 필요 • 항시 준비	체육활동에서 장애인이 필요할 때 지원
㉠	• 장애인을 지도하기 위해 체육활동 참가 전에 계획 완료 • 모두는 아니지만 일부 조직화가 필요함	일부 체육활동에서는 지원을 해주지만 다른 활동에서는 지원을 하지 않을 수 있음

지원 수준	설명	스포츠지도자의 역할
ⓒ	• 대부분의 체육활동에서 발생 • 다른 활동에도 지원	다른 활동이나 게임에 참가할 때 지원을 함
전반적	• 계속적으로 지원 • 체육활동 내내 장애인 지원	체육활동에서 일반인과 동일하게 체육활동을 함

① ㉠ : 제한적, ㉡ : 지속적 ② ㉠ : 확장적, ㉡ : 단속적
③ ㉠ : 제한적, ㉡ : 확장적 ④ ㉠ : 확장적, ㉡ : 점진적

16. 장애인의 체육활동에서 긍정적인 강화 기법에 속하는 것은?

① 타임아웃 ② 소거
③ 벌 ④ 토큰강화

17. 지적장애를 정의할 때 일반적으로 사용하는 세 가지 기준에 속하지 <u>않는</u> 것은?

① 언어 수준 ② 지적 기능성
③ 적응행동 ④ 만 18세

18. 정서장애인 을 대상으로 스포츠지도 중 문제행동에 대한 지도 방법으로 옳지 <u>않은</u> 것은?

① 부적응 행동에 대해 즉각적으로 수정할 수 있는 도덕적/윤리적 판단기준을 지녀야 한다.
② 문제행동의 수정은 지도자와의 신뢰로운 관계 속에서 효율적이 대화를 통하여 효과를 증진할 수 있다.
③ 문제행동의 수정이나 소거보다, 바람직한 행동을 하도록 하는데 지도의 초점을 맞춘다.
④ 문제행동의 수정은 지도자와의 신뢰로운 관계 속에서 감정을 수용하고 발달에 대한 충분한 지식 속에서 효과가 크다.

19. 다음 설명으로 알맞은 용어는?

〈보기〉

자폐성장애인들에게서 주로 나타나며 의미 없이 같은 동작을 일정 기간 반복하거나 특별한 상황에서 발생하기도 하며 일정한 시간을 간격으로 반복적으로 나타나기도 하는 현상

① 적응 행동
② 언어 행동
③ 상동 행동
④ 사회 행동

20. 다음 중 다운증후군의 특성으로 옳지 않은 것은?

① 지적장애의 가장 큰 원인 중 하나로 염색체 이상에서 기인한다.
② 정상적인 46개의 염색체보다 1개가 많은 47개의 염색체를 가진 경우이다.
③ 30~50%는 선천적 심장 결손으로 신체활동에 있어서 각별한 주의가 필요하다.
④ 유연성이 상당히 높아 스포츠 활동시 부상에 노출되지 않는다.

21. 국제시각장애인연맹(IBSA)의 스포츠 등급 분류 중 ㉠과 ㉡에 알맞은 것은?

등급	설 명
B1	어느 쪽으로도 빛을 감지하는 못하는 경우
B2	시력이 (㉠) 이하 혹은 시야가 5도 이하로 물체나 그 윤곽을 인식하는 경우
B3	시력이 2m/60m ~ 6m/60m 혹은 시야가 (㉡) 사이인 경우

① ㉠ : 2m/60m, ㉡ : 10도 ~ 30도
② ㉠ : 2m/60m, ㉡ : 5도 ~ 20도
③ ㉠ : 5m/60m, ㉡ : 5도 ~ 20도
④ ㉠ : 5m/60m , ㉡ : 10도 ~ 30도

22. 저시력 시각장애인을 위한 스포츠지도 시 바람직한 지도방법에 속하지 않는 것은?

① 스포츠실시 전 방향정위에 대하여 충분히 고려한다.
② 장비의 재질과 라인을 밝은 색으로 수정하여 촉각 및 시각적 효과를 높인다.
③ 지도자는 태양을 등지고 자세설명을 진행한다.
④ 장비에 알람을 설치하여 청각적 효과를 높일 수 있는 방안을 계획한다.

23. 데플림픽(Deaflympics)에 참가하는 청각장애인의 기준은 청력손실이 몇 데시벨(dB) 이상인가?

① 45데시벨
② 55데시벨
③ 65데시벨
④ 75데시벨

24. 다음 빈칸에 알맞은 말은?

〈보기〉

장애선수의 등급 분류는 크게 (㉠) 분류와 (㉡) 분류로 구분한다. (㉠) 분류는 의사들이 판정하여 등급을 매기는 반면, (㉡) 분류는 장애선수들의 신체적 움직임과 관절의 가동범위 등을 고려하여 공정한 시합을 하기 위해서이다.

① ㉠ : 의학적, ㉡ : 기능적
② ㉠ : 증상적, ㉡ : 기능적
③ ㉠ : 의학적, ㉡ : 손상적
④ ㉠ : 기능적, ㉡ : 의학적

25. 외상성 뇌손상의 체육활동 지도 시 고려사항에 속하는 것은?

① 체육활동을 할 때에는 보조자가 필요 없다.
② 외상성 뇌손상인의 사회심리적 특성을 반영한다.
③ 기능적, 협동적, 맥락적 평가를 실시하지 않는다.
④ 외상성 뇌손상 관계자들과 협력할 필요가 없다.

26. 다음은 휠체어 사용자의 상해 시 고려사항 및 예방에 관한 설명이다. ㉠과 ㉡에 알맞은 것은?

상해·고려사항	예 방
연조직	스트레칭 - 준비운동/정리운동 오래된 상해(부위)에 보호용 커버 사용
㉠	손가락 테이핑 휠체어 사용자의 경우 보호용 커버(상완에 장갑이나 스타킹 등) 사용
찰과상·열상	오래된 상해(부위)에 보호용 커버 사용
㉡	체중을 자주 옮김 수분을 흡수하는 의복 착용
체온 조절	흉추 6번 이상의 척수손상자는 신체가 외부환경과 동일한 체온을 보일 수 있어 적절한 의복 착용과 보호가 필수적임

① ㉠ : 타박상, ㉡ : 물집
② ㉠ : 염좌, ㉡ : 타박상
③ ㉠ : 욕창, ㉡ : 염좌
④ ㉠ : 물집, ㉡ : 욕창

27. '대한장애인체육회'를 명문화하고 체육지도자의 한 분야로 '장애인스포츠지도사'의 규정을 포함하고 있는 법은?

① 장애인복지법
② 장인인 차별 금지 및 권리 구제 등에 관한 법률
③ 국민체육진흥법
④ 체육시설의 설치 이용에 관한 법률

28. 특수체육의 정의적 영역의 목표에 해당하는 것은?

① 기본적인 운동기술과 운동양식을 배운다.
② 신체활동의 참여를 통해 자아개념과 신체상을 강화한다.
③ 심폐지구력을 기른다.
④ 게임, 스포츠, 댄스 등에 참여하기 위해 필요한 기술을 숙달한다.

29. 과제분석에 대한 설명으로 옳은 것은?

① 장애인의 개인차를 고려하여 교육내용을 변형하고 학습활동을 계획하는 활동이다.
② 특정 과제를 지도하기 위해 과제를 세부적으로 나누는 활동이다.
③ 서로 다른 학습과제를 연습하도록 수업환경을 조직하는 활동이다.
④ 수행능력과 목표행동의 두 요소를 명확히 진술하는 활동이다.

30. 〈보기〉에서 김 선생님이 사용하고 있는 행동수정 기법은?

〈보기〉

장애인스포츠지도사인 김 선생님은 인라인스케이트를 좋아하는 철수에게 줄넘기를 지도하고 있다. 줄넘기에 흥미가 없는 철수에게 김 선생님은 줄넘기를 10분간 연습하면 인라인스케이트를 20분 탈 수 있다고 약속하였다.

① 반응대가(response cost)
② 토큰 경제 강화(token economy reinforcement)
③ 프리맥 원리(Premack principle)
④ 타임 아웃(time-out)

31. 장애인 신체활동 지도 시 부상 예방을 위한 설명으로 옳지 <u>않은</u> 것은?

① 환축추성 불안정(atlantoaxial instability) 상태를 보이는 다운증후군 지적장애인에게 머리와 목의 근육에 충격을 줄 수 있는 운동은 위험하다.
② 뇌성마비 장애인이 운동시 몸을 지탱하기 위하여 가죽 끈 등으로 휠체어에 고정시키는 것은 안전과 운동수행력의 향상을 저해하고 위험하다.
③ 녹내장이 있는 시각장애인에게 역도와 같은 폭발적 파워 운동은 위험하다.
④ 망막박리가 있는 시각장애인에게 충돌이나 접촉성 운동은 위험하다.

32. 청각장애인의 스포츠 활동 지도법에 대한 설명으로 옳지 <u>않은</u> 것은?

① 대화할 때 항상 시선을 맞추고 대화한다.
② 필요하면 대화를 위해 필기도구를 준비한다.
③ 청각장애인이 명확히 이해하고 있는 수신호만을 이용한다.
④ 통역사가 있을시 통역사를 보고 청각장애인에게 질문한다.

33. 다음 중 특수체육 지도의 효과적인 보조를 제공하기 위해 고려해야 할 내용으로 적절하지 <u>않은</u> 것은?

① 개인 및 장애특성에 대한 충분한 이해
② 보조보다는 활동과제에 집중하도록 유도
③ 가능한 최대한의 신체보조 제공
④ 언어보조, 시각보조, 신체보조의 적절한 연계

34. 시각장애인이 5인제 축구를 할 때에 골대의 위치, 경기장 밖의 구조물(펜스) 등을 파악하여 자신의 위치를 알아가는 과정은?

① 방향정위   ② 신체상
③ 활동안내   ④ 이동 방향 정립

35. 시각장애인은 스포츠 활동을 목적으로 B1, B2, B3 등급으로 나뉜다. 각자의 기능적 능력이 올바른 것은?

① B1에서 B3로 갈수록 장애정도가 심하다.
② B1은 시야가 5도 이상 20도 이하인 경우이다.
③ B2는 시야가 5도 이하인 경우이다.
④ B1은 손의 형태를 인지할 수 있는 단계에서부터 시력이 2/60m 이다.

36. 농구를 좋아하는 자폐성 장애를 가진 학생이 농구 수업중 동료학생들을 지속적으로 방해할 때 특수체육 지도사가 취할 수 있는 강화 중 가장 적절한 것은?

① 타임아웃
② 칭찬
③ 모델링
④ 피드백

37. 특수체육에 대한 설명으로 적절하지 않은 것은?

① 독특한 요구를 충족시키기 위해 시행되는 다양한 신체활동을 포함한다.
② 심동적, 정의적, 인지적 가치를 추구한다.
③ 특수체육의 용어에서 특수는 영문으로 Adapted라는 용어를 사용한다.
④ 장애인들을 위한 치료활동으로 의료기관 중심의 처치를 강조한다.

38. 운동발달의 원리가 아닌 것은?

① 머리 – 발 방향의 발달
② 근위 – 원위 협응 발달
③ 발달단계의 동일성
④ 소근육 – 대근육 발달

39. 특수체육의 목표에 대한 설명 중 ㉠, ㉡, ㉢에 들어갈 알맞은 말은?

구 분	하 위 목 표
㉠	■ 기본운동기술 및 패턴을 효과적으로 유지하고 발달 ■ 건강 및 운동체력 수준을 적절하게 유지하고 발달 ■ 체조와 텀블링에서 사용되는 기술 발달
㉡	■ 적절한 사회적 상호작용 기술 ■ 긍정적인 자아개념, 신체상, 자신감 ■ 신체활동을 통한 협동적, 경쟁적 기술 설명 및 발달
인지적	■ 다양한 신체활동을 안전하게 수행할 수 있는 지식 ■ 놀이 및 게임의 방법과 규칙을 아는 지식 ■ 자조기술, 자립기술 등에 관한 지식.

① ㉠ : 정의적, ㉡ : 심동적
② ㉠ : 심동적, ㉡ : 정의적
③ ㉠ : 심동적, ㉡ : 사회적
④ ㉠ : 사회적, ㉡ : 심동적

40. 패럴림픽(Paralympics)은 'para'와 올림픽을 의미하는 '-lympic'의 합성어로서 제 1회 패럴림픽에서 의미하는 'para'를 올바르게 설명한 것은?

① 척수장애 선수
② 절단장애 선수
③ 뇌성마비 선수
④ 왜소증 선수

41. 장애인의 신체활동의 효과 및 가치의 설명으로 바르지 않은 것은?

① 대인관계 형성과 다양한 사회 경험에 효과적인 수단이다.
② 신체의 기능 증진, 운동 기능 증진과 발달을 위한 수단이다.
③ 심리적 안정과 스트레스 해소에 효과적이다.
④ 장애인의 신체활동은 곧 삶의 목적이다.

42. 체력검사의 설명 중 괄호 안에 알맞은 것은?

영 역		내 용
체력 운동	㉠	근력 및 근지구력, 심폐지구력, 유연성, 신체구성
	㉡	민첩성, 교치성, 평형성, 순발력 등

① ㉠ : 건강체력, ㉡ : 운동체력
② ㉠ : 운동체력, ㉡ : 건강체력
③ ㉠ : 생태체력, ㉡ : 건강체력
④ ㉠ : 건강체력, ㉡ : 생태체력

43. 지적장애인의 신체활동 지도시 안전 사항 확보 방안으로 가장 알맞지 <u>않은</u> 것은?

① 지도자는 지적장애인들이 이해할 수 있는 방법으로 안전 규칙을 설명한다.
② 지도자는 지적장애인에게 활동에 대한 위험, 원인, 효과 등에 애해 충분히 설명한다.
③ 지도자는 신체활동에 필요한 장비들을 점검하고 숙지한다.
④ 지도자는 운동프로그램을 언제나 쉽게 구성하여 항상 지적장애인의 안전에 대비한다.

44. 지적장애인의 신체활동 지도시 성공적인 지도전략으로 옳지 <u>않은</u> 것은?

① 기존 운동프로그램을 수정 없이 실시한다.
② 안전사항을 확보하고 좋은 환경을 갖춘다.
③ 개인별 기본정보를 습득한다.
④ 현재의 수행능력을 파악한다.

45. 시각장애인의 신체활동 특성으로 바른 것은?

① 체력 – 건강체력과 운동체력에서 비장애인과 유사하다.
② 운동발달 – 대체로 비장애인과 유사하며 정상적인 발달 속도를 갖는다.
③ 신체상 – 시각이 아닌 촉각, 청각, 운동감각 등을 활용하여 제한적인 신체상을 갖는다.
④ 보행 – 비장애인과 보행속도가 유사하고 방향성과 안정성이 높다.

46. '농'으로 판단하는 의학적 청력손실 최소 기준으로 알맞은 ㉠, ㉡, ㉢, ㉣에 들어갈 말로 알맞은 것은?

데시벨(dB)	26~40dB	41~55dB	㉠	㉡	㉢
청력 정도	경도(mild)	중등도 (moderate)	중도 (severe)	최중도 (profound)	㉣

① ㉠ : 56~65dB, ㉡ : 66~85dB, ㉢ : 86dB 이상, ㉣ : 난청
② ㉠ : 56~70dB, ㉡ : 71~90dB, ㉢ : 91dB 이상, ㉣ : 농
③ ㉠ : 56~65dB, ㉡ : 66~85dB, ㉢ : 86dB 이상, ㉣ : 농
④ ㉠ : 56~70dB, ㉡ : 71~90dB, ㉢ : 91dB 이상, ㉣ : 난청

47. 뇌병변 장애 유형 중 ㉠과 ㉡에 들어갈 말은?

뇌성마비	뇌의 마비로 뇌의 손상 부위에 따라 마비의 유형이나 정도가 달라진다.
㉠	외부의 물리적인 힘에 의해 야기된 뇌의 손상으로, 전체 혹은 부분적인 기능의 장애나 심리사회적 손상을 입게 되어 학업에 불리한 영향을 미치는 것을 의미한다.
㉡	성인기 뇌혈관계 질환이 원인이 되어 뇌경색이나 뇌출혈 등으로 인해 뇌 조직의 손상을 초래한 상태를 의미한다.

① ㉠ : 척수장애인, ㉡ : 외상성 뇌손상
② ㉠ : 절단장애인, ㉡ : 뇌졸중
③ ㉠ : 외상성 뇌손상, ㉡ : 뇌졸중
④ ㉠ : 뇌졸중, ㉡ : 뇌종양

48. 외상성 뇌손상의 설명으로 올바른 것은?

① 뇌는 손상을 입었으나 일상생활을 하는 데에는 어려움이 없다.
② 자신의 신체 제어와 이동 등에 어려움을 갖지 않는다.
③ 실어증, 어눌한 말투 등과 같은 언어문제를 갖는다.
④ 불안, 우울증과 같은 심리사회적 문제를 갖지 않는다.

49. 뇌성마비인의 설명으로 가장 알맞은 것은?

〈보기〉
- 전두엽의 운동피질에서 척수로 내려가는 경로인 추체계(pyramida system)의 손상에 의해 발생함
- 근육의 과다 긴장에 의해 상하지의 근육이 갑자기 강하게 수축함
- 상지에는 손가락, 손목, 팔꿈치 등의 구축이 일어남
- 하지에는 다리와 골반이 안쪽으로 회전하여 무릎끼리 교차하는 가위보행이 나타남

① 무정위운동성 뇌성마비
② 진전성 뇌성마비
③ 경직성 뇌성마비
④ 강직성 뇌성마비

50. 일반 성인 중에 비만, 흡연, 스트레스 등에 의해서 뇌에 혈액을 공급하는 혈관이 파열되거나 막히는 경우에 발생하는 장애로, 과거에는 노인성 질환이었으나, 최근에는 발생 연령층이 점차 낮아지는 장애유형은?

① 외상성 뇌손상　　　　　② 척수장애
③ 뇌성마비　　　　　　　④ 뇌졸중

특수체육론 출제예상문제 정답 및 해설

문항	정답	해설
1	③	스페셜올림픽은 전종목 지적장애인이 참가할 수 있고, 현재 패럴림픽에서는 일부종목 지적장애인이 참가할 수 있다.
2	④	우리나라에서 국민체육진흥법의 개정을 통하여 2005년 대한장애인체육회가 설립되었다.
3	③	정상화, 주류화, 제한환경의 최소화의 이해 필요
4	②	청각장애인은 데플림픽에 참가
5	③	스페셜올림픽은 동/하계 경기가 열리며 개인 및 단체 스포츠 종목으로 구성되어 있다.
6	②	데플림픽에 참가하는 장애유형은 청각장애이고, 패럴림픽에 참가하는 장애유형은 지체장애, 시각장애, 지적장애 등임
7	④	사정, 진단, 그리고 평가의 이해 필요
8	①	효과적인 지도 순환체계는 포괄적 계획-사정 및 배치-세부 개별화교육계획-지도 및 상담-평가 순임
9	②	TGMD-2는 이동능력과 물체조작능력 검사를 통하여 대근운동발달 능력을 측정하는 검사이다. PAPS-D는 근골격계, 호흡순환계, 신체구성 검사를 통하여 건강을 유지하는데 필요한 체력관련 요인을 측정하는 검사이다.
10	②	규준지향검사: 기술통계 표준을 사용(예: 백분위)하고 자료를 타 학생의 운동수행과 비교를 목적으로 함. 통계적 척도로 운동수행을 측정하는 항목들을 포함 준거지향검사: 해석이 필요한 임의적 서열척도 측정치(예: 등급, 수준, 점수)인 외적 표준을 사용함 포트폴리오는 다양한 환경과 사례 평가 자료를 실제 상황에서 도표, 기록지, 평가지 등을 수집하는 검사임
11	④	TGMD-2의 이동기술에는 달리기, 겔롭, 홉, 립, 제자리멀리뛰기, 슬라이드 등이 있음
12	④	대근운동발달의 이동기술은 달리기, 겔롭, 홉, 스킵, 립, 제자리멀리뛰기, 슬라이드 등을 포함하고, 물체조작기술은 치기, 튀기기, 받기, 차기, 오버핸드던지기 등을 포함. 운동기술은 속도, 교치성, 평형성, 민첩성 등을 포함
13	②	장애인체력검사도구로 대표적인 것은 국내에서 개발된 PAPS-D, 국외의 BPFT, TGMD-2, Fitnessgram 등이 있다.
14	②	개별화교육계획(Individualized Education Plan)의 개발 절차 순서는 의뢰-진단 및 평가-사정-통보-실행-재검토로 진행됨

문항	정답	해설
15	③	제한적 지원은 일부 체육활동에서는 지원을 해주지만 다른 활동에서는 지원을 하지 않을 수 있음 확장적 지원은 다른 활동이나 게임에 참가할 때 지원을 함
16	④	긍정적인 강화기법에는 칭찬, 토큰강화, 프리맥원리, 행동계약, 촉진, 용암법 등이 포함됨. 부정적인 강화기법에는 타임아웃, 소거, 벌, 과잉교정, 체계적 둔감법, 박탈, 포화 등이 포함됨
17	①	지적장애를 정의하는 세 가지 기준은 보통 지적 기능성, 적응행동, 그리고 이러한 저하가 만 18세 이전에 발생하는가를 고려하여 판단함
18	①	부적응 행동에 대하여 즉각적인 도덕적, 윤리적 판단을 하지 않고 가정과 연계속에서 이러한 문제 행동의 근본원인과 해결책을 먼저 찾는다.
19	③	상동행동은 몸을 흔들거나, 손가락을 지속적으로 돌리거나, 손톱을 물어 뜯는 등의 의미 없는 동작이나 행동을 습관적으로 반복하는 것
20	④	다운증후군의 일반적 신체적 특성으로 과도하게 유연한 관절과 저긴장성 근육을 나타내는 특징이 있다. 이러한 신체적 특성은 운동능력에서 유연성이 높다고 할 수 없다.
21	②	2m/60m - 의미는 정상시력으로 60m에서 읽을 수 있는 것을 2m에서 읽을 수 있는 정도
22	③	체육활동 지도시 지도자는 태양을 바라보고 설명하여 참가자들에게 시야를 확보해 주어야 한다.
23	②	데플림픽(Deaflympics)에 참가하는 청각장애인의 기준은 청력 손실이 55데시벨 이상인 사람임
24	①	장애선수의 등급은 크게 의학적 분류와 기능적 분류로 구분함. 기능적 분류는 의학적 분류와는 달리 장애선수들이 공정한 시합을 하기 위해 분류함
25	②	외상성 뇌손상의 체육활동 지도 시 보조자는 상황에 따라 알맞게 사용하면 되고, 맥락적 평가를 하며, 관계자들과 협력이 필요함
26	④	욕창을 예방하고 관리하기 위해서는 적절한 영양과 위생을 유지하며, 국소 감염 부위는 빨리 소독 치료하여 번지지 않도록 해야 함
27	③	대한체장애인체육회는 지난 2005년 '국민체육진흥법' 개정과 함께 보건복지부에서 문화체육관광부 산하로 이관되며 창립되었다. 또한 '국민체육진흥법' 개정을 통하여 2015년 1월부터 체육지도자 자격검증에서 장애인스포츠지도사 1/2급 자격시험을 통하여 국가자격을 부여하고 있다.
28	②	특수체육의 심동적영역 - 건강 및 운동관련 체력 특수체육의 인지적 영역 - 지식(게임 규칙, 전략 등) 특수체육의 정의적 영역 - 정신적인 면(긍정적 자아개념, 사회성 흥미 등)
29	②	①, ④: 개별화 교육계획(IEP) ③: 순환학습, 과제식 수업 또는 스테이션 수업

문항	정답	해설
30	③	① 반응대가는 벌에 해당하는 강화로서 부적절한 행동으로 인하여 강화제를 상실하는 형태이다. (예: 점수상실) ② 토큰강화는 상에 해당하는 강화로서 긍정적인 행동시 스티커는 주는 경우를 예로 들 수 있다.
31	②	뇌성마비 장애인들 중 필요시 보조구를 사용하여 머리, 골반, 발, 다리, 허리 등에 지지대를 설치하면 보다 효과적으로 신체활동에 참여할 수 있다.
32	④	청각장애인 지도시 지도자는 스포츠에 참여하는 청각장애인을 보고 질문을 하여야 한다.
33	③	장애인스포츠지도사는 스포츠 지도시 지나친 보조를 삼가고 적절한 보조를 통한 최대의 효과를 발휘할 수 있도록 지도해야 한다.
34	①	시각장애인을 대상으로 스포츠 활동 지도시 스포츠 환경 안에서 주변에 있는 기구나 물체 등을 파악하여 자신의 위치를 알아가는 과정을 방향정위라고 한다.
35	③	국제시각장애인경기연맹(2009)에서는 시각장애인의 공정한 스포츠 활동을 목적으로 세 가지 스포츠등급으로 분류하였다. 이중 B1은 전맹으로서 사물을 감지하지 못하는 경우이고, B2는 시력이 2m/60m(정상시력으로 60m 거리에서 읽을 수 있는 것을 2m에서 읽을 수 있는 정도) 이하 혹은 시야가 5도 이하로 물체나 그 윤곽을 인식하는 경우이고, B3는 시력이 2m/60m~6m/60m 혹은 시야가 5도에서 20도 사이인 경우로 분류한다.
36	①	바람직한 행동에 대해서는 칭찬, 토큰법 등을 이용하여 바람직한 행동을 증가시키는 전략이 필요하고, 바람직하지 못한 행동에 대해서는 타임아웃, 벌 등을 통하여 바람직하지 못한 행동을 감소시키는 전략이 필요하다.
37	④	특수체육은 특수와 체육이 결합된 용어이다. 즉, 특수체육(Adapted Physical Activity)은 장애인들의 심동적, 정의적, 인지적 가치를 추구하기 위하여 그들의 동등한 신체활동을 위해 요구되는 개개인별 사항들을 충족시키는 다양한 신체활동이다. 치료활동은 아니다.
38	④	운동발달은 중추신경계가 성숙함에 따라 일정한 순서를 가지고 발달한다. 즉, 머리에서 시작하여 발쪽으로 발달하고, 몸의 중심에서 가까운 곳에서 먼 곳으로 발달하며 대근육에서 소근육으로 발달한다.
39	②	㉠ 심동적 목표, ㉡ 정의적 목표
40	①	제1회 로마대회에 참여한 선수들은 휠체어를 타는 사람들로서 하반신 마비였다. 즉 para는 paraplegia의 접두어로서 척수장애를 의미한다.
41	④	장애인의 신체활동은 삶의 수단으로서 사회적응, 치료, 재활, 교정 등에 도움을 주며 자아실현을 위해 도움을 줌
42	①	㉠ 건강체력, ㉡ 운동체력, 생태체력이라는 용어는 없음
43	④	운동프로그램 구성시 지도자는 최대한의 노력을 통하여 성공할 수 있는 프로그램을 구성해야 한다.

문항	정답	해설
44	①	지적장애인 체육활동 지도시 참가자의 운동능력을 고려하여 기존 운동프로그램을 수정하여 프로그램을 구성해야 한다.
45	③	① 체력 - 건강체력과 운동체력에서 비장애인에 비해 조금 뒤짐 ② 운동발달 - 대체로 비장애인과 유사하지만 발달 속도는 느림 ④ 보행 - 비장애인에 비해 보행속도가 느리고 방향성과 안정성이 낮음
46	②	'농'은 완전히 소리를 듣지 못하는 수준을 말하며, 장애인복지법에서 명시하고 있는 의학적 청력손실 최소 기준은 91dB 이상임
47	③	뇌병변 장애인에는 뇌성마비, 뇌졸중, 외상성 뇌손상이 포함됨
48	③	외상성 뇌손상인은 뇌에 손상을 입어 일상생활을 수행하는데 어려움을 나타내며, 어눌한 말투, 실어증과 같은 언어문제도 나타남
49	③	① 무정위운동성 뇌성마비 - 몸이 정위가 안 되고 움직이는 증상 ② 진전성 뇌성마비 - 몸이 떠는 증상을 보임 ④ 강직성 뇌성마비 - 몸이 뻣뻣한 증상을 보임
50	④	① 외상성 뇌손상 - 머리가 외부의 타격에 의해 뇌손상을 유발한 장애 ② 척수장애 - 척수가 감염되거나 척추가 손상을 입은 장애 ③ 뇌성마비 - 보통 생후 6개월 이내 뇌가 손상을 입어 뇌의 마비를 가진 비진행성 장애

유아체육론

유아체육론 — 2017년 기출문제 분석

출제기준

주요 항목	세부 항목
1. 유아체육의 이해	1. 유아기의 특징
	2. 유아기 운동발달
	3. 유아기의 건강과 운동
2. 유아기 운동발달 프로그램의 구성	1. 운동발달 프로그램의 기본 원리
	2. 운동발달 프로그램의 구성요소
3. 유아체육 프로그램 교수-학습법	1. 유아체육 지도방법
	2. 유아 운동발달 프로그램 계획
	3. 유아 운동프로그램 지도
	4. 안전한 운동 프로그램 지도를 위한 환경

[유소년스포츠지도사]

1. 유아기 신체발달의 방향성에 관한 설명으로 옳은 것은?

① 머리부터 발달한다.
② 말초부위부터 발달한다.
③ 소근육과 대근육은 동시에 발달한다.
④ 일정한 순서 없이 발달한다.

정답	①		난이도	쉬움
출제영역	2. 유아체육 프로그램의 구성(1. 유아체육 프로그램의 기본 원리)			
해설	인간의 성장과 발달은 일련의 방향성을 가지고 발달한다. 두미의 법칙으로 머리부터 발가락 원리를 따라 발달하게 된다. 신체 중심에서 말초 부위로 발달하는 중심-말초 원리이다. 대근육에서 소근육으로의 발달로 팔과 다리 등의 큰 근육의 발달이 먼저 이루어진 뒤 손가락, 발가락의 발달이 이루어진다.			

2. 유아기 이동기술(locomotion) 중 복합기술인 것은?

① 걷기(walking)
② 달리기(running)
③ 갤로핑(galloping)
④ 호핑(hopping)

정답 및 해설	정답	③	난이도	쉬움
	출제영역	2. 유아체육 프로그램의 구성(2. 유아체육 프로그램의 구성요소)		
	해설	이동기술 중 복합기술은 기어오르기, 갤로핑, 슬라이딩, 스키핑이 있고, 기초기술은 걷기, 달리기, 리핑, 호핑, 점핑 등이 있다.		

3. 피아제(J. Piaget)의 인지발달 단계 중 〈보기〉에서 설명하는 것은?

〈보기〉
- 지각운동시기로 사물과 사건의 관계를 인식하는 사고능력의 큰 진보가 이루어지지만 자기중심성이 강하다.
- 게임을 할 때 일반적인 규칙이나 전략을 사용할 수 있지만 완전하지는 못하다.

① 감각운동기
② 전조작기
③ 구체적 조작기
④ 형식적 조작기

정답 및 해설	정답	②	난이도	어려움
	출제영역	1. 유아체육의 이해(3. 유아기 발달에 관한 관점과 이론)		
	해설	구체적 조작기는 전조작기에 비해 사고의 급격한 진전을 보이며, 자신의 관점에서 세계를 인식하기보다는 다양한 관점을 수용하게 되고 사물의 속성 간의 관계를 이해할 수 있게 된다. 외부 세계를 탐구하고 상호작용하는 데 있어서도 일반적인 규칙이나 전략을 사용할 수 있게 되며, 완전하지는 못하지만 사물과 사건과의 문제를 해결하는 데 약간의 추리적인 사고가 가능해진다.		

4. 기본 운동발달 중 안정성(stability) 향상 프로그램이 아닌 것은?

① 굽히기(bending)
② 직립균형(upright balance)
③ 슬라이딩(sliding)
④ 늘리기(stretching)

정답 및 해설	정답	③		난이도	보통
	출제영역	2. 유아체육 프로그램의 구성(2. 유아체육 프로그램의 구성요소)			
	해설	안정성 향상 프로그램 중 축 이용기술은 굽히기, 늘리기, 비틀기, 돌기, 흔들기가 있으며, 정적/동적 이동기술은 직립균형, 거꾸로균형, 구르기, 시작하기, 멈추기, 재빨리 피하기 등이 있다.			

5. 걷기동작의 발달단계 중 시작단계(생후 12개월 전후)의 특징으로 옳지 않은 것은?

① 균형을 쉽게 잃게 된다.
② 보폭이 짧다.
③ 기저면이 상대적으로 좁다.
④ 발바닥 전체로 바닥과 접촉하며 걷는다.

정답 및 해설	정답	③		난이도	보통
	출제영역	1. 유아체육의 이해(4. 유아기 운동발달)			
	해설	Bayley는 걷기 발달 과정에서의 특성을 다음과 같이 정리하고 있다. 첫째, 걷기 속도가 빨라지고 보폭이 커진다. 둘째, 걸음의 가로 폭은 혼자서 걷기가 잘 이루어질 때까지 넓어졌다가 그 다음에는 약간 줄어든다. 셋째, 양발이 정면을 향하게 될 때까지 발의 외전이 점차 감소한다. 넷째, 직립 걷기가 점차 매끄럽게 이루어지면서 보폭이 일정해진다.			

6. 〈보기〉에서 설명하는 신생아의 원시반사는?

〈보기〉
- 아기 머리의 갑작스런 위치변화나 강한 소리와 빛에 반응하여 무엇을 껴안으려고 한다.
- 출생 시 나타나지 않으면 중추신경계의 문제가 있을 수 있다.

① 빨기 반사(sucking reflex)
② 모로 반사(Moro reflex)
③ 바빈스키 반사(Babinski reflex)
④ 손바닥 파악 반사(palmar grasp reflex)

정답 및 해설	정답	②		난이도	보통
	출제영역	1. 유아체육의 이해(2. 유아기의 발달특징)			
	해설	모로반사는 갑작스런 큰 소리가 나거나 머리가 아래로 떨어지듯 위치가 변하면 아기는 먼저 팔과 다리를 벌리고 손가락을 펴며 마치 무엇을 껴안으려는 듯이 몸 쪽으로 팔과 다리를 움츠리고, 아기가 어머니에게 매달리는 것을 도와주며, 출생 전부터 출생 후 6개월 정도까지 나타난다.			

7. 유아 운동발달 프로그램 구성의 기본 원리로 옳지 <u>않은</u> 것은?

① 적합성의 원리 ② 방향성의 원리
③ 자발성의 원리 ④ 연계성의 원리

정답	③	난이도	보통
출제영역	2. 유아체육 프로그램의 구성(1. 유아체육 프로그램의 기본 원리)		
해설	유아체육 프로그램 구성의 기본 원리는 유아들을 위한 발달적이고 적합한 활동들을 고려해야 한다는 적합성의 원리, 인간의 성장과 발달은 일련의 방향성을 가지고 발달한다는 방향성의 원리, 개개인마다 다르게 나타나는 개인차를 가지고 있다는 특이성의 원리, 안전에 관심을 기울여 안전하고 충분한 공간에서 활동이 이루어지도록 유의해야하는 안전성의 원리, 기초부터 향상까지 잘 조직된 프로그램을 제공해야 한다는 연계성의 원리, 기술적 능력에서의 개인별 차이에 대한 생각과 지도 방법을 의미하는 다양성의 원리로 구성된다.		

8. 유아체육 프로그램을 지도할 때 유아의 흥미를 고려한 지도방법으로 옳은 것은?

① 경쟁만을 유도하는 단계적 목표를 선정하여 프로그램을 구성한다.
② 정적인 운동을 중심으로 프로그램을 구성한다.
③ 수업의 규칙을 지키지 않아도 되는 프로그램을 구성한다.
④ 음악이나 도구를 활용하여 다양한 프로그램을 구성한다.

정답	④	난이도	보통
출제영역	3. 유아체육 프로그램 교수학습 방법(1. 유아체육 지도방법)		
해설	유아의 흥미를 위한 지도 방법으로는 단순한 운동을 지속적으로 반복하지 말아야 하고, 상호 간에 지나친 경쟁을 유도하지 말아야 하며, 규칙과 약속을 잘 지킬 수 있도록 한다. 또한 정적인 운동이 집중되지 않도록 해야 하고, 자기 차례를 오래 기다리지 않도록 해야 한다.		

9. 유아체육 프로그램의 인지적 목표에 해당하는 것은?

① 신체 움직임의 개념을 학습할 수 있다.
② 사물을 조작하는 기술을 습득할 수 있다.
③ 긍정적인 정서를 형성할 수 있다.
④ 협동기술을 습득할 수 있다.

정답	①	난이도	어려움
출제영역	2. 유아체육 프로그램의 구성(2. 유아체육 프로그램의 구성요소)		
해설	인지적 개념의 적용은 유아가 신체활동을 통해 인지적 발달을 꾀하도록 하는 대단히 중요한 요소이다. 인지 개념은 신체가 어떻게 움직일 수 있는가에 대한 기본 구조에 대한 학습과 신체가 어떻게 움직여야 하는가와 관련된 학습, 그리고 신체가 어디로 움직일 수 있으며 움직여야 하는가와 관련된 학습으로 구분할 수 있다.		

10. 유아체육 프로그램의 운영지침에 대한 설명으로 옳은 것은?

① 설정한 목표를 반드시 달성하도록 한다.
② 실제 신체활동 참여시간을 늘린다.
③ 일상생활과 관련된 내용을 프로그램에 포함하지 않는다.
④ 기초운동기술 발달만을 강조한다.

정답	②	난이도	보통
출제영역	3. 유아체육 프로그램 교수학습 방법(1. 유아체육 지도방법)		
해설	유아체육 지도 원리는 유아의 흥미를 고려한 놀이 중심의 원리, 일상생활과의 연결된 체험을 통한 생활중심의 원리, 유아 개개인의 차이를 인정하는 개별화의 원리, 기본적 개념을 탐색하며 학습하는 탐구학습의 원리, 유아에게 적합한 3가지 기초운동을 반복하는 반복학습의 원리 등이 있다.		

11. 직접-교사 주도적 교수방법에 관한 설명으로 옳지 않은 것은?

① 지시적 방법과 과제제시 방법으로 나뉜다.
② 지시적 방법은 지도사의 시범과 설명이 주로 이루어진다.
③ 과제제시 방법은 유아에게 의사결정을 허용하지 않는다.
④ 대 그룹 활동을 지도할 때 효과적이다.

정답	③	난이도	보통
출제영역	3. 유아체육 프로그램 교수학습 방법(1. 유아체육 지도방법)		
해설	직접-교사 주도적 교수방법은 전통적인 교수방법으로 교사가 모두 결정하여 가르치는 교수법으로서 전체 학습자가 동시에 학습해야 할 기술에 대한 이해나 연습에 효과적이다. 지시적 방법은 시범 보이기, 연습해보기 등의 순서로 진행되고 모든 결정권을 지도자가 갖게 된다. 과제제시 방법은 활동하는 방법을 지도사가 정하지만, 유아에게 어느 정도의 의사결정을 하도록 허용하는 점이 지시적 방법과 다르다.		

12. 유아체육 프로그램 목표에 대한 설명으로 옳지 않은 것은?

① 다양한 신체활동을 통해 기본 운동기술을 이해한다.
② 원시반사를 소멸시킬 수 있는 기회를 제공한다.
③ 자신의 감정을 표현할 수 있는 기회를 제공한다.
④ 지각과 동작 간의 협응 과정을 통해 지각운동기술을 발전시킨다.

정답	②	난이도	어려움
출제영역	3. 유아체육 프로그램 교수학습 방법(2. 유아체육 프로그램 계획)		
해설	신체운동건강 영역에서는 다음과 같은 4가지 하위 목표를 설정하였다. 첫째, 다양한 신체활동과 감각 경험을 통하여 자신의 신체와 주변 세계를 인식하는 데 필요한 기초 능력을 기른다. 둘째, 신체활동에 활발하게 참여함으로써 기본적인 운동능력을 기르고 기초체력을 증진시킨다. 셋째, 건강과 안전에 관련된 지식과 기술을 익힘으로써 건강하고 안전한 생활 습관을 가진다. 넷째, 체육활동에 즐겁게 참여함으로써 건강한 정신을 기른다.		

13. 안전한 유아체육활동을 위해 지도사가 주의해야 할 사항으로 옳은 것은?

① 수업 교구의 사용법을 설명해주는 것보다 먼저 체험토록 한다.
② 체육활동 후 운동기구의 정리에 개입시키지 않는다.
③ 놀이시설의 위험성을 스스로 학습하도록 한다.
④ 신체활동을 위한 넓은 공간을 확보한다.

정답	④	난이도	쉬움
출제영역	3. 유아체육 프로그램 교수학습 방법(3. 유아체육 프로그램 지도)		
해설	지도자는 교구를 사용할 때 먼저 설명과 탐색활동을 할 수 있도록 해주고, 활동 중 안전사고에 대한 예방책이나 대비책을 미리 마련하도록 한다. 신체활동을 위해 적절한 공간을 확보하고, 활동 후에는 운동기구나 도구를 정리·정돈하는 습관을 길러주며, 실외 체육활동이 끝난 후에는 반드시 얼굴, 손과 발을 깨끗이 씻도록 하여 위생적인 생활을 하도록 지도한다.		

14. 유아체육 프로그램을 통해 형성되는 심리적 특성 중 〈보기〉가 설명하는 것은?

〈보기〉
- 팀원 간의 관계를 형성하는 역동적인 과정
- 팀에서 자신에게 부여된 역할과 팀의 규범에 부합하는 가치관을 내재화하는 과정

① 객관화   ② 자아통합
③ 사회화   ④ 자존감

정답	③	난이도	보통
출제영역	1. 유아체육의 이해(2. 유아기의 발달특징)		
해설	후기 아동기에는 체육활동과 같은 팀활동을 경험하면서 공동의 목표를 달성하기 위한 노력을 하게 되고 동료나 타인에 대한 배려, 협동, 규율의 준수와 같은 사회화 과정에 필요한 요소들을 경험하고 터득하게 된다.		

15. 유아체육 프로그램의 구성방법으로 옳지 않은 것은?

① 활동적인 유아를 위해 주 3~4회의 운동을 편성한다.
② 흥미를 잃지 않도록 발달수준을 고려하여 구성한다.
③ 운동기능의 향상을 위해 점진적 방법을 적용한다.
④ 체력의 향상을 위해 장시간의 고강도 운동을 포함한다.

정답	④	난이도	쉬움
출제영역	2. 유아체육 프로그램의 구성(2. 유아체육 프로그램의 구성요소)		
해설	유아체육 프로그램은 개인의 발달 수준을 토대로 구성되어야 하고, 대근운동놀이를 할 수 있는 기회가 풍부하게 제공되어야 한다. 종종 서투르고 비효율적인 유아들의 움직임 때문에 움직임 경험을 유아들의 성숙 수준에 맞게 조정해야 하고, 유아들의 체력을 고려하여 알맞은 강도의 프로그램을 계획해야 한다.		

16. 지각운동발달 중 〈보기〉가 설명하는 것은?

〈보기〉
- 크기가 다른 훌라후프 터널을 통과하는 방법 익히기
- 과제와 상황에 따라 움직임의 범위를 조절하는 방법 익히기

① 공간지각운동   ② 방향지각운동
③ 신체지각운동   ④ 시간지각운동

| 정답 | ① | 난이도 | 보통 |

| 출제영역 | 2. 유아체육 프로그램의 구성(2. 유아체육 프로그램의 구성요소) |

| 해설 | 공간지각운동은 자기공간과 다른 사람의 공간을 존중하는 인식, 보통의 공간에서 안전하게 움직이기, 움직임의 서로 다른 높이 이해하기(낮게/중간/높게), 과제와 상황에 따라 움직임의 범위 조절하는 법 익히기(멀리/가까이/크게/작게) 등으로 나눌 수 있다. |

17. 〈보기〉에서 유아체육 프로그램 구성 원리 중 특이성에 해당하는 내용으로 묶인 것은?

〈보기〉
㉠ 체력 향상의 다양한 측면보다 일부분만 고려한다.
㉡ 유아의 유전과 환경요인을 고려한 개인차를 반영한다.
㉢ 프로그램 특성의 변화와 순서를 조직적으로 연계한다.
㉣ 유아의 자발성이나 창의성을 고려하여 계획한다.

① ㉠, ㉡ ② ㉡, ㉢
③ ㉡, ㉣ ④ ㉠, ㉣

| 정답 | ③ | 난이도 | 쉬움 |

| 출제영역 | 2. 유아체육 프로그램의 구성(1. 유아체육 프로그램의 기본 원리) |

| 해설 | 운동 프로그램을 구성하는 데 있어서 일반적인 특성뿐만 아니라 개개인의 유전과 환경요인을 고려한 개인차를 반드시 고려해야 하고, 유아 간 연령별 체력의 차이, 성별의 차이, 운동 소질 및 적성의 차이등도 고려해야 한다. 또한 유아의 자발성이나 창의성을 존중하며 유아의 움직임이나 반응에 유의하여 임기응변적인 변경을 할 수 있도록 탄력성을 갖는다. |

18. 유아기 운동발달 이론 중 〈보기〉가 설명하는 이론은?

〈보기〉
• 환경에 능동적으로 대응하며 운동기능을 발달시킨다.
• 지도사, 부모, 또래집단은 운동발달에 영향을 미친다.
• 집단 활동의 구성은 운동발달의 효과적인 교수법이다.

① 상호작용이론 ② 인지발달이론
③ 정신분석이론 ④ 정보처리이론

정답	①	난이도	어려움
출제영역	1. 유아체육의 이해(3. 유아기 발달에 관한 관점과 이론)		
해설	상호작용이론은 성인이나 또래와의 상호작용과 협동학습의 중요성을 강조하는 이론이다. 인간의 학습이나 사고 과정을 이해하기 위해서는 전체적인 상호작용 과정을 이해해야 한다고 강조하고 있다. 공동학습은 유아가 또래들과의 갈등상황에서 서로 협력하고 문제를 해결하는 것으로 역동적인 근접발달을 유지하게 해주고, 부모, 교사 또는 유능한 또래가 직간접적으로 도움을 주는 것을 포함한다.		

19. 흡수조작(absorptive manipulation) 운동기술에 해당하는 것은?

① 볼 멈추기(ball trapping)
② 볼 차기(ball kicking)
③ 볼 튀기기(ball bouncing)
④ 볼 굴리기(ball rolling)

정답	①	난이도	쉬움
출제영역	2. 유아체육 프로그램의 구성(2. 유아체육 프로그램의 구성요소)		
해설	조작운동 중 추진 동작은 굴리기, 던지기, 때리기, 차기, 튀기기, 펀칭, 되받아치기가 있고, 흡수 동작은 잡기, 볼 멈추기가 있다.		

20. 오버핸드 던지기 운동기술의 발달단계 중 시작단계의 특징으로 옳지 않은 것은?

① 팔꿈치 위주로 동작한다.
② 양발은 고정된 상태를 유지한다.
③ 몸통회전을 이용하지 못한다.
④ 체중을 이용한다.

정답	④	난이도	보통
출제영역	1. 유아체육의 이해(4. 유아기 운동발달)		
해설	오버핸드 던지기의 시작단계 특징은 팔꿈치 위주의 동작, 공을 놓을 때 손가락들이 펼쳐짐, 몸통은 목표와 수직이 됨, 양발은 고정된 상태를 유지함, 균형 유지를 위해 체중이 약간 뒤쪽으로 이동함, 앞쪽 아래 방향으로 팔로스루가 됨 등이 있다.		

유아체육론 출제예상문제

1. 유아체육이란?

    ① 신체활동을 통하여 사전에서 정하고 있는 유아(생후 1년~만 6세)의 성장발달을 도와 신체적, 정서적, 사회적으로 완전한 전인적 인간을 만들기 위한 교육을 말한다.
    ② 신체활동을 통하여 유아(0세~초등학생)까지의 성장발달을 도와 신체적, 정서적, 사회적으로 완전한 전인적 인간을 만들기 위한 교육을 말한다.
    ③ 유아를 위한 놀이를 교육하는 것을 말한다.
    ④ 유아를 위한 놀이, 유희, 율동을 말한다.

2. 다음의 내용 중 유아체육의 효과가 **아닌** 것은?

    ① 평생 건강습관 습득
    ② 바른 자세 형성
    ③ 리더십과 사회적 상호작용 강화
    ④ 자신감 증가로 인한 사회성 감소

3. 유소년은 어느 연령을 말하는가?

    ① 초등학생
    ② 7세~18세
    ③ 만 3세~만 12세의 초등학생
    ④ 0~만 12세의 초등학생

4. 다음 보기에서 설명하는 내용은 어떤 정책분석가에 해당하는 내용인지를 고르시오.

    〈보기〉
    ㉠ 출생 후 나타나는 기본적인 움직임 중 하나이다.
    ㉡ 보통 자극과 반응의 짧은 잠복기를 가지는 것이 특징이다.
    ㉢ 학습되지 않으며, 길들여질 수 없다.
    ㉣ 영아의 불수의적인 의지에 따라 나타나는 움직임이다.

    ① 지각발달
    ② 안정성 운동
    ③ 이동성 운동
    ④ 반사

5. 유아기의 발달특징에 맞지 않는 것은?
   ① 만 2세부터는 성장 속도가 떨어진다.
   ② 만 2세 이후 유아기 동안에는 성장속도가 급격하게 발달된다.
   ③ 신체기능들이 잘 조절되고 생리적 항상성(안정성)이 잘 이루어진다.
   ④ 남아와 여아 모두 지방 조직의 점차적인 감소를 보인다.

6. 다음 보기의 괄호 안에 알맞은 것을 고르시오.

   〈보기〉
   유아체육 프로그램의 평가는 크게 두 가지 관점에서 이루어져야 하는 데 (   )과 (   )에 대한 평가가 이루어져야 한다.

   ① 운동발달 프로그램에 대한 평가 / 개인의 운동발달에 대한 평가
   ② 운동발달 프로그램에 대한 평가 / 유아체육 시설에 대한 평가
   ③ 유아체육 환경에 대한 평가 / 개인의 운동발달에 대한 평가
   ④ 운동발달 프로그램에 대한 평가 / 유아체육 환경에 대한 평가

7. 다음 그림에서 한 신경세포(뉴런)와 다른 신경세포 사이의 연결공간(접합점)을 의미하는 괄호 안에 들어갈 용어는?

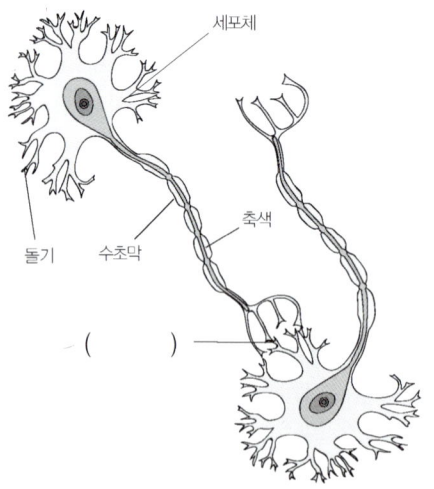

   ① 시냅스   ② 뇌세포
   ③ 수초화   ④ 뉴런

8. 수행체력의 요소에 포함되지 <u>않는</u> 요소는?

① 순발력　　　　　　　　　② 유연성
③ 평형성　　　　　　　　　④ 협응성

9. 다음 보기가 설명하는 것은?

> 〈보기〉
> ㉠ 급속히 발달하는 최적의 시기는 0-2세 영아기
> ㉡ 기본 동작능력과 함께 유아의 운동 능력을 나타내는 중요 요소
> ㉢ 사물에 대한 존재를 발견(detection)하는 단계부터 그것이 무엇인지를 명확하게 알게 되는 단계(recognition)까지를 의미
> ㉣ 의식적 신체움직임과 조화를 이루는 인지적 노력의 결합체를 의미

① 지각-운동발달　　　　　　② 체력발달
③ 반사　　　　　　　　　　④ 기본 움직임 발달

10. 보기의 (　　)에 알맞은 것은?

> 지각과 운동은 상호 의존적이며, 다양한 움직임을 경험하는 가운데 공간지각, 신체지각, (　　), 움직임의 질, (　　), 시간지각 등을 학습하게 된다.

① 방향지각, 관계지각　　　　② 힘지각, 방향지각
③ 속도지각, 공간지각　　　　④ 공간지각, 속도지각

11. 다음은 무엇을 설명한 것인가?

> 인간이 움직임을 통하여 본인과 다른 사람에게 작용하는 느낌과 감정을 경험하는 것

① 분노　　　　　　　　　　② 인성
③ 정서　　　　　　　　　　④ 도덕성

12. 다음은 무엇을 설명한 것인가?

> 우리가 사는 세상을 이해하고 타인과 상호작용하는 학습의 과정이다.

① 사회화 ② 정서발달
③ 리더십 ④ 도덕성의 발달

13. 발달의 일반적 원리에 속하지 **않는** 것은?

① 성숙과 학습이 발달에 상호 영향을 미치며, 유아의 발달은 일정한 순서를 따른다.
② 유아 발달에는 최적기가 있다.
③ 발달은 계속적인 과정으로, 발달의 속도는 일정하다.
④ 발달은 분화, 통합적으로 이루어진다.

14. 다음 그림은 Gallahue의 운동발달 모래시계이다. 운동발달 단계를 바르게 쓴 것은?

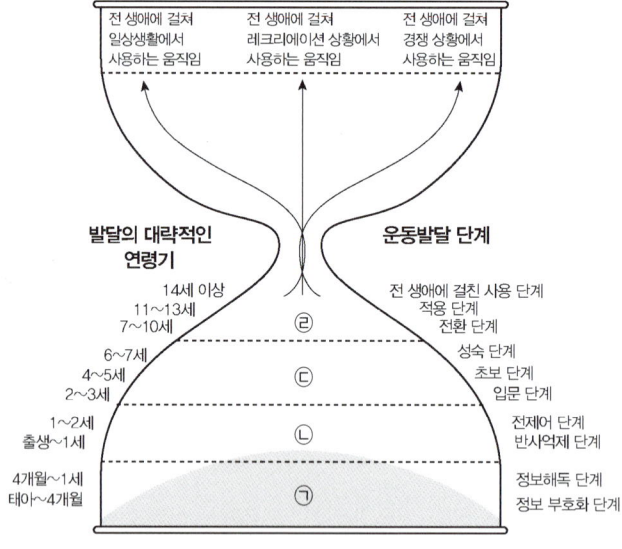

	㉠	㉡	㉢	㉣
①	초보 움직임 단계	반사 움직임 단계	기본 움직임 단계	전문화된 움직임 단계
②	반사 움직임 단계	초보 움직임 단계	기본 움직임 단계	전문화된 움직임 단계
③	반사 움직임 단계	기본 움직임 단계	초보 움직임 단계	전문화된 움직임 단계
④	반사 움직임 단계	전문화된 움직임 단계	기본 움직임 단계	초보 움직임 단계

15. 다음은 무엇을 설명한 것인가?

> - 인간의 본성은 태어날 때부터 환경에 따른 훈련에 의해 만들어진다.
> - 자극-반응 이론으로 시행착오 과정을 통해 자극-반응 결합이 이루어진다.
> - 교사의 역할이 주도적인 반면 창의성을 억제할 수 있다.

① 인지주의 이론 ② 상호작용 이론
③ 행동주의 이론 ④ 심리사회 발달 이론

16. 다음은 무엇을 설명한 것인가?

> 뇌피질에서 제어되는 움직임으로서 인간의 의지에 따라 움직임을 생성하거나 의식적으로 움직이는 것을 의미

① 반사 ② 지각운동
③ 불수의적 움직임 ④ 수의적 움직임

17. 다음은 무엇을 설명한 것인가?

> 개인으로서 자신을 가치 있게 생각거나 능력 성공 같은 경험을 통하여 자신의 가치를 판단하는 개념

① 자존감 ② 만족감
③ 유능감 ④ 자신감

18. 다음은 무엇을 설명한 것인가?

> 뻗기, 쥐기, 놓기와 같은 기본적인 손 조작 기술을 익힘으로써 손을 통제하는 기술을 익히는 능력

① 이동성 ② 조작성
③ 평형성 ④ 안정성

19. 축성 움직임에 포함되지 않는 것은?
   ① 굽히기
   ② 늘리기
   ③ 제자리에서 빙그르 돌기
   ④ 홉핑

20. 운동발달 프로그램의 기본 원리 중 다음 원리는?

   > 인간의 발달은 상반되는 두 가지 측면 즉, 모든 사람에게 공통적으로 나타나는 일반화와 개개인마다 다르게 나타나는 개인차를 가지고 있다. 따라서 운동발달 프로그램을 구성하는 데 있어 전형적이며 공통적인 일반화된 특성뿐만 아니라 개개인의 유전과 환경 요인을 고려한 개인차를 반드시 고려해야 한다.

   ① 적합성의 원리
   ② 안정성의 원리
   ③ 특이성의 원리
   ④ 방향성의 원리

21. 보기의 빈 칸에 알맞은 것은?

   > 유아체육 프로그램의 평가는 크게 두 가지 관점에서 이루어져야 하는 데 (㉠)과 (㉡)에 대한 평가가 이루어져야 한다.

   ① ㉠ 운동발달 프로그램에 대한 평가   ㉡ 유아체육 시설에 대한 평가
   ② ㉠ 운동발달 프로그램에 대한 평가   ㉡ 개인의 운동발달에 대한 평가
   ③ ㉠ 유아체육 환경에 대한 평가   ㉡ 개인의 운동발달에 대한 평가
   ④ ㉠ 운동발달 프로그램에 대한 평가   ㉡ 유아체육 환경에 대한 평가

22. 다음은 지각-운동 발달의 요소 중 어떤 요소인가?

   - 자기-공간과 다른 사람의 공간을 존중하는 인식
   - 보통의 공간에서 안전하게 움직이기 익히기
   - 움직임의 서로 다른 높이 이해하기(낮게/중간/높게)
   - 과제와 상황에 따라 움직임의 범위를 조절하는 법 익히기(멀리/가까이, 크게/작게)

   ① 시간지각
   ② 신체지각
   ③ 방향지각
   ④ 공간지각

23. 다음은 지각-운동 발달의 요소 중 어떤 요소인가?

- 균형(balance): 움직임에 균형의 역할과 정적, 동적 균형의 본질에 대한 이해
- 시간(time): 속도에 대한 식별과 움직임의 속도 증가 및 감소에 대한 이해
- 힘(power): 과제에서 요구하는 개인의 힘을 만들어 내거나 수정할 수 있는 능력
- 흐름(flow): 제한된 시간 또는 간(space)(속박/자유) 속에서 움직임을 수행하거나 부드럽게 움직임을 연결하는 능력

① 방향지각 ② 공간지각
③ 움직임의 질 ④ 관계지각

24. 복합요소 이동성 운동에 포함되는 것은?

① 리핑 ② 호핑
③ 스키핑 ④ 점핑

25. 다음 중 유아체육 지도 시 바람직한 교수 방법으로 가장 옳지 않은 것은?

① 직접-교사 주도적 교수방법 ② 간접-유아 주도적 교수방법
③ 교사-교사 주도적 교수방법 ④ 유아-교사 상호주의적 교수방법

26. 다음 중 기본움직임 단계 설명으로 옳지 않은 것은?

① 일상생활, 기본적인 스포츠 기술이나 레크리에이션 분야 등에서 여러 복잡한 활동에 응용되어 보다 더 세련되고 복잡한 활동이 가능하게 된다.
② 기본 기술을 수행하는 유아의 첫 번째 목표지향적인 시도가 이루어지는 시기이다.
③ 수행이 역학적으로 효율성을 가지고 이루어질 뿐만 아니라 협응성과 제어 측면에서도 향상된 모습을 보인다.
④ 신체의 사용이 제한되거나 과장된 움직임이 나타나고 협응이 제대로 되지 않으면서 움직임이 매끄럽지 못하다.

27. 유아체육 지도자의 바람직한 자세가 아닌 것은?

① 유아의 눈높이에서 열린 마음으로 유아와 대화를 나누며 친절하게 반응한다.

② 정확한 동작을 할 수 있도록 지도하고 창의적인 신체표현까지 가능하도록 충분한 시간을 주도록 한다.
③ 체육활동 방법을 개별적으로 유아의 발달 속도에 따라 다양화하도록 한다.
④ 유아의 흥미에 상관없이 지도자가 주관적으로 수업을 진행한다.

28. 실외(야외) 수업 진행시 유의사항이 아닌 것은?

① 실외 놀이에 앞서 안전교육을 먼저 실시한다.
② 일기(날씨), 유아의 몸 상태에 상관없이 계획된 프로그램을 진행한다.
③ 실외 놀이 시설과 기구를 깨끗하게 정리하고 안전하게 관리하도록 최대한 노력한다.
④ 유아의 발달적 수준을 충족시킬 수 있도록 다양한 수준으로 설계하고 진행하도록 한다.

29. 다음 보기 중 일일 수업계획안에 포함되지 않아도 되는 사항은?

〈보기〉
㉠ 도입-인사말과 준비체조   ㉡ 차시예고(다음시간 안내)
㉢ 평가-수업과 게임에 대한 평가   ㉣ 전개-본 수업

① ㉠   ② ㉡
③ ㉣   ④ ㉢

30. 제자리높이뛰기는 어떠한 체력요소 측정법인가?

① 민첩성   ② 지구력
③ 평형성   ④ 순발력

31. 유아의 일일활동 계획 및 운영의 기본원리로 옳지 않은 것은?

① 일관성이 있어야 한다.
② 교사는 반드시 계획된 일과대로 유아들을 교육한다.
③ 일일 활동계획은 융통성 있게 운영한다.
④ 활동 실행 후 반드시 평가를 한다.

32. 유아체육지도자의 역할이 <u>아닌</u> 것은?

① 신체의 움직임을 골고루 경험하게 지도한다.
② 신체의 건전한 발달을 촉진시키도록 지도한다.
③ 질서교육으로 사회성 발달을 깨우치게 한다.
④ 신체적인 기능향상을 위해 우월감 및 자신감을 키운다.

33. 유아체육 지도 환경 원칙으로 알맞게 짝지어진 것은?

① ㉠ + ㉢ + ㉣ + ㉤
② ㉠ + ㉣ + ㉤ + ㉥
③ ㉠ + ㉡ + ㉢ + ㉤
④ ㉠ + ㉢ + ㉤ + ㉥

34. 보기 중 유아의 신체적 특징이 <u>아닌</u> 것은?

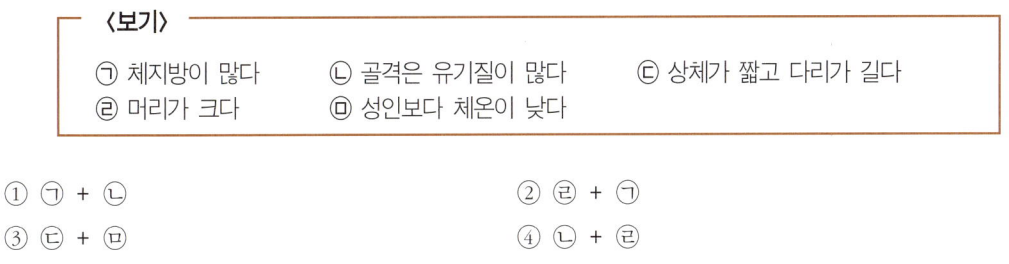

① ㉠ + ㉡
② ㉣ + ㉠
③ ㉢ + ㉤
④ ㉡ + ㉣

35. 성장기 유아의 바람직한 영양섭취 방법은?

① 식사를 할 때 최대한 많은 양의 음식을 섭취하도록 한다.
② 유아가 음식을 잘 먹지 않으면 강제로 먹인다.
③ 한꺼번에 많이 먹지 못하므로 자주 음식을 섭취하게 한다.
④ 아이가 먹고 싶어 하는 음식 위주로 차려 준다.

36. 성장호르몬이 가장 많이 분비되는 시점은?

① 저녁 7시에 잠이 들고 30분 후
② 저녁 9시에 잠이 들고 30분 후
③ 저녁 11시에 잠이 들고 30분 후
④ 새벽 3시에 잠이 들고 30분 후

37. 수업 중 신체활동 시간을 증가시키는 전략은?

① 신체능력보다 어려운 활동이나 게임을 한다.
② 자세하게 오래 설명해주고 시범을 보인다.
③ 지시는 간결하고 명료하게 한다.
④ 활동적으로 참여하는 것에 대해 부정적인 피드백을 가능한 많이 제공한다.

38. 유아의 특성을 맞게 모아놓은 것은?

〈보기〉
㉠ 체지방이 많다   ㉡ 골격은 유기질이 많다   ㉢ 상체가 짧고 다리가 길다
㉣ 머리가 크다   ㉤ 성인보다 체온이 낮다

① ㉡ + ㉢ + ㉣   ② ㉠ + ㉡ + ㉣
③ ㉠ + ㉢ + ㉣   ④ ㉣ + ㉠ + ㉢

39. 기구를 이용한 운동을 지도할 때 바르지 **못한** 것은?

① 기구탐색, 활용법, 응용된 운동법 등 여러 형태의 운동법이 제시되어야 한다.
② 기구를 이용하여 지도를 할 때에는 선행된 신체활동을 하지 않아도 된다.
③ 기구 사용 시에는 특히 안전에 유의해야 한다.
④ 유아의 체력을 고려하여 체계적이고 계획적인 진행이 이루어져야 한다.

40. 소근육 운동 제어 활동으로 적합한 것은?

　① 작은 물건 집어 올리기　　② 커다란 물건 집어 올리기
　③ 박수치기　　　　　　　　④ 쓰다듬기

41. 유아기 평형성 운동이 **아닌** 것은?

　① V자 밸런스　　　　　　　② 한 발 중심잡기
　③ 달려가다 멈추기　　　　　④ 줄 따라 걷기

42. 신체 활동이 유아들에게 미치는 영향으로 옳지 **않은** 것은?

　① 움직임, 경험들을 통하여 사회적 상호작용 기회들을 증가시킨다.
　② 움직임의 주체로서 자신감을 느끼며 자신들의 신체 기술들을 발달, 유지시킨다.
　③ 신체적으로 활동적이 됨으로써 개인적 의미(자신에 대한 자각, 다른 사람과의 관계 등)를 경험할 기회를 감소시킨다.
　④ 일정수준 이상의 체력을 발달, 유지시킨다.

43. 누리과정 신체운동영역의 세 가지 범주는?

〈보기〉
　㉠ 긍정적 사고　　㉡ 신체 조절과 기본운동　　㉢ 신체 활동 참여
　㉣ 감각과 신체 인식　㉤ 사회성 함양

　① ㉡ + ㉢ + ㉣　　　　　② ㉣ + ㉠ + ㉤
　③ ㉢ + ㉡ + ㉠　　　　　④ ㉣ + ㉠ + ㉢

44. 다음 중 관계지각의 요소로 짝지어진 것은?

〈보기〉
　㉠ 위/아래　　㉡ 앞에서/뒤에서　　㉢ 가까워지고/멀어지고
　㉣ 크게/작게　㉤ 갑작스럽게/천천히

① ㉠ + ㉡ + ㉢　　　　　　　　② ㉡ + ㉢ + ㉣
③ ㉠ + ㉢ + ㉤　　　　　　　　④ ㉢ + ㉣ + ㉤

45. 조작성 운동 능력의 발달 단계로 맞는 것은?

① 뻗기-놓기-쥐기　　　　　　② 쥐기-뻗기-놓기
③ 놓기-뻗기-쥐기　　　　　　④ 뻗기-쥐기-놓기

46. 응급 시 행동 요령 순서로 맞는 것은?

〈보기〉
㉠ 응급상황을 인식　　㉡ 도움을 줄 것인지 결정
㉢ 구급차를 부름　　　㉣ 부상자를 평가　　　㉤ 응급처치실시

① ㉠ + ㉢ + ㉡ + ㉣ + ㉤　　　② ㉡ + ㉢ + ㉠ + ㉣ + ㉤
③ ㉠ + ㉢ + ㉡ + ㉤ + ㉣　　　④ ㉠ + ㉡ + ㉢ + ㉣ + ㉤

47. 다음 보기가 설명하는 것은?

〈보기〉
감각기관과 신체 부분이 조화를 이루어 행할 수 있는 능력

① 유연성　　　　　　　　　　② 조정력
③ 협응력　　　　　　　　　　④ 심폐지구력

48. 다음 보기가 설명하는 것은?

〈보기〉
일정한 방향으로 움직이는 몸을 신속하게 다른 방향으로 바꿀 수 있는 능력

① 유연성　　　　　　　　　　② 근지구력
③ 민첩성　　　　　　　　　　④ 심폐지구력

49. 다음 보기가 설명하는 것은?

〈보기〉
림보 게임이나 다리 벌리기 등의 동작을 통해 얻을 수 있는 기초체력의 요소 중 가장 적합한 요소

① 균형
② 근지구력
③ 민첩성
④ 유연성

50. 다음 보기가 설명하는 것은?

〈보기〉
작업이나 운동에 의한 근육에의 부하에 대하여, 어느 정도 근육이 지속적으로 대응할 수 있는가를 나타내는 능력

① 심폐지구력
② 근지구력
③ 민첩성
④ 근력

유아체육론 출제예상문제 정답 및 해설

문항	정답	해설
1	①	유아체육이란 유아라는 대상(생후 년 1세~만 6세)의 성장발달을 도와 신체적, 정서적, 사회적으로 완전한 전인적 인간을 만들기 위한 교육을 말한다.
2	④	유아체육의 효과는 리더십과 사회적 상호작용 강화 스트레스 감소, 자신과 타인에 대한 존중감 증진, 평생건강습관의 형성 등이 있다.
3	③	유소년은 유아와 소년을 아울러 이르는 말로 2012 체육진흥법 개정에 따른 유소년의 연령 구분은 만 3~12세의 초등학생까지를 말한다.
4	④	운동은 본인의 의도에 따라 수의적인 움직임을 하는 것을 말하며, 반사의 특징은 개인의 의사와는 상관없이 본능적인 불수의적인 움직임을 말한다.
5	②	유아는 생후 2세까지는 신체적으로 급격한 발달을 하지만 그 성장 속도는 2세 이후에 급격히 떨어지며, 성인이 될 때까지 점차적으로 발달이 이루어진다.
6	①	유아체육 프로그램의 평가는 크게 두 가지 관점에서 이루어져야 하는 데 운동발달 프로그램에 대한 평가와 개인의 운동발달에 대한 평가가 이루어져야 한다.
7	①	시냅스는 한 신경세포(뉴런)와 다른 신경세포 사이의 연결공간(접합점)을 말하며, 이 그림은 시냅스를 보주고 있다.
8	②	체력은 크게 건강 관련 체력과 수행 관련 체력으로 나누어 볼 수 있으며, 건강 관련 체력으로는 유연성, 근력, 근지구력, 심폐지구력, 체구성 등이 포함되며, 수행 관련 체력에는 속도, 순발력, 민첩성, 협응성, 평형성 등이 포함된다.
9	①	지각운동발달은 기본 동작능력과 함께 유아의 운동능력을 나타내는 중요요소이며, 사물에 대한 존재를 발견하는 단계부터 그것이 무엇인지를 정확히 알게 되는 단계를 의미한다. 또한 지각-운동의 개념은 의식적 신체 신체움직임과 조화를 이루는 인지적 노력의 결합체를 의미한다.
10	①	지각 운동 요소에는 공간지각, 신체지각, 시간지각, 방향지각, 관계지각, 움직임의 질 등의 요소가 포함된다.
11	③	인간이 움직임을 통하여 타인에게 작용하는 느낌과 감정을 경험하는 것은 정서를 의미한다.
12	①	우리가 사는 세상을 이해하고 타인과 상호작용하는 학습의 과정은 사회화를 의미한다.

문항	정답	해설
13	③	유아의 발달은 발달이 이루어지는 적절한 시기가 있으며, 그 시기를 놓치면 아무리 다양한 자극과 환경을 만들어도 적절한 시기에 이루어지는 발달만큼 이루어지지 못한다. 이렇게 발달에 적절한 시기를 민감기라고 한다.
14	②	Gallahue는 운동 발달 단계를 4단계로 구분하고 있으며, 그 단계는 반사 움직임 단계-초보 움직임 단계-기본 움직임 단계-전문화된 움직임 단계로 발달이 된다고 언급하고 있다.
15	③	행동주의 이론은 외적 요인을 중시하여 외부적인 환경적 요인을 잘 조직하고 변화시킴으로써 유아의 행동을 훈련과 학습에 의해 바람직하게 촉진시킬 수 있다고 보았다. 자극-반응 이론을 주장하였고, 인간의 행동 또한 조건에 따라 반응한다는 점을 주장하였다.
16	④	인간의 움직임은 자신의 의도대로 움직이는 수의적인 움직임과 자신이 제어하지 못하는 상태에서 일어나는 불수의적인 움직임으로 나누어볼 수 있다. 뇌피질에서 제어되는 움직임으로 의식적으로 움직이는 것은 수의적인 움직임을 설명하는 것이다.
17	①	개인으로서 자신을 가치 있게 생각거나 능력이나 성공 같은 경험을 통하여 자신의 가치를 판단하는 개념은 자존감이다.
18	②	조작 능력이란 기구를 다룰 수 있는 능력으로 손이나 발을 사용해 다양한 기구들을 다루는 능력을 말한다. 뻗기, 쥐기, 놓기와 같은 기술은 손의 조작 능력을 말한다.
19	④	축성 움직임은 굽히기, 늘리기, 빙그르돌기 등 축을 이용한 안정성 운동을 말하며, 홈핑은 이동성 움직임이다.
20	③	운동발달 프로그램의 기본 원리로는 적합성의 원리, 방향성의 원리, 특이성의 원리, 안정성의 원리, 연계성의 원리, 다양성의 원리 등이 포함되며, 개개인의 유전과 환경 요인을 고려한 개인차를 고려해야 하는 것은 특이성의 원리를 말한다.
21	②	운동발달 프로그램에 대한 평가와 개인의 운동발달에 대한 평가가 유아체육 프로그램 평가에 포함되어야 한다.
22	④	지각-운동 능력의 발달은 정신과 신체의 조절을 강화하고 결합시키므로 인지 발달과 밀접한 관계인 기본동작 능력과 함께 유아의 운동능력을 나타내는 중요한 요소이다. 여기에는 시간 지각, 관계 지각, 움직임의 질, 신체 지각, 공간 지각, 방향 지각 등이 포함되며, 문제의 내용은 공간 지각을 설명한 것이다.
23	③	지각-운동 능력의 발달은 정신과 신체의 조절을 강화하고 결합시키므로 인지 발달과 밀접한 관계인 기본동작 능력과 함께 유아의 운동 능력을 나타내는 중요한 요소이다. 여기에는 시간 지각, 관계 지각, 움직임의 질, 신체 지각, 공간 지각, 방향 지각 등이 포함되며, 문제의 내용은 움직임의 질을 설명하는 것이다.
24	③	복합 요소 이동성 운동에는 기어오르기, 갤로핑, 슬라이딩, 스키핑 등 두 가지 이상의 움직임 요소가 복합된 움직임을 말하며, 달리기는 복합적 움직임이 아닌 기초 움직임에 해당된다.

문항	정답	해설
25	③	유아체육 지도 시 교수법은 간접-교사, 간접-유아, 유아-교사 상호주의적 교수법 등 다양한 교수법을 상황에 따라 사용하는 것이 적합하나 온전히 교사가 주도하는 교수방법은 유아체육 교수방법으로 적합하지 않다.
26	①	기본움직임 단계는 시작단계, 초보단계, 성숙단계로 이루어진다. 시작 단계에서는 기본기술을 수행하는 목표지향적 시도가 이루어지고, 두 번째 초보단계에서는 움직임의 제어와 협응성이 향상된다. 세 번째 성숙 단계는 수행의 효율성과 협응성, 제어 측면에서의 향상된 모습을 보인다.
27	④	유아의 반응과 상관없이 교사가 주도하는 지도자는 바람직한 유아체육 지도자가 아니다.
28	②	유아를 대상으로 야외 수업을 실시할 경우에는 날씨, 유아의 몸 상태를 반드시 고려해야 한다.
29	②	일일 수업 계획안에 차시예고는 반드시 포함되지는 않아도 된다.
30	④	제자리높이뛰기는 순발력과 힘을 측정하는 방법이다.
31	②	교사는 가능한 한 계획된 일정대로 유아들을 교육할 필요는 있지만 대상이 유아이니만큼 생길 수 있는 여러 가지 상황에 융통성을 발휘할 필요가 있다.
32	④	유아체육 지도자는 유아의 신체 기술적인 면만을 강조하기 위한 교육프로그램을 제공하는 사람이 아니다.
33	②	유아체육 지도환경의 원칙은 경제성, 안정성, 흥미성, 효율성이다.
34	④	유아의 신체적 특징은 머리가 크고 다리가 짧으며, 체온은 성인에 비하여 높다.
35	④	유아는 위가 크지 않은 편이므로 자주 골고루 음식을 섭취하는 것이 중요하다.
36	②	유아에게 잠은 성장에 아주 중요한 요소이며, 저녁 9시에 잠들고 30분 후 쯤 성장 호르몬이 가장 많이 분비되는 것으로 알려져 있다.
37	③	유아체육 수업 시 신체활동을 많이 하기 위해서는 지시를 간략하고 명료하게 하는 것이 좋다.
38	①	유아의 특성은 기분의 변화가 크고 모방심이 강하며, 공간 지각이나 시 지각의 발달이 충분치 않고 전체와 부분을 분화하여 지각하는 능력이 떨어진다.
39	②	기구를 이용한 유아체육 수업을 지도할 때에는 기구를 이용하기 위한 선행된 신체활동을 한 뒤 기구를 사용하도록 하는 것이 바람직하다
40	①	소근육 운동은 손가락, 발가락을 이용하여 작은 물건을 집어 올리는 것과 같은 운동을 말한다.
41	③	달려가다 멈추기는 평형성 움직임이 아니라 동적 안정성 움직임 요소이다.
42	③	신체활동은 유아들을 신체적으로 활동적이 되게 도와주며, 개인적 의미를 경험할 기회를 확대시켜 준다.

문항	정답	해설
43	①	누리과정 신체운동 영역에는 신체조절과 기본운동, 신체활동 참여, 감각과 신체인식 등의 범주로 나누어진다.
44	①	관계지각의 요소는 둥글게/구부려서, 위/아래, 켜고/끄고, 가까이/멀리, 앞에서/뒤에서, 따라서/지나서, 가까워지고/멀어지고, 둘러싸기/주변에/나란히 등이다.
45	④	조작성 운동은 뻗기-쥐기-놓기 단계로 발달한다.
46	④	응급 시에는 응급상황을 인식-도움을 줄 것인지 결정-구급차를 부름-부상자를 평가-응급처치 실시의 행동 요령을 순서대로 실시한다.
47	②	감각 기관과 신체 부분이 조화를 이루어 행할 수 있는 능력은 조정 능력을 설명하는 것이다.
48	③	일정한 방향으로 움직이던 몸을 신속하게 다른 방향으로 바꾸어서 움직일 수 있는 능력은 민첩성이다.
49	④	유연성이란, 관절의 가동범위와 근육의 신장 정도를 의미하는 것으로 림보게임이나 다리벌리기 등의 동작을 통해서 얻어질 수 있는 기초체력의 수행관련 요소이다.
50	②	근지구력은 근육이 지속적으로 힘을 내면서 움직일 수 있는 능력을 말하며, 건강체력 요소의 하나이다.

노인체육론

노인체육론 — 2017년 기출문제 분석

출제기준

주요 항목	세부 항목
1. 노화와 노화의 특성	1. 노화의 개념
	2. 노화와 관련된 이론
	3. 노화에 따른 신체적·심리적·사회적 변화
2. 노인의 운동 효과	1. 운동의 개념과 역할
	2. 운동의 효과
3. 노인 운동프로그램의 설계	1. 운동 프로그램의 요소
	2. 지속적 운동참여를 위한 동기유발 방법
	3. 운동권고 지침 및 운동방안
4. 질환별 프로그램 설계	1. 호흡·순환계 질환 운동프로그램
	2. 근골격계 질환 운동프로그램
5. 지도자의 효과적인 지도	1. 의사소통기술
	2. 노인운동 시 위험관리

[노인스포츠지도사]

1. 노화에 대한 설명으로 옳은 것은?

① 노화는 60세 이후 시작된다.
② 노화는 대부분의 사람들이 겪는 신체기능의 점진적 감퇴를 수반한다.
③ 노화는 일률적이고 개인차가 없이 누구나 겪는 과정이다.
④ 성공적 노화는 수명연장에 따른 연대기적 나이로 평가한다.

정답 및 해설		
정답	②	난이도 보통
출제영역	1. 노화와 노화의 특성(1. 노화의 개념)	
해설	노화는 연령이 증가함에 따라 진행되는 점진적 변화로써 신체 기능의 점진적 감퇴를 수반하나 개인차가 있어 모든 사람들에게서 일률적인 속도로 진행되지는 않는다. 일반적으로 인간의 노화는 30세 전후부터 시작하여 일생을 통하여 지속된다고 보고되고 있으며 수명이나 생존을 의미하는 것이 아닌 노화의 질적인 측면을 말하는 성공적 노화는 연대기적 나이뿐 아니라 신체적·심리적·사회적 나이도 고려되어야 한다.	

2. 노인에 대한 사회·문화적 인식으로 옳은 것은?

① 유전인자는 노화에 영향을 미치지 않는다.
② 고령화 사회가 되면 의료비 부담이 증가되고 부양비 부담은 감소한다.
③ 노인의 생활습관과 삶의 태도는 신체적·정신적 건강에 중요한 요인이다.
④ 모든 노인은 의존성이 높아 돌봄의 대상이다.

정답 및 해설	정답	③	난이도	쉬움
	출제영역	1. 노화와 노화의 특성(1. 노화의 개념)		
	해설	개개인이 갖는 유전인자는 노화에 영향을 미치며 노인의 증가로 인해 고령화, 고령, 초고령 사회로 진행되면서 의료비 및 부양비 부담이 증가할 가능성이 높아진다. 그러나 모든 노인이 의존성이 높아 돌봄의 대상이 되는 것은 아니다.		

3. 〈보기〉에서 설명하는 노화이론은?

〈보기〉
- 자유기(free radical)에 의한 세포훼손이 일어난다.
- 결합조직의 엘라스틴과 콜라겐의 교차결합(cross linkage)이 폐, 신장, 혈관, 소화계, 근육 등의 탄력성을 감소시킨다.

① 유전적 이론
② 손상 이론
③ 연속성 이론
④ 점진적 불균형 이론

정답 및 해설	정답	②	난이도	보통
	출제영역	1. 노화와 노화의 특성(2. 노화와 관련된 이론)		
	해설	노화의 생물적 이론 중 손상 이론은 세포 손상의 누적이 세포의 기능장애와 괴사의 핵심적인 결정요소임을 강조한다. 첫 번째 보기의 설명은 세포 손상 이론의 하나인 자유기 이론에 관한 내용이며 두 번째 보기는 다른 손상 이론인 교차결합과 관련된 내용이다. 유전적 이론은 인체 내의 노화 속도를 결정하는데 있어 유전적인 역할에 초점을 맞추고 있으며 점진적 불균형 이론은 인체 기관이 각기 다른 속도로 노화하면서 생물적 기능에 불균형을 초래한다고 설명하고 있다.		

4. 노화로 인한 신체적 변화가 **아닌** 것은?

① 근세포의 기능저하로 근육이 위축된다.
② 뼈와 관절 등의 변형으로 키가 줄어든다.
③ 골밀도는 지속적으로 감소한다.
④ 제지방량(lean body mass)은 지속적으로 증가한다.

정답 및 해설	정답	④		난이도	보통
	출제영역	1. 노화와 노화의 특성(3. 노화에 따른 신체적·심리적·사회적 변화)			
	해설	노화가 진행됨에 따라 체성분의 변화가 일어나는데 일반적으로 체지방량은 증가하고 제지방량은 감소한다. 노화에 따른 체성분의 변화는 생리적 변화를 초래하며, 신체기능 및 여러 질병에도 영향을 미칠 수 있다.			

5. 에릭슨(E. Erickson)의 심리사회적 이론에서 기술한 각 연령대의 발달과업으로 옳은 것은?

① 0~1세 : 신뢰 - 불신
② 13~18세 : 역량 - 열등감
③ 중년 성인기 : 친분 - 고독
④ 노년기 : 죄책감 - 역할혼돈

정답 및 해설	정답	①		난이도	어려움
	출제영역	1. 노화와 노화의 특성(2. 노화와 관련된 이론)			
	해설	에릭슨의 심리사회적 이론에서 주장되는 각 연령대의 특성은 다음과 같다. 신뢰-불신감(영아기, 0~1세), 자율성-수치심(유아기, 2~3세), 주도성-죄책감(유치기, 3~6세), 근면성-열등감(아동기, 6~11세), 정체성-정체성 혼미(청소년기, 11~18세), 친밀감-고립감(청년기, 18~35세), 생산성-침체성(장년기, 35~65세), 통합-절망(노년기, 65세 이상).			

6. 노인 운동 프로그램의 구성 요소에 대한 설명으로 옳지 **않은** 것은?

① 운동강도는 적절한 부하량으로 제공되어야 한다.
② 운동량은 운동시간과 운동유형으로 결정된다.
③ 저항성 운동은 주 2~3회가 적당하다.
④ 질환별 특성을 고려하여 운동시간대를 결정한다.

| 정답 | ② | 난이도 | 쉬움 |

출제영역 3. 노인 운동프로그램의 설계(1. 운동 프로그램의 요소)

해설 일반적으로 노인 운동 프로그램에서의 운동량은 운동강도, 운동빈도, 운동시간, 그리고 운동유형을 고려하여 결정하는 것이 바람직하다.

7. 노인의 심폐지구력 향상을 위한 운동강도를 설정하는 기준으로 옳지 않은 것은?

① 최대산소섭취량(VO_2max)
② 최대근력(1RM)
③ 운동자각도(RPE)
④ 최대심박수(HRmax)

| 정답 | ② | 난이도 | 쉬움 |

출제영역 3. 노인 운동프로그램의 설계(3. 운동권고 지침 및 운동방안)

해설 최대근력(1 RM : maximum of repetition)이란 최대의 힘을 발휘하여 특정의 운동을 1회만 반복할 수 있는 부하량을 의미하며 주로 근력 향상을 위한 운동강도를 설정하는 기준으로 활용된다.

8. 운동에 관한 설명으로 옳지 않은 것은?

① 운동은 신체활동을 수행할 수 있는 능력이다.
② 운동은 체력의 향상과 유지를 위한 계획적인 신체활동이다.
③ 운동프로그램에는 심폐지구력, 근력, 유연성 운동 등이 포함된다.
④ 운동은 에너지를 소모하는 골격근에 의해 이루어지며 건강과 삶의 질에 영향을 준다.

| 정답 | ① | 난이도 | 쉬움 |

출제영역 2. 노인의 운동 효과(1. 운동의 개념과 역할)

해설 노인들에게 있어 규칙적인 신체활동의 참여 및 일상생활활동을 수행할 수 있는 능력은 운동이 아닌 체력이다. 운동은 체력을 향상시키기 위해 수행되는 계획되고 구조화된 반복적인 신체 움직임으로써, 에너지를 소모하는 골격근에 의해 이루어진다.

9. 노인에게 유산소성 운동을 지도할 때 고려해야 할 사항으로 옳지 <u>않은</u> 것은?

① 체중부하 운동이 힘든 노인의 경우 고정식 자전거를 활용하도록 한다.
② 운동강도는 운동자각도(RPE) 기준에서 '다소 힘들게' 정도로 설정한다.
③ 운동속도는 초기에 최대한 빠르게 하고 점진적으로 느리게 하는 것이 안전하다.
④ 운동은 한 번에 장시간 지속하는 것보다 휴식과 함께 체력 수준에 따라 실시한다.

정답 및 해설	정답	③	난이도	보통
	출제영역	3. 노인 운동프로그램의 설계(3. 운동권고 지침 및 운동방안)		
	해설	노인에게 유산소성 운동을 지도할 때 일반적으로 운동속도는 느리게 시작하여 점진적으로 빠르게 진행하는 것이 바람직하며 특히 뼈의 강건함이나 근력, 속도가 이미 약해지고 있는 허약 노인의 경우 낙상이나 상해의 위험성을 고려하여 더 주의를 기울여야 한다.		

10. 노인 운동프로그램의 장기적 효과에 대한 설명으로 옳은 것은?

① 운동은 노화로 인해 중추신경계의 반응속도가 느려지는 것을 지연시키는 데 도움이 된다.
② 운동은 베타엔돌핀과 세로토닌의 분비를 증가시키지 않는다.
③ 운동은 뇌의 인지기능 향상과는 무관하다.
④ 저항운동은 근육량을 증가시키고 인슐린 감수성을 낮추며 당뇨병 관리에 도움이 된다.

정답 및 해설	정답	①	난이도	보통
	출제영역	2. 노인의 운동 효과(2. 운동의 효과)		
	해설	규칙적은 운동프로그램의 참여는 베타엔돌핀과 세라토닌의 분비를 증가시키고, 인지기능을 향상시킨다. 특히 근력운동은 근육량을 증가시키고 인슐린 감수성을 증가시켜 당뇨병 관리에 도움이 된다.		

11. '2분 제자리 걷기'로 측정할 수 있는 노인 체력 요인은?

① 민첩성
② 유연성
③ 심폐지구력
④ 평형성

정답 및 해설	정답	③	난이도	쉬움
	출제영역	2. 노인의 운동 효과(1. 운동의 개념과 역할)		
	해설	2분 제자리 걷기는 6분 걷기와 함께 노인체력 중 심폐지구력을 측정할 수 있는 검사이다.		

12. 골다공증 노인에게 운동을 지도할 때 고려해야 할 사항으로 옳지 않은 것은?

① 허리를 뒤로 젖혀서 과신전을 증가시키는 운동은 주의해야 한다.
② 체중부하운동이 불가능한 경우 수중걷기, 수중부하운동을 권장한다.
③ 골밀도를 증가시키기 위해서는 고강도 점프운동을 권장한다.
④ 근력수준에 적합한 체중부하운동과 저항성 근력운동을 실시한다.

정답 및 해설		
	정답	③ 난이도 보통
	출제영역	4. 질환별 프로그램 설계(2. 호흡·순환계 질환 운동프로그램)
	해설	골다공증 진단을 받은 노인의 골밀도를 증가시키기 위해 체중(무게)이 실리는 운동이 권장되며 넘어질 위험이 높은 운동은 지양하는 것이 바람직하다.

13. 〈보기〉의 ㉠, ㉡에 들어갈 용어는?

〈보기〉
- 관절가동범위를 증가시키는 운동을 통해서 (㉠)을 유지하거나 회복시킬 수 있다.
- 운동을 통해서 낙상의 주요 원인인 (㉡) 감소를 방지하거나 지연시킬 수 있다.

    ㉠   ㉡
① 유연성   지구성
② 지구성   기동성
③ 유연성   평형성
④ 기동성   지구성

정답 및 해설		
	정답	③ 난이도 쉬움
	출제영역	3. 노인 운동프로그램의 설계(1. 운동 프로그램의 요소)
	해설	유연성은 하나 이상의 관절이 움직일 수 있는 범위를 나타내며 유연성 운동은 노화로 인해 감소되는 관절 가동범위(ROM : range of motion)를 증가시킬 수 있다. 평형성은 정지 또는 움직임의 동작과 상관없이 지지기저면에 대하여 신체의 질량중심을 제어하는 과정이라 정의되고 있으며 정적평형성과 동적평형성으로 나눌 수 있다. 평형성의 감소는 낙상과 밀접하게 관련되어 있다.

14. 노인체력검사에서 '보행 및 동적평형성'을 동시에 측정하는 검사방법은?

① 의자에 앉았다 일어서기
② 앉아 윗몸 앞으로 굽히기
③ 8자 보행
④ 의자에 앉아 있다 3m 앞 표적 돌아와서 다시 앉기

정답 및 해설	정답	④		난이도	보통
	출제영역	2. 노인의 운동 효과(1. 운동의 개념과 역할)			
	해설	보행 및 동적평형성을 동시에 측정하는 검사방법은 '의자에 앉아 있다 3m 앞 표적 돌아와서 다시 앉기'이며 의자에 앉았다 일어서기는 하지근력, 앉아 윗몸 앞으로 굽히기는 하체 유연성, 8자 보행은 협응력을 측정하는 검사 방법이다.			

15. 〈보기〉가 설명하는 행동변화이론 및 모형은?

〈보기〉
- 행동이 변화되는 과정과 전략을 제시한다.
- 개개인의 행동변화를 고려 전, 고려, 준비, 행동, 유지의 5단계로 구분한다.
- 목표설정, 피드백, 보상시스템과 같은 행동전략들이 신체활동 참여를 유지하는데 도움이 된다.

① 건강신념 모형
② 범이론적 모형
③ 사회인지 이론
④ 계획된 행동 이론

정답 및 해설	정답	②		난이도	보통
	출제영역	3. 노인 운동프로그램의 설계(2. 지속적 운동참여를 위한 동기유발 방법)			
	해설	규칙적인 신체활동 참여를 위해서는 행위의 변화가 필요하며 신체활동에 대한 노인의 변화에 대한 준비 상태와 동기를 이해하는 데는 범이론적 모형이 유용하다. 이 모형은 개인의 행동변화에 초점을 맞추어 5단계(고려 전, 고려, 준비, 행동, 유지)로 구분되며 여러 가지 행동전략(목표설정, 피드백, 보상시스템, 등)들이 포함될 수 있다.			

16. 파킨슨질환(Parkinson's disease)에 대한 설명으로 옳지 않은 것은?

① 신경전달물질인 도파민의 증가로 유발된다.
② 노인에게서 나타나는 퇴행성 신경계 질환 중의 하나이다.
③ 체형변화로 인한 부작용을 근력운동으로 지연시킬 수 있다.
④ 만성적인 진행성 질환이기 때문에 규칙적인 운동이 필요하다.

정답 및 해설		
정답	①	난이도 보통
출제영역	4. 질환별 프로그램 설계(2. 근골격계·신경계·기타 노화성 질환 운동프로그램)	
해설	파킨슨병은 신경퇴행성질환의 하나로, 중뇌의 흑색질이라 불리는 부위의 도파민세포가 점점 사멸해가면서 발생한다.	

17. 뇌졸중 노인을 위한 운동지도에서 고려해야 할 사항으로 옳은 것은?

① 똑바로 선 상태에서 스텝핑 운동을 빠르게 하도록 한다.
② 마비가 안 된 쪽에 집중적으로 스트레칭 운동을 실시하도록 한다.
③ 낙상위험 때문에 균형감각과 기동성 향상을 위한 운동을 실시하지 않는다.
④ 우측마비 노인의 경우, 언어지시보다 행동적 시범을 보인다.

정답 및 해설		
정답	④	난이도 어려움
출제영역	4. 질환별 프로그램 설계(1. 심혈관계·호흡·순환계 질환 운동프로그램)	
해설	뇌졸중 노인을 위한 운동지도에서 마비된 쪽과 건강한 쪽 모두 운동을 실시하도록 해야 하며 낙상위험이 있는 운동의 동작들은 지양하는 한편 균형감각과 기동성 향상을 위한 운동을 규칙적으로 실시하는 것이 바람직하다.	

18. 치매 노인을 위한 운동지도에서 고려해야 할 사항으로 옳지 않은 것은?

① 운동프로그램을 단순하게 구성하고 잔존 운동기술을 강화하도록 한다.
② 집중 시간이 짧으므로 운동을 하면서 숫자를 세거나 박수를 치도록 한다.
③ 불안과 초조함을 경감시킬 수 있도록 스트레칭을 지도한다.
④ 복잡한 운동 동작은 한 번에 자세하게 설명해 주어야 한다.

정답 및 해설	정답	④		난이도	보통
	출제영역	4. 질환별 프로그램 설계(2. 근골격계·신경계·기타 노화성 질환 운동프로그램)			
	해설	치매 노인을 위한 운동 프로그램 지도 시 일반적으로 복잡한 운동 동작으로 구성된 경우보다 간단한 동작으로 구성된 프로그램이 더 효과적이다.			

19. 노인의 바른 걷기동작에 대한 설명으로 옳은 것은?

① 양팔은 가능한 한 흔들지 않는다.
② 착지는 앞꿈치부터 한다.
③ 시선은 정면을 주시하되 좌우를 살펴야 한다.
④ 안전을 위해서 발끝을 보고 걷는다.

정답 및 해설	정답	③		난이도	쉬움
	출제영역	3. 노인 운동프로그램의 설계(3. 운동권고 지침 및 운동방안)			
	해설	바른 걷기동작은 양팔을 자연스럽게 앞뒤로 흔들며 착지는 뒤꿈치부터 앞꿈치로 한다. 또한 안전을 위하여 가슴을 펴고 목을 숙이지 않도록 한다.			

20. 노인의 운동 중 발생한 응급상황에 대한 처치로 옳지 않은 것은?

① 골절이 발생하면 안정을 시키고 손상부위를 고정시킨다.
② 저혈당이 발생한 경우 빠르게 흡수될 수 있는 당분이 함유된 간식이나 음료를 섭취시킨다.
③ 저체온증이 발생하면 따뜻한 곳으로 옮기고 서서히 체온을 올려준다.
④ 심정지가 발생하면 즉시 119에 신고하고 구급대가 도착할 때까지 기다린다.

정답 및 해설	정답	④		난이도	보통
	출제영역	5. 지도자의 효과적인 지도(2. 노인운동 시 위험관리)			
	해설	노인 운동을 지도하는 지도자는 어떠한 응급 상황에서도 신속하게 대처할 수 있도록 해야 하며 유효한 심폐소생술 및 응급처치 자격증을 갖추고 있는 것이 바람직하다. 지도 중 심정지가 발생하면 119에 신고함과 동시에 노인의 의식 확인 및 주변사람들을 안정시키고 119대원이 도착할 때까지 필요하다고 판단되는 경우 심폐소생술을 실시한다.			

노인체육론 출제예상문제

1. 노인이 규칙적인 운동의 참여를 통해 얻게 되는 효과가 **아닌** 것은?

   ① 조기사망의 위험 감소
   ② 뇌졸중 위험 증가
   ③ 심폐지구력능력 향상
   ④ 인지기능 향상

2. 노인 운동 지도시 응급 상황이 발생했을 때의 행동 단계로 올바른 것은?

   ① 응급상황 인식하기 → 도움을 줄 것인지 결정하기 → 응급의료서비스기관인 119 호출하기 → 전문적인 치료가 이루어지기 전까지 적절한 응급처치 실시
   ② 응급의료서비스기관인 119호출하기 → 응급상황 인식하기 → 도움을 줄 것인지 결정하기 → 전문적인 치료가 이루어지기 전까지 적절한 응급처치 실시
   ③ 전문적인 치료가 이루어지기 전까지 적절한 응급처치 실시 → 응급상황 인식하기 → 응급의료서비스기관인 119호출하기 → 도움을 줄 것인지 결정하기
   ④ 도움을 줄 것인지 결정하기 → 전문적인 치료가 이루어지기 전까지 적절한 응급처치 실시 → 응급상황 인식하기 → 응급 의료서비스기관인 119호출하기

3. 운동 참여 전 의사의 동의서가 필요한 증상이나 징후에 해당되는 것으로 가장 거리가 **먼** 것은?

   ① 가슴 통증이나 불편
   ② 휴식 또는 가벼운 운동 중에 숨이 가빠짐
   ③ 약간의 피로
   ④ 빠르거나 불규칙적인 심장박동

4. 노화와 관련된 이론과 내용이 맞지 <u>않은</u> 것은?

① 유전학적 이론-Hayflick 한계로써 인간세포는 제한된 횟수만 분열
② 손상 이론-세포 손상의 누적이 세포의 기능장애에 결정요소로 작용
③ 활동 이론-성공적인 노화는 높은 활동수준을 유지하는데 달려 있음
④ 지속성 이론-노화의 초기 이론으로 노인은 적극적인 사회활동으로부터 물러나 자신 내부에 집착

5. 노화에 따른 신체적 특성의 변화로 가장 거리가 가까운 것은?

① 노화는 폐의 탄력성과 흉곽 경직성을 감소시킨다.
② 노화는 수축기 혈압의 감소와 이완기 혈압의 증가를 가져온다.
③ 노화가 진행됨에 따라 근 질량이 감소하며 이를 근감소증이라 한다.
④ 노화는 골밀도의 증가와 제지방량의 감소를 가져온다.

6. 노인의 기능적 향상을 위한 운동 프로그램에 포함되어야 하는 요소를 모두 고르면?

〈보기〉

㉠ 심폐지구력   ㉡ 근력   ㉢ 유연성   ㉣ 평형성

① ㉠, ㉢
② ㉠, ㉡
③ ㉠, ㉡, ㉣
④ ㉠, ㉡, ㉢, ㉣

7. 건강관련 체력이 <u>아닌</u> 것은?

① 평형성
② 근력
③ 심폐지구력
④ 유연성

8. 다음 보기가 설명하는 것은?

〈보기〉

체력 향상을 위한 계획되고 구조화된 반복적인 신체 움직임

① 유연성 ② 운동
③ 협응력 ④ 심폐지구력

9. 전체 인구에서 65세 노인인구가 차지하는 비율에 따라 사회를 구분하는 용어에 해당되는 것을 〈보기〉에서 모두 고르면?

   〈보기〉
   ㉠ 고령화사회   ㉡ 고령사회   ㉢ 초고령사회

   ① ㉠   ② ㉡
   ③ ㉠, ㉡   ④ ㉠, ㉡, ㉢

10. 노인체력검사 항목-평가지표-일상생활활동과의 관계가 바르게 연결된 것은?
    ① 의자에 앉아 앞으로 굽히기 - 슬굴곡근과 등의 유연성 - 보행능력, 움직임의 속도, 낙상 예방을 위한 균형 조정
    ② 30초 의자에서 일어서기 - 평형성 - 낙상의 확률을 줄이는 비틀거림에서의 복구 능력
    ③ 30초 아령들기 - 몸통 유연성 - 대부분의 모든 일상생활 활동과 여가스포츠와 관련
    ④ 6분 걷기 - 다리 근력 - 장보기, 이웃 방문하기 또는 하이킹과 같은 장거리 걷기

11. 다음 보기가 설명하는 것은?

    〈보기〉
    신체의 각 부위가 조화를 이루면서 원활하게 움직일 수 있는 능력

    ① 유연성   ② 순발력
    ③ 협응력   ④ 심폐지구력

12. 노인인구 증가에 따른 문제점이 <u>아닌</u> 것은?
   ① 사회복지 비용의 증가   ② 노화에 대한 연구 증가
   ③ 국가 의료비용 증가   ④ 노동력 상실

13. 일반적인 노인의 특성으로 가장 거리가 <u>먼</u> 것은?
   ① 체력 및 기능 감소   ② 고독감 및 외로움 증가
   ③ 근력 및 유연성 증가   ④ 활동량 감소

14. 보기에서 가장 비슷한 개념으로 묶인 것은?

   〈보기〉
   ㉠ 역연령   ㉡ 기능적 연령   ㉢ 신체적 연령   ㉣ 생리적 연령

   ① ㉠, ㉢, ㉣   ② ㉠, ㉡, ㉢
   ③ ㉡, ㉢, ㉣   ④ ㉡, ㉣

15. 노인의 규칙적인 운동 참여로 얻을 수 있는 심리적 효과에 대해 올바르게 설명한 것은?

   〈보기〉
   ㉠ 스트레스와 불안 감소   ㉡ 기분 향상
   ㉢ 새로운 친구관계 형성   ㉣ 인식의 향상

   ① ㉠ + ㉡ + ㉢ + ㉣   ② ㉠ + ㉡
   ③ ㉠ + ㉡ + ㉢   ④ ㉠ + ㉡ + ㉣

16. 노인들을 위한 근력 운동 지도 시 따라야 할 안전 권고사항으로 거리가 <u>먼</u> 것은?
   ① 낮은 강도에서 시작해서 반복 횟수, 강도, 세트를 점진적으로 추가한다.
   ② 통증이 유발되는 정도의 관절 가동범위 내에서 운동을 실시할 수 있도록 지도한다.
   ③ 근력 운동 시 절대 호흡을 중단해서는 안 됨을 인지시킨다.
   ④ 동일한 근육군을 사용하는 근력 운동 수업 사이에는 최소한 48시간 휴식을 취한다.

17. 세계보건기구에서 제시하는 골다공증 진단의 기준 수치는?

① 2
② 2.5
③ 3
④ 3.5

18. 보기 중 올바른 내용은?

〈보기〉
㉠ 비활동적인 여성노인이 활동적인 여성노인보다 연간 의료비 지출이 낮다.
㉡ 활동적인 여성노인이 비활동적인 여성노인보다 대사성질환의 발병률이 낮다.
㉢ 활동적인 여성노인이 비활동적인 여성노인보다 연간 의료비 지출이 낮다.
㉣ 비활동적인 여성노인이 활동적인 여성노인보다 대사성질환의 발병률이 낮다.

① ㉠ + ㉡
② ㉡ + ㉢
③ ㉡ + ㉣
④ ㉢ + ㉣

19. 관절염이 있는 노인들을 위한 운동 지침을 〈보기〉에서 모두 고르면?

〈보기〉
㉠ 저항 운동을 실시하되, 특정한 관절에 통증을 유발하는 운동은 등장성 근력 운동으로 대체한다.
㉡ 모든 운동을 부드럽게 반복한다.
㉢ 운동 중, 직후 혹은 운동 후 24~48시간 안에 통증을 유발하는 운동은 어떤 것이든 계속하지 않는다.
㉣ 불편함을 느끼기 시작하는 강도보다 낮은 강도의 운동을 유지한다.

① ㉡ + ㉢ + ㉣
② ㉠ + ㉡
③ ㉠ + ㉡ + ㉣
④ ㉡ + ㉢

20. 당뇨병이 있는 노인을 위한 운동 프로그램에 대한 내용으로 가장 거리가 먼 것은?

① 운동 강도를 점증적으로 올릴 수 있는 운동으로 한다.
② 걷기, 조깅, 자전거 타기 등 전신 운동을 포함한다.
③ 당뇨 유형에 관계없이 당뇨 조절이 안정적인지 불안정한지에 따라 운동 프로그램을 결정한다.
④ 당뇨 질환을 개선하기 위해 운동프로그램만 실시한다.

21. 치매 노인의 운동 시 주의사항으로 올바르지 않은 것은?

① 운동 동작은 천천히 실시하며 급격하고 빠른 동작은 삼가도록 한다.
② 근력 운동은 덤벨을 사용하여 혼자 할 수 있도록 지도한다.
③ 골다공증이 있는 치매 노인은 골절에 주의한다.
④ 치매 노인이 운동 프로그램이나 환경에 흥분할 수도 있는 행동 변화를 배려한다.

22. 노인운동 참가자의 동기 유발을 위해 필요한 지도자의 역할로 가장 거리가 먼 것은?

① 참가자 개개인이 가지는 차이점 파악
② 참가자 이름 외우기
③ 운동 효과에 대한 결과를 위해 비현실적인 몸매를 지속적으로 묘사하기
④ 규칙적으로 참가한 수업자 중 불참한 경우 체크하기

23. 폐질환을 앓고 있는 노인 운동 지침으로 올바르지 않은 것은?

① 호흡곤란 혹은 과호흡증후군을 일으킬 수 있는 활동은 피해야 한다.
② 온도나 환경에 상관없이 운동을 지도한다.
③ 준비 및 정리 운동 시간을 포함하여 다양한 운동 시간에 횡격막 호흡 운동을 강조한다.
④ 폐 기능 증진을 목표로 하는 호흡 운동을 강조한다.

24. 골다공증 예방을 위한 운동 트레이닝 원리로 가장 거리가 먼 것은?

① 뼈는 동적인 물리적 자극보다 정적인 자극에 더 잘 적응한다.
② 뼈가 트레이닝에 반응하려면 자극은 역치 이상의 수준이어야 한다.
③ 운동에 대한 뼈의 반응은 짧은 간헐적 운동으로 향상된다.
④ 평상시 부하 패턴과 다른 패턴으로 운동을 실행할 때 뼈가 가장 잘 반응한다.

25. 노인 낙상 위험 요인에 해당되는 것을 〈보기〉에서 모두 고르면?

〈보기〉
㉠ 보행높이 감소   ㉡ 발목의 배측굴곡 감소   ㉢ 감각 수용기의 반응 감소

① ㉠, ㉡   ② ㉡, ㉢
③ ㉠, ㉢   ④ ㉠, ㉡, ㉢

26. 순환기 질환의 위험 요인을 모두 고르면?

    〈보기〉
    ㉠ 흡연   ㉡ 비만   ㉢ 가족력   ㉣ 규칙적인 운동

    ① ㉠, ㉡, ㉢   ② ㉠, ㉡
    ③ ㉠, ㉡, ㉣   ④ ㉠, ㉡, ㉢, ㉣

27. 다음 중 노인체육에서 사용되는 용어의 정의가 올바르게 설명된 것은?

    ① 건강(health) - 질병이나 손상이 없는 상태
    ② 신체활동(physical activity) - 일상생활 활동을 포함하며 에너지를 소모하는 골격근에 의한 신체의 움직임
    ③ 운동(exercise) - 제도화된 규칙에 따라 승패를 겨루는 경쟁적 활동
    ④ 도구적 일상생활 활동(Instrumental Activities of Daily Living) - 일상생활과 독립적인 생활을 위한 기본적인 활동

28. 노인체력 측정항목과 검사가 올바르게 연결되지 않은 것은?

    ① 심폐지구력 - 6분 걷기
    ② 하지 근력 - 2분 제자리 걷기
    ③ 상지 근력 - 상대 악력
    ④ 하지 유연성 - 의자 앉아 윗몸 앞으로 굽히기

29. 노화와 관련된 심혈관계의 변화가 아닌 것은?

    ① 심장근육의 수축 시간 감소
    ② 최대 심박출량 감소
    ③ 동정맥 산소차 감소
    ④ 근육의 산화능력 감소

30. 노인 낙상과 관련된 요인 중 성격이 <u>다른</u> 하나는?

① 약물복용 ② 반응시간
③ 전정감각 ④ 근력

31. 에릭슨(Erikson)이 제의한 심리사회적 이론에서 마지막 단계의 특성은?

① 생산적 대 정체 ② 신뢰 대 불신감
③ 자율성 대 열등감 ④ 통합 대 절망

32. 운동의 신체적 효과에 대해 올바르게 설명한 것은?

> 〈보기〉
> ㉠ 심장 및 혈관의 기능을 향상시켜 심혈관질환의 발병률 감소
> ㉡ 당뇨병 예방 및 개선에 긍정적 역할
> ㉢ 운동에 동원되는 기관과 신경계 간의 협응력 향상
> ㉣ Type I 과 Type II 근섬유의 크기 증가

① ㉠ + ㉡ + ㉢ + ㉣ ② ㉠ + ㉡
③ ㉠ + ㉡ + ㉢ ④ ㉠ + ㉡ + ㉣

33. 노인에게 적절한 운동 빈도를 설명한 내용으로 가장 거리가 <u>먼</u> 것은?

① 운동의 효과를 높이기 위해 운동 빈도를 최대로 높인다.
② 근력운동은 1주일에 적어도 2회 이상 실시한다.
③ 유연성 운동은 주 2~3일 이상 실시한다.
④ 운동 빈도는 운동 시작 시의 체력수준에 의해 결정된다.

34. 노인의 심폐지구력 증진에 효과적인 운동으로만 구성된 것은?

① 걷기-수영-자전거타기
② 수영-밴드운동-걷기
③ 테니스-일부요가동작-댄스
④ 수중에어로빅-수영-웨이트 기계를 이용한 운동

35. 고지혈증과 운동에 관해 올바른 것은?

① 하루 운동 시간은 30~60분 정도가 적당하다.
② 고지혈증이 있는 노인은 운동을 삼간다.
③ 운동 빈도는 주 2회 정도 실시한다.
④ 운동 프로그램은 고강도의 운동으로 구성한다.

36. 운동 참여 전 의사의 동의서가 필요한 증상이나 징후에 해당되는 것을 〈보기〉에서 모두 고르면?

〈보기〉
㉠ 가슴 통증이나 불편
㉡ 휴식 또는 가벼운 운동 중에 숨이 가빠짐
㉢ 약간의 피로
㉣ 발목이 부어오름

① ㉠ + ㉡ + ㉢
② ㉠ + ㉡ + ㉣
③ ㉡ + ㉢ + ㉣
④ ㉠ + ㉡ + ㉢ + ㉣

37. 노인 운동시설에 적용되는 규범이 아닌 것은?

① 유효한 심폐소생술 및 응급처치 자격은 지도자 중 한 명만 갖춘다.
② 어떠한 응급 상황에서도 신속하게 반응할 수 있어야 한다.
③ 장비를 어떻게 사용하는지에 대한 설명과 장비 사용과 관련된 위험에 대한 경고를 게시한다.
④ 모든 관련된 법률, 규정, 알려져 있는 규범을 준수한다.

38. 효과적 지도를 위한 운동학습 원리가 잘못 연결된 것은?

① 시범 ⇒ 새로운 기술을 어떻게 수행하는지 보여준다.
② 언어적 지도 ⇒ 동작기술을 어떻게 수행하는지 알려준다.
③ 언어적 암시 ⇒ 전문 용어를 사용하며 여러 정보를 포함시킨다.
④ 보강피드백 ⇒ 운동 참가자들의 내적인 감각 피드백을 보완하거나 증강시키는 추가적 피드백을 제공한다.

39. 노인과 의사소통에서 권장하는 내용에 해당되는 것을 〈보기〉에서 모두 고르면?

   〈보기〉
   ㉠ 노인에 대해 알려고 노력한다.
   ㉡ 어린아이를 다루듯 말한다.
   ㉢ 공감을 느끼며 경청한다.
   ㉣ 의사소통 방법으로 접촉하는 것을 두려워한다.

   ① ㉠ + ㉡
   ② ㉠ + ㉢
   ③ ㉠ + ㉡ + ㉣
   ④ ㉠ + ㉡ + ㉢ + ㉣

40. 노인스포츠지도자가 갖추어야 할 능력으로 가장 거리가 **먼** 것은?
   ① 노인을 지도할 수 있는 실기 능력
   ② 권위적이며 운동 참여자의 의견 대신 자신의 의지대로 지도할 수 있는 능력
   ③ 운동 참여자의 운동 몰입을 이끌어 낼 수 있는 능력
   ④ 운동 참여자의 운동 지속을 이끌어 낼 수 있는 동기 유발 능력

41. 다음과 같은 특징을 나타내는 노인기 질환으로 가장 가까운 것은?

   〈보기〉
   ㉠ 합병증을 보이는 경우가 많다.
   ㉡ 환경이나 심리적인 영향을 받기 쉽다.
   ㉢ 재발하기 쉽다.

   ① 우울증
   ② 알츠하이머 병
   ③ 혈관성 치매
   ④ 관절염

42. 노인 운동 시 확인해야 할 주의사항이 **아닌** 것은?
   ① 낙상, 사고의 최소화
   ② 노인 운동 참가자의 몸 상태와 상관없이 운동 강도 및 운동량 결정
   ③ 노인 운동 참가자의 욕구, 장비와 시설 고려
   ④ 피로하지 않은 범위 내에서 팔과 다리 많이 사용

43. BMI 25 이상인 노인을 위한 운동 프로그램 구성으로 바르지 않은 것은?

① 국소적 운동보다 전신운동이 바람직하다.
② 유산소성과 근력 운동 프로그램에 중점을 둔다.
③ 빠른 운동 효과를 위해 운동량을 처음부터 높게 잡는다.
④ 1회 운동 시간을 20분 이상으로 한다.

44. 고혈압이 속하는 질환군은?

① 대사성 질환　　　　　　② 심혈관계 질환
③ 호흡계 질환　　　　　　④ 근골격계 질환

45. 호흡계 질환이 있는 노인을 위한 운동 프로그램의 내용으로 가장 거리가 먼 것은?

① 저항성 운동과 유산소성 운동을 병행한다.
② 저강도로 가능한 오래 지속할 수 있는 운동으로 시작한다.
③ 가능한 운동은 짧게 자주 하는 것이 바람직하다.
④ 하루 중 운동 시간대는 오전이 바람직하다.

46. 노인의 신체활동지침에 대한 설명으로 가장 바르지 않은 것은?

① 세계보건기구 신체활동 권장지침에 따르면 일주일에 적어도 합계 150분 이상의 중등도 유산소 활동 또는 일주일에 적어도 75분 이상의 격렬한 유산소 활동을 권장한다.
② 일반적으로 저항성 운동이 근골격계 질환의 발생을 감소시킨다.
③ 낙상의 위험이 있는 노인에게는 주로 심폐지구력을 향상시키는 운동을 권장한다.
④ 질환이 있는 노인의 경우 의학적 상황에 따라 운동의 강도 및 빈도를 적절하게 조절한다.

47. 다음의 〈보기〉에서 세 가지 질환을 모두 포함하는 용어는?

〈보기〉
㉠ 알츠하이머 병　　㉡ 헌팅톤 병　　㉢ 파킨슨 병　　㉣ 치매

① ㄱ   ② ㄴ
③ ㄷ   ④ ㄹ

48. 노인 및 노화와 관련된 설명 중 **틀린** 것은?
    ① 전체 인구 중 65세 이상의 노인인구가 차지하는 비중이 20% 이상일 때 '초고령사회'라고 한다.
    ② 사회가 고령화되면 일반적으로 복지 및 의료비의 비중이 증가한다.
    ③ 성공적 노화란 신체적, 인지적 기능뿐만 아니라 사회적 역할과 생산활동 등에 적극적으로 참여하는 것을 말한다.
    ④ 노화의 사회적 이론으로는 손상이론과 점진적 불균형이론 등이 있다.

49. 노화와 관련된 인지기능에서 나타나는 보편적 변화는?
    ① 기억력 증가   ② 빠른 정보처리 속도
    ③ 반응시간 증가   ④ 통찰력 감소

50. 〈보기〉와 같은 특성을 가지고 있는 질환은?

    〈보기〉
    골량(bone mass)과 구조가 연약함 및 골절 위험성의 상당한 증가를 가져오는 수준까지 감소한 질환

    ① 연골연화증   ② 골감소증
    ③ 골다공증   ④ 관절염

노인체육론 출제예상문제 정답 및 해설

문항	정답	해설
1	②	규칙적인 신체활동(운동)을 통한 긍정적인 효과로는 당뇨병, 뇌졸중, 유방암, 고혈압, 대장암, 폐암 등의 위험 감소 뿐 아니라 낙상 예방, 우울증 감소, 골밀도 증가, 수면의 질 향상 등이 있다.
2	①	노인 운동 지도 중 응급 상황이 발생 했을 시에는 1단계: 응급 상황 인식하기, 2단계: 도움을 줄 것인지 결정하기, 3단계: 응급의료서비스기관인 119 호출하기, 4단계: 전문적인 치료가 이루어지기 전까지 적절한 응급처치를 실시한다.
3	③	노인 운동 참여자가 운동 전에 부상이나 질병에 따른 위험인자를 가지고 있는 경우에는 이에 따른 다양한 증상과 징후(가슴 통증이나 불편, 휴식 또는 가벼운 운동 중에 숨이 가빠짐, 현기증이나 기절, 발목이 부어오름, 빠르거나 불규칙적인 심장박동, 아랫다리의 통증, 심장의 잡음, 과도한 피로)를 보인다. 이상과 같은 증상이나 징후 중 하나 이상이 나타나는 경우에는 운동 참가 전 의사의 동의서가 필요하다.
4	④	지속성 이론은 개인이 성인이 되면서 평생 동안 갖게 된 인격 성향들이 각기 다른 노화 패턴을 만들어 냄에 초점을 맞추고 있으며 노화의 초기 이론으로 노인은 적극적인 사회활동으로부터 물러나 자신 내부에 집착하는 이론은 분리 이론이다.
5	③	노화는 폐의 탄력성 감소, 흉곽 경직성 증가, 수축기 혈압과 이완기 혈압 증가, 골밀도 감소와 제지방량의 상실을 초래한다.
6	④	노인의 기능적 향상을 위한 운동 프로그램에 일반적으로 심폐지구력, 근력, 유연성, 평형성 요소를 모두 포함하는 것이 바람직하며 체력 검사를 통해 진단된 노인 개개인마다 부족한 체력 요소를 프로그램에 보충하도록 한다.
7	①	평형성은 민첩성, 협응성, 스피드, 반응시간, 조정력과 같이 운동관련 체력으로 분류되며 근력, 근지구력, 심폐지구력, 유연성, 신체조성은 건강관련 체력으로 분류된다.
8	②	운동은 체력을 향상시키기 위해 수행되는 계획되고 구조화된 반복적인 신체 움직임으로써, 에너지를 소모하는 골격근에 의해 이루어진다.
9	④	65세 이상 노인의 수가 전체 인구의 7%에 달하는 사회를 고령화 사회, 14%를 이상인 사회를 고령 사회, 그리고 20% 이상인 사회를 초고령 사회라 한다. 우리나라는 고령화 사회를 거쳐 2017년 현재 고령 사회에 진입하였다.

문항	정답	해설
10	①	30초 의자에서 일어서기는 하지근력과 파워를 평가하는 검사이며 의자, 침대 또는 변기에 앉았다 일어설 수 있는 능력, 스스로 흔들림을 복구해서 넘어짐을 예방할 수 있는 능력 등과 같은 일상생활활동과 관련이 있다. 30초 아령들기는 상체 근력과 파워를 평가하는 검사이며 선반이나 책상에서 물건을 드는 등의 많은 활동과 관련이 있다. 6분 걷기는 심폐지구력을 평가하는 지표이며 쇼핑이나 장거리 걷기 등의 일상생활활동과 관계가 있다.
11	③	유연성은 하나 이상의 관절이 움직일 수 있는 범위를 나타내며 순발력은 빠르게 힘을 내는 능력을 의미하고 심폐지구력은 전신지구력이라고도 하며, 신체활동을 계속하여 지속할 수 있는 능력을 의미한다.
12	②	노화에 대한 연구 증가는 노인인구 증가와 평균 수명 연장에 따른 긍정적인 측면이라 할 수 있다.
13	③	노인은 노화가 진행됨에 따라 신체적으로는 근력 및 근지구력, 균형, 유연성 등 체력저하와 함께 기능도 감소할 뿐 아니라 심리적으로는 고독감, 외로움, 소외감이 증가하고 활동량도 현저하게 감소한다.
14	③	나이의 개념으로 역연령은 사람이 태어나서 살아온 년 수로 정의되고 기능적, 신체적, 생리적 연령은 비슷한 개념으로 사람들이 일상적인 삶, 직업, 그리고 지역사회에서 어떻게 기능적으로 잘 활동하는지의 여부로 정의된다.
15	④	새로운 친구관계 형성은 사회적 통합의 향상, 사회와 문화적 관계망 확대, 역할 유지 및 새로운 역할 부여 등과 같이 노인이 규칙적인 운동을 수행했을 경우 얻을 수 있는 사회적 효과이다.
16	②	근력 운동 지도 시 통증을 유발하지 않는 완전한 관절 가동범위 내에서 운동을 실시하도록 지도하며 통증을 유발하는 운동은 중단시키거나 저항을 줄이도록 지도한다.
17	②	세계보건기구에서 제시하는 골다공증 진단의 기준은 척추의 골밀도가 젊고 정상적인 동성의 성인 평균보다 2.5 표준편차 아래의 수준을 보이는 것이다.
18	②	미국 질병관리 예방센터에서 발표한 내용에 따르면 신체활동이 많은 여성이 그렇지 않은 여성에 비해 연간 의료비가 매우 적었다. 또한 많은 연구에서 신체활동을 꾸준히 했을 때, 대사성 질환인 심뇌혈관계 질환, 당뇨병, 암 등의 발생률이 그렇지 않은 노년층에 비해 더 적다는 연구결과들이 나오고 있다.
19	①	저항 운동을 실시하되, 특정한 관절에 통증을 유발하는 운동은 등척성 근력 운동으로 대체한다.
20	④	당뇨는 대사성 질환으로 신체에서 일어나는 신진대사에 영향을 미치는 요인을 개선해야 하며 이를 위해 가장 기본적이고 일반적인 방법은 운동요법, 식이요법과 약물요법이라 할 수 있다.
21	②	치매노인의 뇌에 신선한 산소를 많이 공급함과 동시에 뇌신경 세포들에 자극을 주고 활성화시키기 위해서 규칙적인 신체활동(운동)이 필수적이며 동작은 복잡하지 않게 구성하고 근력 운동 시 덤벨이나 바벨이 발에 떨어져 부상을 입지 않도록 노인스포츠지도자의 감독이 필요하다.

문항	정답	해설
22	③	격렬한 신체활동을 할 수 없는 노인들에게 비현실적인 몸매를 지속적으로 묘사하는 것은 동기유발의 장애요인이 될 수 있다.
23	②	과도하게 따뜻하거나 추운 환경은 호흡곤란을 일으킬 수 있으므로 피하는 것이 바람직하다.
24	①	물리적 자극에 대한 반응으로 뼈에게 성장을 지시하는 신호는 세관통로와 뼈 잔기둥 주위의 액체 흐름일 가능성이 높다. 이러한 액체 흐름은 뼈에 가해지는 압력에 의해 초래되므로 동적 운동의 특징인 스트레스의 주기적 변화는 단순한 정적 부하보다 뼈의 재구성에 더 큰 영향을 미친다.
25	④	노화로 인한 노인낙상 위험 요인은 보기에서 제시하고 있는 보행높이 감소, 발목의 배측굴곡 감소, 감각 수용기의 반응 감소인 3가지 요인이 모두 포함된다.
26	①	흡연, 비만, 가족력 등과 함께 운동부족 및 건강하지 않은 식습관은 순환기 질환의 위험 요인으로 분류될 수 있다.
27	②	노인체육에서 사용되는 용어의 일반적인 정의는 다음과 같다. 건강(health) - 질병이나 손상이 없을 뿐만 아니라 육체적, 정신적, 사회적으로 완전한 상태 운동(exercise) - 체력 향상을 위한 계획되고 구조화된 반복적인 신체 움직임 도구적 일상생활 활동(Instrumental Activities of Daily Living) - 일상생활과 독립적인 생활을 위한 기본적인 활동(걷기, 식사, 옷입기 등)보다 복잡한 행동들로 지역사회에서 독립적으로 생활할 수 있는 활동들(집안일하기, 의약품 복용하기, 장보기 등)
28	②	하지 근력의 검사방법으로는 의자에서 일어섰다 앉기(의자에 앉았다 일어서기)가 주로 사용되면 2분 제자리 걷기는 심폐지구력 측정 방법이다.
29	①	노화와 관련되어 심장근육의 수축 시간은 증가한다.
30	①	노인 낙상과 관련된 요인들은 내적요인과 외적요인 두 가지로 분류할 수 있다. 내적요인은 반응 시간, 전정감각, 근력, 시각, 말초감각, 균형과 기동성 요인, 기립성 저혈압, 인지 능력이 있고 외적요인으로는 약물복용, 알코올 섭취, 부적절한 신발, 환경적 요인이 있다.
31	④	에릭슨의 심리사회적 이론에서 주장되는 각 연령대의 특성은 다음과 같다. 신뢰-불신감(영아기, 0~1세), 자율성-수치심(유아기, 2~3세), 주도성-죄책감(유치기, 3~6세), 근면성-열등감(아동기, 6~11세), 정체성-정체성 혼미(청소년기, 11~18세), 친밀감-고립감(청년기, 18~35세), 생산성-침체성(장년기, 35~65세), 통합-절망(노년기, 65세 이상).
32	①	심장 및 혈관의 기능을 향상시켜 심혈관질환의 발병률 감소, 당뇨병 예방 및 개선에 긍정적 역할, 운동에 동원되는 기관과 신경계간의 협응력 향상, Type I과 Type II 근섬유의 크기 증가, 모두 운동의 신체적 효과이다.
33	①	운동 빈도를 높이면 운동 효과는 크지만, 운동 빈도가 너무 높으면 회복 시간이 짧아서 피로가 누적되고 근골격기관의 이상을 초래하는 과훈련 현상이 나타난다.

문항	정답	해설
34	①	유산소성 운동은 산소이용률이 안정적으로 증가하면서 지속적으로 유지되는, 즉 산소소비량을 증대하는 리드미컬한 걷기, 수영, 자전거타기 등의 운동을 의미한다. 한편, 밴드 운동, 일부요가 동작, 웨이트 기계를 이용한 운동은 근력이나 근지구력을 강화시키기 위한 저항운동의 예가 될 수 있다.
35	①	② 일반적으로 고지혈증 자체 때문에 운동을 금기시할 필요는 없다. 그러나 고지혈증이 초래한 병태나 이차성 고지혈증의 원인 병태, 심근경색, 신장질환의 급성기, 감염증의 급성기 등과 같은 경우는 반드시 금지해야 한다. ③ 혈중 지질은 단시간의 운동으로 변화가 나타나지만, 운동을 중지하면 2~3일 만에 효과가 소멸되기 버리기 때문에 기본적으로 운동 빈도는 주 3회에서 6회 미만을 목표로 한다. ④ 고지혈증 환자의 경우 동맥경화성 질환을 비롯한 여러 가지 질환을 동반하고 있는 경우가 적지 않기 때문에 고강도보다는 중·저강도 운동으로 구성하는 것이 바람직하다.
36	②	노인 운동 참여자가 운동 전에 부상이나 질병에 따른 위험인자를 가지고 있는 경우에는 이에 따른 다양한 증상과 징후(가슴 통증이나 불편, 휴식 또는 가벼운 운동 중에 숨이 가빠짐, 현기증이나 기절, 발목이 부어오름, 빠르거나 불규칙적인 심장박동, 아랫다리의 통증, 심장의 잡음, 과도한 피로)를 보인다. 이상과 같은 증상이나 증후 중 하나 이상이 나타나는 경우에는 운동 참가 전 의사의 동의서가 필요하다.
37	①	노인 운동 시설의 모든 지도자들을 대상으로 정기적인 응급 대처 훈련을 실시하고 유효한 심폐소생술과 응급처치 자격증을 포함해서 지도자가 전문 능력을 갖추고 있는지를 증명하도록 요구한다.
38	③	언어적 암시는 한 단어 또는 짧고 간결한 어구이며, 동작의 특정 측면, 기술을 수행하기 위해 해야 하는 목표, 환경에 대해 운동 참여자들의 관심을 기울이도록 할 수 있다.
39	②	노인과 의사소통 시 노인을 어린아이 다루듯 말하지 않으며 의사소통 방법으로 접촉하는 것을 두려워하기보다는 접촉을 적절하게 자주 사용하고 신체적 언어에 주의를 기울이는 것이 바람직하다.
40	②	노인스포츠지도사는 권위적이지 않으며 노인 운동 참여자의 의견을 적극적으로 경청하고 이해하는 소통 능력이 요구된다.
41	①	노인기 우울증의 특징으로는 합병증을 보이는 경우가 많고, 환경이나 심리적인 영향을 받기 쉬우며 우울증이 지체되거나 재발하기 쉽다. 또한 우울증답지 않은 병상(비정형 우울)을 나타내는 일이 많으며 치료약의 부작용이 일어나기 쉽다.
42	②	사고의 위험성을 최소화하기 위해 노인 운동 참가자의 몸 상태를 확인하며 운동량과 운동 강도를 조절한다.
43	③	BMI 값이 25 이상이며 비만이며 비만 노인인 경우 운동 습관이 없었던 사람이 대부분이기 때문에 처음부터 운동량을 무리하게 채우려 하지 말고 서서히 운동량을 늘려가는 것이 바람직하다.
44	②	고혈압, 관상동맥성 심장질환, 뇌졸중은 심혈관계 질환에 속한다.

문항	정답	해설
45	④	천식과 만성폐쇄성폐질환 등 호흡계 질환이 있는 노인의 경우 가능한 한 오전보다 오후 시간대에 운동을 하는 것이 바람직하다.
46	③	낙상의 위험이 있는 노인의 경우 평형성을 향상시킬 수 있는 운동을 추천하며 가능하다면 근력 강화 운동과 심폐지구력 운동도 병행하는 것이 바람직하다.
47	④	치매의 종류에는 알츠하이머 병, 헌팅톤 병, 파킨슨 병, 혈관성 치매 등이 있다.
48	④	노화의 사회적 이론으로는 분리이론, 활동이론, 지속성 이론 등이 있으며 손상이론과 점진적 불균형 이론은 생물학적 이론이다.
49	③	노화가 진행됨에 따라 일반적으로 반응시간 증가 및 기억력, 정보처리 속도는 감소되나 한 학습이나 경험에 의해 획득되는 통찰력은 향상된다.
50	③	골량(bone mass)과 구조가 연약함 및 골절 위험성의 상당한 증가를 가져오는 수준까지 감소한 질환은 골다공증이다. ① 연골연화증은 슬개골이 대퇴골과 만나는 면에 있는 관절연골이 비정상적으로 물러지는 질환이며, ② 골감소증은 정상적인 골밀도보다 낮은 것이 특징이며 골다공증의 전조 단계일 수 있고, ④ 관절염은 여러 가지 원인에 의해 관절에 염증이 생기는 질환이다.

저자소개

대표 저자

유정애(스포츠교육학 담당)
서울대학교 사범대학 체육교육과 학사
서울대학교 대학원 체육학과 석사
미국 University of Georgia 박사(Ph.D.)
(현) 중앙대학교 사범대학 체육교육과 교수

내용 문의
이현석 hslee@cau.ac.kr

공동 저자 (가나다 순)

김태욱(운동생리학 담당)
중앙대학교 사범대학 체육교육과 학사
중앙대학교 대학원 체육학과 석사
중앙대학교 대학원 체육학과 박사
(현) 중앙대학교 사범대학 체육교육과 시간 강사

박채희(노인체육론 담당)
한국체육대학교 생활체육대학 사회체육학과 학사
한국체육대학교 대학원 체육학과 석사
미국 University of Illinois at Urbana–Champaign 박사(Ph.D.)
(현) 한국체육대학교 생활체육대학 노인체육복지학과 교수

손 환(한국체육사 담당)
경희대학교 체육대학 체육학과 학사
일본체육대학 대학원 체육학연구과 석사
일본 츠쿠바대학 대학원 체육과학연구과 박사
(현) 중앙대학교 사범대학 체육교육과 교수

윤석민(특수체육론 담당)
한국체육대학교 사회체육학과 학사
한국체육대학교 대학원 체육학과 석사
미국 Texas Woman's University 박사(Ph.D.)
(현) 나사렛대학교 재활스포츠연구소 선임 연구원
(현) 대한장애인체육회 국제위원
(현) 아시아패럴림픽위원회 경기교육분과 위원

이현석(스포츠윤리 담당)
중앙대학교 사범대학 체육교육과 학사
중앙대학교 대학원 체육학과 석사
캐나다 University of Calgary 박사(Ph.D.)
(현) 중앙대학교 교육대학원 교수

임비오(운동역학 담당)
대구대학교 체육학과 학사
서울대학교 대학원 체육교육학과 석사
서울대학교 대학원 체육교육학과 박사
미국 Texas Woman's University 박사후 과정(Post Doc)
(현) 중앙대학교 사범대학 체육교육과 교수

전선혜(유아체육론 담당)
이화여자대학교 체육대학 체육학과 학사
이화여자대학교 체육대학 체육학과 석사
이화여자대학교 대학원 체육학과 이학박사
(현) 중앙대학교 사범대학 체육교육과 교수

차은주(스포츠사회학 담당)
중앙대학교 예술대학 무용학과 학사
중앙대학교 대학원 체육학석사
중앙대학교 대학원 체육학과 이학박사(Ph.D.)
(현) 상명대학교 글로벌문화예술교육연구소 전임연구교수

한시완(스포츠심리학 담당)
중앙대학교 예술대학 무용학과 학사
중앙대학교 대학원 체육학 석사
중앙대학교 대학원 체육학 박사(Ph.D.)
(현) 중앙대학교 학교체육연구소 연구전담교수